人力资源管理

夏天　马丹　编著

北京
冶金工业出版社
2018

内 容 提 要

本书按教育部精品课程建设的要求，根据国内外最新的研究成果和我国组织管理中的最新案例，系统阐述了人力资源管理的基本原理和基本技术。主要内容包括绪论、人力资源规划、人力资源开发、工作分析、招聘与配置、员工培训、职业生涯管理、员工激励、绩效考评、薪酬管理、劳动关系管理等。

本书可作为高等院校和高职高专人力资源管理专业的教材，还可作为企事业单位人力资源管理从业人员的培训用书。

图书在版编目(CIP)数据

人力资源管理/夏天，马丹编著. —北京：冶金工业出版社，2018.1

ISBN 978-7-5024-7632-8

Ⅰ.①人… Ⅱ.①夏… ②马… Ⅲ.①人力资源管理—高等职业教育—教材 Ⅳ.①F243

中国版本图书馆 CIP 数据核字(2017)第 237537 号

出 版 人 谭学余

地　　址 北京市东城区嵩祝院北巷 39 号 邮编 100009 电话 (010)64027926

网　　址 www.cnmip.com.cn 电子信箱 yjcbs@cnmip.com.cn

责任编辑 杨盈园 陈慰萍 美术编辑 彭子赫 版式设计 禹 蕊

责任校对 禹 蕊 责任印制 李玉山

ISBN 978-7-5024-7632-8

冶金工业出版社出版发行；各地新华书店经销；三河市双峰印刷装订有限公司印刷

2018 年 1 月第 1 版，2018 年 1 月第 1 次印刷

787mm×1092mm 1/16；16.5 印张；397 千字；255 页

48.00 元

冶金工业出版社 投稿电话 (010)64027932 投稿信箱 tougao@cnmip.com.cn

冶金工业出版社营销中心 电话 (010)64044283 传真 (010)64027893

冶金书店 地址 北京市东四西大街 46 号(100010) 电话 (010)65289081(兼传真)

冶金工业出版社天猫旗舰店 yjgycbs.tmall.com

(本书如有印装质量问题，本社营销中心负责退换)

前　言

人力资源管理是一门新兴的学科，产生于20世纪70年代末，虽然其发展历史不是很长，但这门学科对企业的影响却是非常重大的。21世纪，企业的管理者已经清楚地认识到，人才是企业的第一资源。有了一流的人才，就可以开发一流的产品，创造一流的业绩，企业就可以在市场竞争中立于不败之地。对此，企业的管理者更加重视人力资源管理工作，纷纷成立企业的人力资源部门，并吸引人力资源专业的人士到企业工作，通过专业人士指导企业的人力资源。

为适应人力资源专业的发展，培养更多更优秀的专业人才，需要更好的理论作为指导。作者在参考众多有关专业教材内容的基础上，结合自己的实践经验，编写了本套人力资源管理教材。在编写过程中，力求体系完整，实用性强，注重高职院校培养专业人才的教学理念，具体特点如下：

（1）专业性较强。本教材涵盖了人力资源管理专业的六大主要模块，辅以专业的相关知识，形成较为严密的理论体系，突出专业特色。

（2）以应用为主。教材的每章前都有一个引例，目的是让学生形成问题，自发寻找解决问题的答案，引起学习兴趣。同时每章后有一个案例分析，主要是训练学生利用所学知识，发现案例中存在的问题并提高解决问题的能力。

（3）结构严谨。章节之间体现这门学科的逻辑性，每一章的内容都是下一章的基础，联系紧密，结构完整。

本书在编写过程中，参考了有关人力资源管理方面的文献资料，在此特向各位作者表示诚挚的谢意！

本书由浙江旅游职业学院夏天老师和辽宁石油化工大学马丹老师共同编写，夏天编写绪论，第一～第三章以及第九、第十章，马丹编写第四～第八章。

由于编者水平有限，书中不妥之处，敬请读者批评指正。

编　者

2017年8月

目　录

0 绪 论

学习目标：

(1) 了解并分析人力资源的理论基础。

(2) 初步理解人力资源与人力资源管理的概念，并能进行探究性学习。

(3) 了解人力资源管理的发展历史并初步分析人力资源管理的发展趋势。

(4) 掌握现代企业的人力资源管理，并能联系到现代企业人力资源管理领域的实际问题。

引例：于企业中寻找人力资源管理——华为公司的兴起

(一) 华为公司的员工结构

华为现有员工10000余人，其中85%具有本科以上学历，60%具有硕士、博士、博士后学历，员工平均年龄27岁。从人员结构看：研发人员占40%，市场营销和服务人员占35%，生产人员占10%，管理及其他人员占15%，是典型的“哑铃”型结构。

(二) 华为人力资源管理的策略

人力资本不断地增值的目标优先于财务资本增值的目标。以机会牵引人才；以人才牵引技术；以技术牵引产品；以产品再牵引机会，形成华为人力资源管理的良性循环。因此，华为公司人力资源策略的核心是抓好四个要素：人才、技术、产品、机会。通过四者有机的互动关系来调动员工的积极性，从而使企业走向良性发展的道路。

华为公司的员工结构见图0-1，华为人力资源管理策略见图0-2。

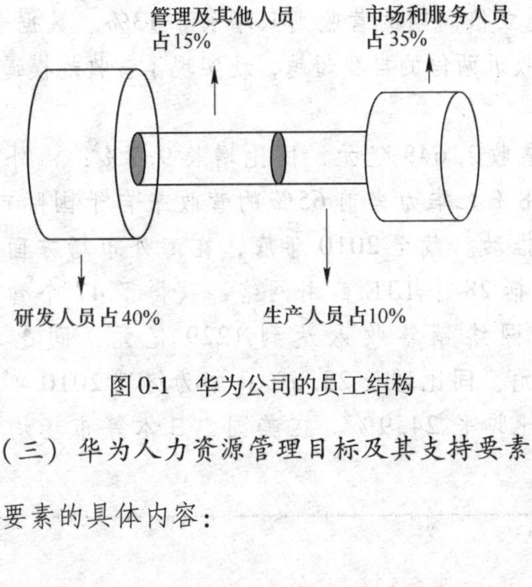

图0-1 华为公司的员工结构

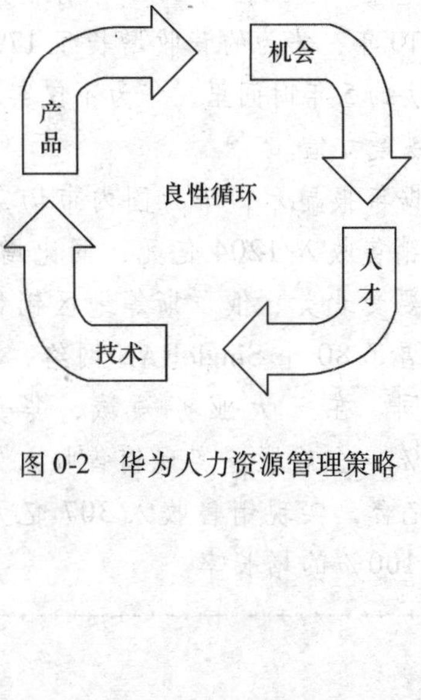

图0-2 华为人力资源管理策略

(三) 华为人力资源管理目标及其支持要素

要素的具体内容：

选才：将全国最优秀的人才吸引到华为。

育才：辅导与培训，设计职业生涯。

用才：尊重人才个性，合理选择岗位，倡导内部流动。

留才：价值评估与分配机制，激励机制。

华为人力资源管理目标见图0-3。

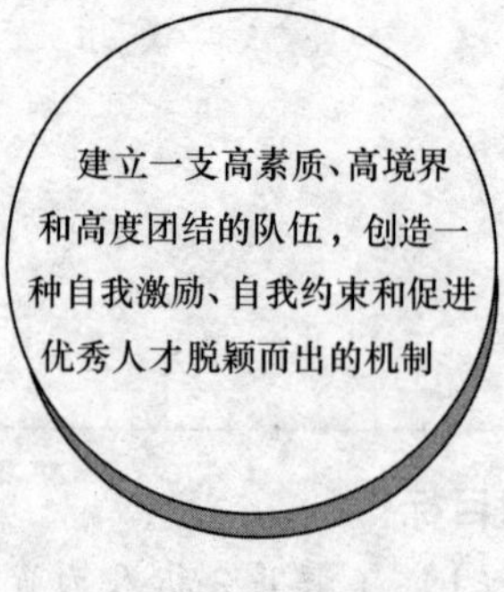

图0-3　华为人力资源管理目标

（四）规范管理下的华为

目前，华为的产品和解决方案已经应用于全球100多个国家，服务全球运营商50强中的45家及全球1/3的人口。2009年，华为全球销售收入1491亿元人民币（约合218亿美元），同比增长19%。营业利润率14.1%，净利润183亿元人民币，净利润率12.2%。根据收入规模计算，华为已经成功跻身全球第二大设备商。2010年，华为销售收入达1852亿元（人民币），同比增长24.2%，这使其进一步稳固了全球第二大综合通信设备提供商的位置。而一旦继续保持20%的增长，华为将在规模上超越爱立信，成为全球最大的综合通信设备商。

根据美国《财富》杂志公布的数据，华为2009年的销售额达218.21亿美元（1491亿元人民币），净利润达26.72亿美元（183亿元人民币），成为继联想集团之后，成功闯入世界500强的第二家中国民营科技企业，也是500强中唯一一家没有上市的公司，排名第397位；2010年华为集团再次入选世界品牌500强。海外科技杂志《Fast Company》3月初评出了2011年全球最具创新能力的公司、年全球最具创新能力的公司、年全球最具创新能力的公司、年全球最具创新能力的公司，其中，中国的华为排名第18位，为中国品牌最高名次。华为品牌在世界品牌价值实验室（World Brand Value Lab）编制的2010年度《中国品牌500强》排行榜中排名第46位，品牌价值已达185.12亿元。按照2010年的平均汇率计算，华为2010年1852亿元的营收约合280.6亿美元。而当前全球通信设备商“老大”爱立信的2010年营收为2033亿瑞典克朗，约合大约308亿美元。自2006年至2010年，华为的营收增长了179%，爱立信同期的营收则只增长了13%。数据表明，在过去的5年时间里，华为不仅实现了营收近两倍的自我超越，还实现了营收规模逼近市场龙头爱立信。

据年报显示，华为国内市场实现销售收入648亿元，同比增长9.7%；海外市场实现销售收入1204亿元，同比增长33.8%。华为当前65%的营收来自于国际市场，且主要受北美、俄罗斯等地区销售业绩推动。截至2010年底，在海外市场方面，华为部署了80个SingleRAN网络，其中包括28个LTE商用网络，获得了47个管理服务合同。在三大业务领域，华为电信网络销售收入达到1229亿元，同比增长23.0%；全球服务实现销售收入315亿元，同比增长28.6%；华为终端2010年发货1.2亿台，实现销售收入307亿元，同比增长24.9%。在美国、日本等市场均实现超过100%的增长率。

第一节　人力资源的基本理论

一、人本管理思想

（一）人本管理思想的产生

（1）以美国人泰罗等人为代表的科学管理理论。把职工看成只为个人经济利益需要而工作的“经济人”（亚当·斯密），认为人的行为是为了追求个人的经济利益。

（2）1924～1932 年的梅奥的人际关系理论。通过霍桑试验证明生产效率主要取决于员工的积极性和“士气”，而员工的积极性和“士气”又取决于员工的家庭和社会生活以及企业中人与人之间的关系。

（3）1957 年，美国麻省理工学院教授道格拉斯·麦格雷戈首次提出了“X－Y 理论”。提出了对人的两种截然不同的理解。

（4）利克特于 1961 年提出企业组织应建立在他所提出的第四系统的基础上，第四系统实行参与式管理，其构成单元是工作群体。他所提出的群体模式则是改造企业时构造流程小组的理论基础。

（5）埃德加·沙因于 1965 年提出了关于人性的四种假说：经济人、社会人、自我实现人、复杂人。其中前两种与麦格雷戈的相似；自我实现人假设则反映了马斯洛的人类需要层次理论中的最高层次需要；复杂人假设是埃德加·沙因自己对人性的看法，他认为人是复杂的、多变的。

（6）莫尔斯、洛希于 1970 年提出了超 Y 理论。超 Y 理论建立在复杂人假设基础上，认为对人性的认识因人而异，针对不同人采取不同管理方式的，强调管理的权变性。

（7）1981 年，大内提出了 Z 理论，认为各种文化赋予人以不同的特殊环境，从而形成不同的行为模式，为后来人力资源管理的中跨文化管理奠定了理论基础。

（8）彼得斯和奥特曼于 1982 年提出了企业文化的概念，并认为管理文化在管理要素结构中处于核心地位。与此相关，形成了“文化人”，后来许多企业掀起了企业文化建设的高潮，强调运用精神文化引导、管理员工。

（二）人本管理思想的内容

（1）人力资源管理第一，人力资源开发是关键。管理者必须树立依靠人的经营理念，加强对人力资源的开发。

（2）管理方式以激励为主，重视人的需要。

（3）建立和谐的组织内部关系。组织内部的关系主要通过这三个因素来衡量：情感关系、人们价值观念的一致性、群体目标内化为个人自觉意识与动机程度。

（4）培育和发挥团队精神。建立明确合理的经营目标，提升领导者自身的素质，建立系统科学的管理制度，建立有效的沟通机制，这些对于培育和发展团队精神是必不可少的。

（5）促进人的全面发展。

（三）人本管理思想的应用

1. 建立基于人本管理思想的管理机制

（1）要在管理中运用人本管理思想，就必须建立完善的激励机制。完善的激励机制包括示范激励、尊重激励、参与激励、荣誉激励、关心激励、物质激励、信息激励、文化激励机制等，这8个方面相辅相成，形成一个整体。

（2）人本管理思想不是倡导不管，而是尊重人性的前提下建立约束、压力等机制进行管理。约束机制由国家法律、政策及公司规章制度和伦理道德两种约束机制组成。前者主要是通过国家和公司的强制力量实现，是一种有形约束，而后者主要是通过自我控制和社会舆论监督实现，是一种无形约束。

（3）建立压力机制。包括竞争压力和目标责任压力。竞争使人面临挑战、有危机感，从而使人产生一种拼搏向上的力量。而目标责任则在于使人们有明确的奋斗方向和承担的责任，促使人们努力去履行自己的职责。

（4）建立保障机制。主要指法律、政策的保护和社会保障体系的保障。前者主要是保证员工的人身、财产、职业等的安全，而后者则是对员工在年老、疾病、伤残时给予的保障。

（5）搞好晋升机制。主要是指在公平、公正、公开的基础上，建立多途径、灵活的晋升方式。好的晋升机制能够创造一种良好的竞争机制，有利于人才的脱颖而出和优化组合，以建立企业结构合理、素质优良的人才团队。

2. 建立基于人本管理思想的管理工程

主要包括以下8个工程：

（1）行为规范工程。“没有规矩无以成方圆”，在一个企业中建立行为规范工程势在必行。建立行为规范工程包括：一是征求企业所有员工的意见，集思广益；二是建立一套对企业所有人员都适用且完善的规章制度；三是规章制度要张榜公布，让大家都知晓；四是制度面前人人平等，不管谁违反规章制度都要受到处罚。

（2）领导者自律工程。企业领导层要把领导者廉洁自律作为一项工程来建设，和其他工程并驾齐驱。领导廉洁自律、对公司的热爱和无私奉献，会使员工受到强烈感染，使整个企业充满朝气。建立领导者自律工程包括：一是把领导者的学习和思想政治教育作为一项制度规定下来；二是注重自律与他律的紧密结合，建立监督制约机制并保证它的有效运行；三是着力于企业领导表率作用的充分发挥；四是注意让工人参与监督。

（3）利益驱动工程。人的最基本需要是生理需要，要激励员工必须建立利益驱动工程。建立利益驱动工程包括：一是确定合理的工资差别，力求使每个人的收入与他们的实际贡献相称；二是实行弹性工资制，使员工收入与企业实际效益紧密相连；三是在利益分配上引入竞争机制，通过竞争使收入分配趋于合理化；四是以工资为杠杆，引导人们积极解决公司所面临的难题和关键问题，对解决这些问题作出显著贡献的人，要加大奖励力度。

（4）精神风貌工程。企业精神是企业文化的灵魂，良好的精神风貌是企业的活力之源，良好的精神风貌，不但使职工产生强大的凝聚力，极大地提高职工工作的积极性和主动性，而且也提高了职工的素养，时时处处能体现出与众不同的一种精神风貌。建立精神风貌工程包括：一是运用各种精神激励手段激励员工，如给予表扬、荣誉称号或肯定、尊重、信任、赏识等；二是介绍典型人物和事迹，振奋人的精神，树立正确的价值观，增强事业心、责任感、职业道德以及树立良好的厂风和社会风尚等。

(5) 员工培育工程。全面提高员工素质，不断培育员工成长和进步，这是企业发展的长远大计，必须予以足够重视。建立员工培育工程包括：一是建立完善的培训体系（相关内容见第七章）；二是注重员工的个性化发展。员工的个性化发展要求组织在成员岗位安排、教育培训、文化氛围和资源配置等诸多方面，均以是否有利于员工特性潜质的发挥，是否按长远发展来考虑，绝不是简单地处置，也不是为了组织短期的功利目标；三是建立学习型组织，培育团队学习能力。

(6) 企业形象工程。一个企业的对外形象是最直观、最易于向社会群体传播的企业文化要素，既可以通过企业人员自身表现，也可以通过物化表现，必须予以重视。企业形象工程包含3个方面：视觉识别系统、行为识别系统、理念识别系统。建立企业形象工程包括：一是建立企业视觉识别系统，包括企业名称、企业标志、企业标准字体、企业标准色和企业象征图案；二是建立企业行为识别系统，包括领导和员工的行为、促销活动等；三是建立理念识别系统，包括企业精神、企业价值观、企业经营哲学等。

(7) 凝聚力工程。凡是成功的企业，都是凝聚力很强的企业，建立企业凝聚力工程是把人本管理思想运用于管理实践的体现。建立企业凝聚力工程包括：1）达成目标共识；2）明确各自责任；3）培育领导者的影响力和威望；4）制定严明的纪律；5）重视员工的参与；6）对人负责任与尊重；7）在企业上下形成利益共同体；8）关注企业绩效的增长；9）帮助员工树立与企业共同发展的理想、追求思想境界；10）建立和谐的人际关系；11）增强工作本身的吸引力；12）创建员工实现自身价值的环境。

(8) 企业创造力工程。企业领导带领员工不断创新，激发全体员工的创造力，既是开发人力资源的最高层次目标和人本管理的体现，也是企业的生存和发展之道。建立企业创造力工程包括：一是创造一个鼓励员工开拓创新的宽松环境以及思想活跃和倡导自由探索的氛围；二是建立正确的评价和激励机制，重奖重用有突出业绩的开拓创新者，让那些墨守成规、无所作为的人难以立足；三是强化企业内的竞争机制，激励人们去研究新动向、新问题，并明确规定适应时代要求的技术创新和管理创新的具体目标；四是要求企业组织员工不断学习以更新知识，并引导他们面对现实去研究市场的新变化、技术的新动向，研究现实经济生活所提出的种种挑战。

二、人力资本理论

（一）人力资本理论的产生

(1) 世界两大阵营的形成与对峙，推动了人力资本理论的产生。

(2) 美国政府马歇尔计划的成功与西欧迅速复兴的实践，推进了人力资本的诞生。

(3) 对几个经济增长之谜求解的挑战，是人力资本理论产生的学术背景和推动力量。

1）马尔萨斯困惑之谜。马尔萨斯19世纪在出版的《人口原理》指出：在一定的技术和资源条件下，世界人口按几何级数增长，而食物等生活资料则按算术级数增长，故将导致人们生活水平的不断下降。事实上，20世纪人口比19世纪增长了好几倍，为什么人们的生活水平不仅没有下降，反而大为提高？

2）资源短缺型国家现代化之谜。物质是发展的基础。一般认为，资源短缺型国家是难以实现现代化的。但是，像没有煤炭、石油、铁矿石的丹麦、瑞士，也都实现了现代化，这又是为什么呢？

3）战败国战后崛起之谜。日本、西德是在第二次世界大战中几乎被夷为平地的战败国。机器、设备、厂房荡然无存，但是在战后二三十年里，这两个国家的经济却令人惊异地崛起了。这其中又有什么奥秘？

4）现代财富增长之谜。1967 年，美国经济学家丹尼森对英、美、西北欧等 9 国 1950 ~1962 年的经济增长进行研究，发现产出总量要比要素投入总量的增长速度快，即各国国民收入增长率，都大于其劳动与资本的增长率。这么多的财富是怎么产生的呢？

5）里昂惕夫之谜。里昂惕夫在研究国际贸易时发现，按照比较优势理论，资本丰裕的美国应该出口资本密集型产品，进口劳动密集型产品，但事实上，却正好相反，美国进口的是资本密集型产品，出口的是劳动密集型产品。学术界将这种现象称之为“里昂惕夫之谜”。

（二）人力资本理论的内容

1. 早期人力资本理论

人力资本理论的历史渊源可以追溯到 18 世纪。英国的古典政治经济学家威廉·配第就在其著作《赋税论》中提出了“劳动是财富之母”的著名论断；法国的古典政治经济学家布阿吉尔也提出了“劳动时间决定劳动价值”的论点；魁奈认为“构成国家强大的因素是人，人们本身就成为自己财富的第一创造因素”；1776 年，亚当·斯密就把劳动者的才能与生产工具、生产性建筑、土地改良费并列视为社会的固定资本。

2. 现代人力资本理论

（1）舒尔茨的人力资本理论。我们可以把舒尔茨的人力资本理论的基本思想概括为以下几个要点：

1）完整地理解“资本”概念，将资本可分为物质资本和人力资本两大部分，两者共同构成国民财富。人力资本的投入对经济技术的发展和人类社会进步具有决定性的作用，不应过分看重物质资本的作用。

2）认为迅速扩大的人力资本对劳动生产率的提高和经济的增长起着越来越重要的作用。

3）主张以人力市场供求变化为依据，以不同类型人力资源的价格水平为衡量尺度，对教育投资进行调节。

4）提出人力资本的投资标准是人力投资的未来收益，包括个人的预期收益和社会的预期收益，这种收益要大于它的成本，即大于对人力资本的投资。

（2）贝克尔的人力资本理论。贝克尔对人力资本理论的突出贡献主要表现为对人力资本的微观分析上。他从家庭生产（生育行为）和个人资源（特别是时间）的经济决策和成本——效用分析角度，系统地阐述了人力资本与人力资本投资问题。他提出孩子的直接成本、间接成本、家庭时间价值、时间配置、家庭中市场活动和非市场活动等概念，令人耳目一新。他在人力资本形成、正规教育、在职培训等方面和其他人力资本投资的支出与收入以及“年龄—收入”曲线等问题的研究上所取得的成果，都具有开拓意义，并为人力资本的性质、人力资本投资行为提供了具有说服力的理论解释。追求效用最大化、市场均衡和稳定偏好是贝克尔丰富的理论著述中贯彻始终的主线。

（3）丹尼森的人力资本理论。丹尼森是最先进行人力资本要素作用计量分析的学者。丹尼森的重要贡献是对被称为“余数”的问题作出了最令人信服的定量分析和解释，因而他的分析又被称为“余数”分析。他认为，用传统的经济分析方法在估算劳动和资本这两个要素对国民收入增长所作出的贡献时，还有大量未被认识的、不能由劳动和资本的投入来解释的“余数”（Residue，又译为“残差”），丹尼森把这个“余数”归因为人力资本或教育的贡献。他的最著名的研究是通过精细分解计算，论证出1929～1957年美国经济增长中，有23%的份额单独归功于美国教育的发展。许多人认为从20世纪60年代开始长达十余年的世界各国教育经费的激增，在很大程度上要归功于丹尼森的研究成果。

3. 当代人力资本理论

当代人力资本理论有：

（1）罗默尔模型。（2）卢卡斯模型。

总之，人力资本理论的内容可以概括为：（1）人力资源是一切资源中最主要的资源，人力资本理论是经济学的核心问题。（2）在经济增长中，人力资本的作用大于物质资本的作用。（3）人力资本的核心是提高人口质量，教育投资是人力投资的主要部分。（4）教育投资应以市场供求关系为依据，以人力价格的浮动为衡量符号。

（三）人力资本理论的应用

（1）人力资本是客观存在的，智力资本则是人力资本的核心，教育是生产智力资本的主力军。

（2）人力资本理论还可用于在知识经济条件下调整收入分配机制，激励人力资本投资和人力资本发挥效率。

（3）人力资本理论可以与我国国有企业改革结合起来，会起到预防国有资产流失，解决国家所有者虚拟、转轨时期国有企业的内部人控制等问题，激励企业员工，最终会形成更完善的企业治理结构。

三、劳动关系理论

（一）劳动关系理论的产生

18世纪中叶到19世纪中叶，产业革命（以蒸汽机的发明为标志的产业革命，资本主义工业化时代）斯密的管理思想：斯密认为，劳动创造的价值是利润的源泉，工资越低，利润就越高；反之，工资越高，利润就会越低。斯密主张以市场“看不见的手”来自动调整市场的供求，政府仅仅作为“看门人”，不干涉市场的供求和经济的发展。早期工业化时代的劳动关系：雇主对工人的残酷剥削、政府不干预劳资关系。早期的工会早期工业化时代的劳动关系特点：雇主通过强硬手段剥削利润、政府不干涉、冲突和斗争分散。第一个具有现代意义的劳动法规：1802年英国《学徒健康与道德法》立法禁止工人结社、罢工和示威：1799年英国《结社法》、1791年法国《夏勃里埃法》。

（二）劳动关系理论的内容

西方学者从不同的立场和对对象的认识出发，得出了不同的结论，形成了具有代表性的五个学派：（1）新保守学派。（2）管理主义学派。（3）正统多元化学派。（4）自由改革主义学派。（5）激进派。

这些学派的相似之处在于，都承认雇员和管理方之间存在目标和利益的差异。

表0-1是各学派的主要观点和假设。该表从六个方面比较、归纳了各学派的观点和看法：（1）主要关注的问题。（2）主要分析的领域。（3）对双方力量差异的重要程度的认识。（4）所设想的内部冲突的严重程度。（5）对工会在集体谈判中的影响的评价。（6）为改进员工与管理方之间的关系所开的“处方”。

表0-1 各学派的主要观点和假设

学派特征	新保守学派	管理主义	正统多元论	自由改革主义	激进派
主要关注	效用最大化	员工忠诚度的最大化	均衡效用和公平	减少不公平和不公正	减少体系内的力量不均衡
主要研究	劳动力市场	管理政策和实践	工会、劳动法和集体谈判	员工的社会问题	冲突和控制
双方力量差异的重要性	不重要——由市场力量补救	若管理方接受进步的管理方法，就不很重要	一般重要	相当重要，不公平的主要来源	非常重要，体系内“劳动”和“资本”之间力量不均衡
内在冲突的程度	根本没有——由市场力量弥补	若管理方接受进步的实践，就很少	一般，受到公众利益为中心的局限	依据情况而定，在“核心”低，在“周边”高	尽管是依据员工能力而变化的，却是基础性的
对集体谈判中的工会的评估	对经济和社会产生负面影响	矛盾心理：取决于合作双方的愿望	正向的“社会”效应，中性或正向的经济效应	在“周边”无效，在“核心”有有限效应	在资本主义社会，其效率具有内在局限性
解决的办法	减少工会和政府对市场的干预	推进进步的管理并增强劳动者和管理方的合作	保护工人集体谈判的权利，最低标准立法	增加政府干预和增强劳动法改革	激进的制度变化；员工所有和员工自治

（三）劳动关系理论的应用

劳动关系理论的应用为：（1）建立劳动争议调解组织，创造和谐的劳动关系。（2）加强劳动合同管理。（3）加强和完善劳动社会保障事业。

【案例讨论】

李某是某化工厂货运装卸工人。货物装卸工具有不固定性，一般随车辆、货运产品生产情况而定。货物多时用的时间多，货物少时用的时间也少，而且工作时间也不确定。李某等人经常在上班时间没有装卸任务，下班后因运输货物的车辆进厂需要立即装卸，所以化工厂每月给李某一定的加班工资。后来，化工厂经当地劳动行政管理部门批准，对包括货运装卸岗位在内的部分工作岗位的职工实行了不定时工作制。由于工作需要，有时李某需要超过8小时工作，而且没有加班工资。为此李某大为不满，要求化工厂支付其在8小时以外的加班工资。化工厂则认为李某实行的是不定时工作制，有时也存在一连几天不满

8 小时的情况，就拒绝了李某的要求。李某不服，向当地劳动争议仲裁委员会提出仲裁申请，请求化工厂支付拖欠的加班工资，并根据国家规定加发所拖欠工资 25% 的经济补偿金。

第二节 人力资源管理的内涵

一、人力资源概念

（一）资源

资源是人类赖以生存的物质基础。从经济学的角度来看，资源是指形成财富的来源。自从人类出现以来，财富的来源无外乎有两类：一类是来自自然界的物质，可以称之为自然资源，例如森林、矿藏、河流、草地等等；另一类是来自人类自身的知识和体力，可以称之为人力资源。在相当长的时期里，自然资源一直是财富形成的主要来源，但是随着科学技术的突飞猛进，人力资源对财富形成的贡献越来越大，并逐渐占据主导地位。

从财富创造的角度来看，资源是指为了创造物质财富而投入生产过程的一切要素。法国经济学家萨伊（Say）认为，土地、劳动、资本是构成资源的三要素；马克思认为，生产要素包括劳动对象、劳动资料和劳动者，而劳动对象和劳动资料又构成了生产资料。因此，“不论生产的社会形式如何，劳动者和生产资料始终是生产的要素”。而著名的经济学家熊彼特（Schumpeter）认为，除了土地、劳动、资本这三种要素之外，还应该加上企业家精神。随着社会的发展，信息技术的应用越来越广泛，作用也越来越大，现在很多经济学家认为生产要素中还应该再加上信息。目前，伴随着知识经济的兴起，知识在价值创造中的作用日益凸显，因此有人也认为应当把知识作为一种生产要素单独加以看待。

但是无论怎么划分，可以看出，具备劳动能力的人力资源都是财富创造中一项不可或缺的重要资源。

（二）人力资源

对人力资源概念的理解主要有两类：

第一类主要是从能力的角度来解释人力资源的含义，持这种观点的人占较大的比例：

人力资源：指能够推动整个经济和社会发展的劳动者的能力，即处在劳动年龄的已直接投入建设和尚未投入建设的人口的能力。是人类可用于生产产品或提供各种服务的活力、技能和知识。[伊凡·伯格（Ivan Berg）]。指包含在人体内的一种生产能力，它是表现在劳动者的身上、以劳动者的数量和质量表示的资源，对经济起着生产性的作用，并且是企业经营中最活跃、最积极的生产要素。社会组织内部全部劳动人口中蕴涵的劳动能力的总和。是指劳动过程中可以直接投入的体力、智力、心力总和及其形成的基础素质，包括知识、技能、经验、品性与态度等身心素质。是指企业员工所天然拥有并自主支配使用的协调力、融合力、判断力和想象力。（彼得·德鲁克）。

第二类主要是从人的角度来解释人力资源的含义。人力资源是指一定社会区域内所有具有劳动能力的、适龄劳动人口和超过劳动年龄的人口的总和。是企业内部成员及外部的顾客等人员，即可以为企业提供直接或潜在服务及有利于企业实现预期经营效益的人员的总和［梅比尔·伊莱亚斯（Edouard Elias）、伦西斯·莱克尔（Resins Lakere）等］。是指能够推动社会和经济发展的具有智力和体力劳动能力的人的总称。

从能力的角度来理解人力资源的含义更接近它的本质。前面已经指出，资源是指财富形成的来源，而人对财富形成能起贡献作用的不是别的方面，是人所具有的知识、经验、技能、体能等能力。在这个意义上，人力资源的本质就是能力。人只不过是一个载体而已。

这里也对人力资源的含义给出自己的一个解释：人力资源就是指人所具有的对价值创造起贡献作用并且能够被组织所利用的体力和脑力的总和。这个解释包括以下几个要点：人力资源的本质是人所具有的脑力和体力的总和，可以统称为劳动能力。这一能力要能对财富的创造起贡献作用，成为财富形成的来源。这一能力还要能够被组织所利用，这里的“组织”既可以大到一个国家或地区，也可以小到一个企业或单位。

总体来看，人力资源可以从广义和狭义两方面来理解。

（1）广义的人力资源指智力正常的人。

（2）狭义的人力资源有以下几种定义：

1）是指能够推动整个经济和社会发展的、具有智力劳动能力和体力劳动能力的人们的总和，它体现为数量和质量两个指标。

2）是指一个国家或地区有劳动能力的人口的总和。

3）是指具有智力劳动能力和体力劳动能力的人们的总和。

4）是指包含在人体内的一种生产能力。若被开发出来，则成为现实的劳动生产力，否则，是潜在的劳动生产力。

5）是指能够推动整个经济和社会发展的劳动者的能力，即处于劳动年龄的已直接投入建设的人的能力。

6）是指一切具有为社会创造物质文化财富、为社会提供劳务和服务的人。

以上概念，有的侧重于人力资源的质量，有的却侧重于人力资源的数量。这里定义人力资源为企业组织内外具有劳动能力的人的总和，具体描述为数量和质量两个方面。

二、人力资源管理概念

（一）人力资源管理概念

对人力资源管理概念的理解可以从不同的目的来定义。有的从管理的目的来定义，有的从管理过程或承担的职能来定义，有的从人力资源管理的实体（制度和政策等）来定义，也有的从管理的主体来定义，还有的从目的过程综合的定义。本书的定义：所谓人力资源管理是指企业（组织）为了获取、开发、保持和有效利用在生产和经营过程中必不可少的人力资源，通过运用科学、系统的技术和方法进行各种相关的计划、组织、领导和控制的活动，以实现企业（组织）的既定目标。

（二）人力资源管理与人事管理的区别

人力资源管理与人事管理的区别见表0-2。

表 0-2　人力资源管理与人事管理的区别

比较项目	人力资源管理	人事管理
管理视角	视员工为第一资源、资产	视员工为负担、成本
管理目的	组织和员工利益的共同实现	组织短期目标的实现
管理活动	重视培训开发	重使用、轻开发
管理内容	非常丰富	简单的事务管理
管理地位	战略层	执行层
部门性质	生产效益部门	单纯的成本中心
管理模式	以人为中心	以事为中心
管理方式	强调民主、参与	命令式、控制式
管理性质	战略性、整体性	战术性、分散性

三、人力资源管理的模式

传统的人力资源管理模式大体上可分为以美国为代表的西方模式和以日本为代表的东方模式两大类。西方模式注重外部市场，人员流动性大，薪资报酬较刚性；东方模式注重员工教育、培养和团队参与管理等内在行为。两种模式都曾被证明是有效的，但又都存在一定的缺陷。但当今发展趋势是：一方面，国际贸易自由化程度提高，经济全球化加剧，国际市场竞争前所未有地激烈，所有这些要求企业对多变的市场迅速做出反应，因此，东方模式必须做出根本性变革以适应竞争加剧的市场；另一方面，处于高度激烈竞争、瞬息万变的市场中的企业，如果不高度分权，势必对市场反应迟钝，坐失无限商机。而高度分权的前提必须是以员工良好的知识技能和技术素养、高度的责任心和自觉性作为保证。从这一角度看，西方的模式并不能因袭，而必须像日本企业那样，注重吸收工人参与管理，保障员工在企业的利益，同时加强对员工的培训，以提高企业的学习能力和对环境的适应能力。

现代企业人力资源管理的模式有以下几类。

（一）“抽屉式”管理

在现代管理中，它也称作“职务分析”。“抽屉式”管理是一种通俗形象的管理术语，它形容在每个管理人员办公室的抽屉里，都有一个明确的职务工作规范，在管理工作中，既不能有职无权，更不能有权无责，必须职、责、权、利相互结合。企业进行“抽屉式”管理有 5 个步骤：（1）建立一个由企业各个部门组成的职务分析小组。（2）正确处理企业内部集权与分权关系。（3）围绕企业的总体目标，层层分解，逐级落实职责权限范围。（4）编写“职务说明”、“职务规格”，制定出对每个职务工作的要求准则。（5）必须考虑到考核制度与奖罚制度相结合。

（二）“危机式”管理

美国企业界认为，如果以为经营者不能很好地与员工沟通，不能向他的员工们表明危机确实存在，那么他很快就会失去信誉，因而也会失去效率和效益。美国技术公司总裁威廉·韦思看到，全世界已变成一个竞争的战场，全球电信业正在变革中发挥重要作用。因此，他启用两名大胆改革的高级管理人员为副董事长，免去5名倾向于循序渐进改革的高级人员职务；在职工中广泛宣传某些企业由于忽视产品质量、成本上升、导致失去用户的危机，他要全体员工知道，如果技术公司不把产品质量、生产成本及用户时刻放在突出位置，公司的末日就会来临。

（三）“一分钟”管理

西方许多企业纷纷采用“一分钟”管理法则，并取得了显著的成效。具体内容：一分钟目标、一分钟赞美及一分钟惩罚。

(1)“一分钟目标”，就是企业中的每个人都将自己的主要目标和职责明确的记在一张纸上。每一个目标及其检验标准，应该在250个字内表达清楚，一个人在一分钟内能读完。这样，便于每个人明确认识自己为何而干，如何去干，并且据此定期检查自己的工作。(2)“一分钟赞美”，就是人力资源激励。具体做法就是人力资源激励。具体做法是：企业的经理花费不长的时间，在职员所做的事情中，挑出正确的部分加以赞美。这样可以促使每位员工明确自己所做的事情，更加努力的工作，使自己的行为不断向完美的方向发展。(3)“一分钟惩罚”，是指某件事应该做好，但却没有做好，对有关的人员首先进行及时批评，指出其错误，然后提醒他，你是如何器重他，不满的是他此时此地的工作。这样可使做错事的人乐于接受批评，感到愧疚，并注意避免同样错误的再发生。“一分钟”管理法则妙就妙在大大缩短了管理过程，有立竿见影之效果。

（四）“和拢式”管理

“和拢”表示管理必须强调个人和整体的配合，创作整体和个体的高度和谐。具体特点是：(1) 既有整体性，又有个体性。企业每个成员对公司产生使命感，“我就是公司”是“和拢式”管理中的一句响亮口号。(2) 自我组织性。放手让下手作决策，自己管理自己。(3) 波动性。现代管理必须实行灵活经营策略，在波动中产生进步和革新。(4) 相辅相成。要促使不同的看法、做法相互补充交流，使一种情况下的缺点变成另一种情况下的优点。(5) 个体分散和整体协调性。一个组织中单位、小组、个人都是整体中的个体，个体都有分散性、独创性，通过协调形成整体的形象。(6) 韵律性。企业与个人之间达成一种融洽和谐充满活力的气氛，激发人们的内驱力和自豪感。

（五）“走动式”管理

“走动式”管理主要指企业主管体察民意，了解实情，与部属打成一片，共创业绩。它的优势在于：(1) 主管动部属也跟着动。(2) 投资小，收益大。走动管理并不需要太多的资金和技术，就可能提高企业的生产力。(3) 看得见的管理。就是说，最高主管能够到达生产第一线，与工人见面、交谈，希望员工能够对他提意见，能够认识他，甚至与他争辩是非。(4) 现场管理。(5)“得人心者昌”。

四、人力资源管理的功能

(1) 获取的功能。根据企业目标确定的所需员工条件，通过规划、招聘、考试、测评、选拔，获取企业所需人员。(2) 整合的功能。通过企业文化、信息沟通、人际关系和谐、矛盾冲突的化解等有效整合，使企业内部的个体、群众的目标、行为、态度趋向企业的要求和理念，使之形成高度的合作与协调，发挥集体优势，提高企业的生产力和效益。(3) 保持的功能。通过薪酬、考核、晋升等一系列管理活动，保持员工的积极性、主动性、创造性，维护劳动者的合法权益，保证员工在工作场所的安全、健康、舒适的工作环境，以增进员工满意感，使之安心满意的工作。(4) 评价的功能。对员工工作成果、劳动态度、技能水平以及其他方面作出全面考核、鉴定和评价，为作出相应的奖惩、升降、去留等决策提供依据。(5) 发展的功能。通过员工培训、工作丰富化、职业生涯规划与开发，促进员工知识、技巧和其他方面素质提高，使其劳动能力得到增强和发挥，最大限度地实现其个人价值和对企业的贡献率，达到员工个人和企业共同发展的目的。

五、人力资源管理的基本职能

人力资源管理主要包括几种基本职能：(1) 人力资源规划。(2) 工作分析。(3) 招聘录用。(4) 绩效管理。(5) 薪酬管理。(6) 培训开发。(7) 员工关系管理。工作分析和工作评价是平台，是其他职能的基础。绩效管理是核心。

第三节　资源管理的发展历史

人力资源管理发展到目前这个阶段，经历了一个长期的演变过程，要想对目前的人力资源管理有更加深入的了解，有必要对它的发展进程进行简要的回顾。作为系统化和理论化的管理最早产生于西方社会，作为管理重要构成部分的人力资源管理同样如此，因此对人力资源管理发展历程的考察也就主要集中于西方发达国家。

一、人力资源管理的发展阶段

关于人力资源管理的发展，可以从两个不同的方面来进行研究，即：人力资源管理实践的发展和人力资源管理理论的发展。国内外学者研究人力资源管理的发展历史，一般都将其划分为若干个不同的阶段来进行研究，典型的理论包括六阶段论、四阶段论和三阶段论。这些理论从不同的角度揭示了人力资源管理的发展历史。

(一) 六阶段论

美国华盛顿大学的 W. L. French (1998) 提出：早在1900年初，现代人力资源管理的内容已经形成，以后的发展主要在观点和技术方面的发展。并且，French 将发展划分为6个阶段：(1) 科学管理运动。在20世纪初，以泰罗和吉尔布雷思夫妇为代表，开创了科学管理理论学派，并推动了科学管理实践在美国的大规模推广和开展。泰罗科学管理形成了四个方面的基本原则，取得阶段成果：注重通过科学的工作设计来提高工人的生产率，同时，注重采用科学的方法对员工进行招聘和挑选，用企业系统培训来取代以前的自我培训，以提高工人的生产率。并且科学管理理论还创造了最初的劳动计量奖励工资制度——差异计件率系统，并最早提出了将生产率改进所获得的收益在企业和工人直接分享的思想。(2) 工业福利运动。工业福利运动几乎与科学管理运动同时展开，主要是基于关心工人的福利主张而建立起一套有关企业员工管理思想体系。这种分立主义的人事管理观点也成为现代企业人力资源管理的来源之一。(3) 早期工业心理学。工业心理学的创始人Munsterberg于1913年写的《心理学与工业效率》标志工业心理学的诞生。他推动企业人事管理工作的科学化进程，并测试用于军方选拔和安置人员取得极大成功；还试图把机器的特点和人的特点相匹配的因素测定技术也开始发展并得到应用。(4) 人际关系运动时代。20世纪30年代，著名的霍桑实验结果使管理从科学管理时代步入人际关系时代。1924~1932年之间，梅奥等人在芝加哥的西屋电器公司的霍桑工厂进行了著名的霍桑实验。实验证明，员工的生产率不仅受到工作设计和报酬的影响，而且更多地受到社会和心理因素的影响，即员工的情绪和态度强烈地受到工作环境的影响，而这种情绪和态度又会对生产率产生强烈的影响。(5) 劳工运动。雇佣者与被雇佣者的关系，一直是人力资源管理的重要内容之一。在美国，从1842年到1935年，劳工运动经历一个很长的发展阶段。1842年，美国麻州最高法院对劳工争议案的判决开始，美国的工会运动快速发展；1869年就形成全国网络；1886年，美国劳工联合会成立。大萧条时期，工会处于低潮；1935年，随着美国劳工法案——瓦格纳法案（Wagner Act）的颁布，工会重新兴盛起来。罢工现象此起彼伏，缩短工时、提高待遇的呼声越来越高，因此出现了“集体谈判”。

20世纪60~70年代，美国联邦政府和州政府连续颁布了一系列关于劳动和工人权利的法案，促进了劳工运动的发展，人力资源管理也随之成为法律敏感行业。在今天西方国家的人力资源管理中，处理劳工关系使企业避免劳动纠纷诉讼，也成为人力资源管理的重要职能。(6) 行为科学与组织理论时代。1) 探讨背景。进入20世纪80年代，组织管理的特点发生了变化。在日趋激烈的竞争环境中，企业越来越强调对外部环境的反应能力和根据外部环境进行变革的组织弹性，并以此基础增强企业的竞争力。2) 分析思路。在这个阶段，人力资源管理的特点是将组织看作一个系统，而人则是这个系统的组成部分；另一方面，组织又是整个社会系统的一个子系统，这样就形成了现代组织理论和行为科学的管理思路。即人力资源管理要符合组织的要求，符合提升企业竞争力的要求。3) 核心框架。进一步要求从单个的人上升到组织人，把个人放在组织中进行管理，强调文化和团队的作用，这些都成为人力资源管理的新特征。

(二) 四阶段论

持四阶段论观点的学者以科罗拉多（丹佛）大学的韦恩·F·卡肖（Wayne F. Cascio，1995）为代表，他们从功能的角度将人力资源管理的发展历程划分为4个阶段：

(1) 档案保管阶段。从人事管理出现一直到20世纪60年代。这一阶段，人事管理的主要工作就是招聘录用、培训和人事档案。随着雇主对员工关心程度的增加，新员工的录用、岗前教育、个人资料的管理等工作都由人事部门或专门的人员负责。但在这一阶段缺乏对工作性质、目标的明确认识，也没有清晰的条理和制度。

(2) 政府职责阶段。20世纪60~70年代前后。这一阶段的特点是政府介入和法律规定开始在各个方面影响雇用，但企业的高层领导人仍将人力资源管理的成本视为非生产性消耗。以美国为例，继1964年通过《民权法》之后，政府相继通过了《反各种族歧视法》、《退休法》和《保健安全法》等涉及公民雇用的多种法规，企业如果违反这些法规就会造成巨大的经济损失。这就迫使企业各层领导对劳动人事管理工作给予了足够的重视，要求日趋严格，不允许任何环节有丝毫的疏忽，力求避免和缓解劳资纠纷，并在出现劳资纠纷时能争取主动。美国电话电报公司曾于1973年与联邦政府达成一项协议，同意将晋升到管理职位上的女员工的起点工资与晋升到同样职位上的男员工的工资拉平。这本属于纠正性别歧视的合理之举，但在当时的企业中却被认为是“错误的人事管理”，因此该公司损失了3亿多美元。正是在上述背景条件下，企业人事管理工作不得不强调规范化、系统化和科学化。工作内容逐渐形成了主要包括吸收、录用维持、开发、评价和调整的工作链，为完成上述各种任务所需要的各类人事专家也纷纷进入企业。而为此所支出的一切费用，仍然被许多企业的高层管理者视为整个组织的非生产性消耗，企业不过是为了应付不得已而为之。所以，这个阶段称为政府职责阶段。

（3）组织职责阶段。20世纪70年代末到80年代。进入20世纪80年代以后，企业领导对人事管理不再认为是“政府的职责”，而把它真正视为企业自己的“组织的职责”，人力资源的管理和开发成为企业人事部门的职责。这种认识的转变是有其历史背景的。首先，心理学、社会学和行为科学日益渗透到企业管理领域，在这种学科交融的基础上形成的理论日益受到企业的重视，并被广泛接受；其次，1972～1982年间，美国的生产率平均年增长0.6%，而同期日本、原联邦德国和法国则分别增长了3.4%、2.1%和3%，员工的懒散和管理的平庸使企业高层领导日益忧虑；第三，劳资关系日益紧张；第四，政府官员对企业进行了非公正的干预，再加上劳动者的多样化、教育水平的提高，使得对人的管理更加困难。因此，企业高层领导被迫从企业内部寻找出路，发现人力资源管理是重要的突破口。

许多企业的高层领导人相信，调动人的积极性和掌握处理人际关系的技能非常重要，它既是保证企业排除当前困境的有效方法，也是保证企业未来成功的关键因素。通过对一些大型企业的经理人员进行调查，可以看出人事问题越来越受到重视。40%的经理表示，他们一周要花费5～20小时来处理人事问题，这比5年前增加了50%（Arthur，Sherman，1992）。这些经理迫切需要人事部门的协助，因为人力资源管理工作的复杂性正在日益增加，做好人力资源管理工作远比做好财务管理更加重要。美国人力资源管理专家韦恩·F·卡肖说，“人力资源管理不仅是个战术问题，而且是个战略问题”。为此，企业开始吸收人事经理进入企业领导高层，共同参与企业的经营决策，认为人力资源是一种最重要的战略资源，是企业成败兴衰的关键。20世纪80年代初期，美国和欧洲一些国家纷纷出现了人力资源开发和管理组织，人事部门改名为人力资源管理部，企业从强调对物的管理转向强调对人的管理。

（4）战略伙伴阶段。20世纪80年代开始。把人力资源战略作为公司重要的竞争战略，或者从战略的角度考虑人力资源管理问题，把人力资源管理与公司的总体经营战略联系在一起，是20世纪90年代后企业人力资源管理的重要发展趋势。

这个阶段，人力资源管理成为整个企业管理的核心，其原因在于人们已经达成共识：在国际范围的市场竞争中，无论是大公司还是小公司，要想获得和维持竞争优势，核心的资源是人力资源。20世纪90年代后期，美国各行业开始对这一趋势给予重视，有影响的商业杂志和学术期刊纷纷发表有权威的文章，讨论这种变化和可能带来的问题。诸如：《人事主管成为新的公司英雄》（Meyer，1976）、《人力资源管理进入新时代》（Briscoe，1982）、《人力资源经理不再是公司无足轻重的人》（《商业周刊》1985）以及《人力资源总监影响首席经营官的决策》(Penezic, 1993) 等充满诱惑性的某著作和文章，成为反映这个时期特征的重要指标。这里我们引用《商业周刊》发表的文章中一段话，从中不难管中窥豹。“自从20世纪60年代进入大企业时代而财务总监掌管公司的大权以来，管理功能上最巨大的变化就是人力资源管理的崛起。在这个变革的时代，公司不断地兼并、收购、压缩部门、裁减人员，以及进入新的业务领域而抛弃旧的业务，管理的战略决策必须比以往任何时候都更多地考虑人力资源，使技能与工作相匹配，兼并后留住优秀人才，解决由于引进新技术或关闭一座工厂而引发的人的问题。”

（三）三阶段论

根据不同的标准，可以将人力资源管理的发展划分为不同的3个阶段：(1) 依据人力资源管理所扮演的角色。以福姆布龙、蒂奇和得兰纳（Fombrun, Tichy & Deranna, 1984）为代表的学者，根据人力资源管理在组织管理中所扮演的角色和所起的作用，把人力资源管理的发展分为三个阶段。1）操作性角色时代。这一阶段，人力资源管理的内容主要是一些简单的事务性工作，在管理中发挥的作用并不是很明显。2）管理性角色时代。人力资源管理在这一阶段开始成为企业职能管理的一部分，承担着相对独立的管理任务和职责。3）战略性角色年代。随着竞争的加剧，人力资源在企业中的作用起来越重要，人力资源管理开始纳入到企业的战略层次，要求从企业战略的高度来思考人力资源管理的相关问题。(2) 依据人力资源管理的内容。根据管理的内容，可将人力资源管理的发展划分为现场事务管理、档案业务管理和指导协调管理三个阶段：1）现场事务管理阶段。主要指以保证工作任务的完成而在现场进行的人力资源管理。它没有专门的人力资源管理部门和人员，主要由现场管理人员来处理人事矛盾，进行人员调配和劳动监督。2）档案业务管理阶段。指在办公室而非现场进行的一种间接性的人力资源管理。这一阶段有专门的工作场所和专业的工作人员，管理的内容是比较专业化的人员招聘、甄选、配置、培训、考核和薪酬等。3）指导协调管理阶段。指导协调管理属于一种专家型的咨询式管理。在这种方式上，人力资源部门的所有人员都是专家，主要负责人力资源管理政策、制度和技术的研究与制定；负责对制度、政策的执行情况进行监督检查；负责人力资源管理技术和方案的咨询与指导；负责人力资源发展战略的咨询与贯彻。(3) 国内学者对西方人力资源管理的发展阶段也做过一些划分，会亚和、孙健敏（1995）等人的观点具有一定的代表性。他们的划分也是三个阶段，即初级阶段、人事管理阶段和人力资源管理阶段。1）初级阶段。早期的工业心理学和以泰罗为代表的古典科学管理学派，管理的中心是如何通过科学的工作方法来提高人的劳动效率。2）人事管理分阶段。以工作为中心。3）人力资源管理阶段。强调人与工作的相互适应。

实际上，这种阶段的转变也可以从流行的专业术语中反映出来。早期的人事管理，主要围绕劳工关系展开，所使用的术语主要是劳工关系、工业关系、雇佣关系、劳动管理、人力管理和人事管理等。在人事管理阶段，强调人对工作的适应，或者是以人为中心的管理，强调工作为人服务（包括客户和员工），人是最大的资本和资源，人力资源战略、组织变革、企业文化、员工权利、灵活的报酬制度和管理制度以及全员持股方案等成为流行术语。

二、我国人力资源管理的发展

严格地说，人力资源管理在我国的发展不过十几年的时间。新中国成立后，随着社会主义改造的完成，我国建立起了社会主义制度，同时也确定了计划经济的经济体制。与经济体制相适应，我国实行“统包统配”的就业制度，企业没有用人自主权，不能自行招聘所需人员；人员只进不出，没有形成正常的退出机制；同时在企业内部，对于工人的工作没有考核，大家“干好干坏一个样，干多干少一个样”；工资分配中存在着严重的平均主义，与工作业绩和工作岗位没有任何关系；人事管理还停留在简单的档案管理和资料统计阶段，与现代的人力资源管理相去甚远；同时人们对“人力资源”也普遍没有任何概念可言，可以说这个时期我国根本就没有真正意义上的“人力资源管理”。

党的十一届三中全会以来，特别是改革开放以后，随着我国经济体制改革的不断深入，国有企业的劳动人事工作也在不断进步。1979 年以后，国务院颁发了一系列关于扩大国营企业经营管理自主权的文件，逐步放宽了企业人事管理的职责权限范围，允许企业在定员、定额内，以精简和提高效率的原则，按照实际需要决定自己的机构设置；有权按国家劳动计划指标择优录用职工；有权根据员工的表现进行奖惩，对严惩违反劳动纪律、破坏规章制度、屡教不改、造成重大经济损失的，可给予开除处分。随着这些规定的落实，企业在用人方面有了更大的空间，正常的进、出渠道逐步形成；劳动人事管理制度逐渐完善，劳动定额管理规范化，打破了分配的平均主义，增强了工资的激励作用；推行了对工人的工作业绩考核。所有这些都表明，我国企业的人事管理人作发生了巨大的变化，已经初步具备了人力资源管理的某些功能和作用。可以说，国有企业人事管理的改革，为人力资源管理在我国的发展奠定了实践基础。

1988 年 9 月，“国际劳工组织亚洲人力资源开发网、中国人力资源开发研究中心成立暨首届学术研究会”在贵阳召开，这标志着我国人力资源管理理论研究的开始。此后，人力资源开发丛书编委会、光明日报等单位又举行了人力资源开发理论研讨会，对人力资源管理的基本概念、基本思想进行了探讨，人力资源管理理论在我国开始传播。1992 年，中国人民大学劳动人事学院将下属的人事管理教研室改名为人力资源管理教研室，并在 1993 年将人事管理专业调整为人力资源管理专业，在我国招收了首届人力资源管理的本科生，这在我国人力资源管理过程中具有里程碑的意义，标志着我国人力资源管理的发展进入了专业化阶段。1995 年以后，随着 MBA 教育的推广，人力资源管理的概念在社会上逐渐得到普及。到目前为止，全国已有 100 多所高校设置了人力资源管理专业，人力资源管理的培养也从本科扩大到研究生。所有这些，都为人力资源管理在我国的发展进行了理论和人才准备。

现在，人力资源管理在我国得到了蓬勃的发展，人力资源管理的概念深入人心，企业对人力资源的重视达到了前所未有的地步。但是，我们也应清醒地认识到，我国人力资源管理的发展和发达国家相比还有很大差距，很多理论、技术和方法还只是借鉴，没有形成自己的体系；一些从业人员的专业化程度不高，没有接受过系统的教育和培训，影响了人力资源管理作用的发挥；企业特别是国有企业的人力资源管理水平不高，人力资源管理的战略作用没有得到体现等。目前，人力资源管理在我国的发展可以说是机遇与挑战并存，需要人力资源管理的理论工作者和实际工作者共同努力，积极探讨，以不断提高我国人力资源管理的理论和实践水平。

第四节 现代企业人力资源管理

一、现代企业人力资源管理的特点

现代人力资源管理是运用科学方法，协调人与事的关系，处理人与人之间矛盾，充分发挥人的潜能，人尽其才，事得其人，人事相宜，以实现组织目标的过程。(1) 现代人力资源管理以“人”为核心，视人为“资本”，把人作为第一资源加以开发，既重视以事择人，也重视为人设事，让员工积极主动地、创造性地开展工作。管理出发点是“着眼于人”，考虑人的个性、需求的差异，又考虑客观环境对人的影响，用权变的观点开展工作，从而达到人力资源合理配置、人与事的系统优化，使企业取得最佳的经济和社会效益。(2) 现代人力资源管理属于动态管理，强调一种动态的、心理的调节和开发，将人力资源作为劳动者自身的财富，重视开发使用，强调人员的整体开发。结合组织目标和个人情况，进行员工的职业生涯规划，不断培训，不断进行横向和纵向的岗位职务调整，做到大才大用、小才小用，充分发挥个人才能、人尽其才、才尽其用。(3) 现代人力资源管理同时采取理性与感情化的管理。较多地考虑人的情感、自尊、价值，以人为本，多激励，少惩罚，多授权，少命令，发挥每个人的特长，尽可能地体现每个人的价值。(4) 现代人力资源管理追求创新性，不断创新，完善考核系统、测评系统等科学技术方法。多为主动开发型，根据组织现状和未来，被赋予了很多的组织变革职能。通过参与变革与创新，实施组织变革（并购与重组、组织裁员、业务流程再造等）过程中的人力资源管理实践，包括提高员工对组织变革的适应能力，妥善处理组织变革过程中的各种人力资源问题，推动组织变革进程，并以企业变革推动者的身份有计划有目标地展开工作。(5) 现代人力资源管理主体是市场运行的主体，行为受市场机制左右，而且需遵循市场通行规则和人力资源管理自身特有的规律。(6) 现代人力资源管理上升为决策层，直接为企业的最主要的高层参与计划和决策。作为企业战略决策的参与者，提供基于战略的人力资源规划及系统解决方案，将人力资源纳入企业的战略与经营管理活动中，使人力资源与企业战略相结合。

二、现代企业人力资源管理的核心

现代企业人力资源管理的核心是价值链管理。人力资源价值链管理包括三个方面的内容：(1) 企业中哪些要素参与了价值的创造，这涉及人力资源管理中价值分析问题。过去农业经济社会是劳动力和土地，现在社会是企业家、知识、资本和劳动。对这个问题的认识是人力资源价值链管理的基础。(2) 企业中这些要素创造了多少价值，这涉及人力资源管理中价值评价的问题。采用什么样的价值评价标准和怎样进行价值评价是人力资源管理中一个最困难的问题。(3) 如何进行价值分配，包括分配的方式、分配的标准等。

三、现代企业人力资源管理的核心

随着经济的全球化、竞争的白热化，国外优秀企业已经充分认识到企业的竞争在本质上是人才的竞争，人才的差距将在根本上决定企业的差距。无论是以注重团队精神和感情管理为特色的日本企业，还是以注重市场配置和物质激励为表征的欧美企业，通过不断地相互学习与借鉴，都加快了人力资源管理变革的步伐，开始注重短期激励与长期激励的兼顾，刚性制度与柔性文化的探合，个人竞争与团队精神的统一。更为重要的是，这些发达国家的优秀企业，都更加重视人力资源管理，将其提升到了与知识经济背景相对称的战略性地位。现代企业人力资源管理的发展趋势主要表现在以下9个方面。

（一）人力资源管理理念上的变化

“没有满意的员工就不会有满意的顾客”，已经成为国外企业界的共识。由国外长期成功企业的文化体系不难发现，这些企业无论采用何种语言或是表达方式，均将员工视作企业最宝贵的财富，将“以人为本”奉为企业核心的管理理念；考察这些企业的人力资源管理模式也不难发现，这些企业已经抛弃了以监督与控制为主的模式，转向了以领导与激励为主的模式。这些变化归根结底源自于人力资源管理理念的变化，即不再将员工视作“逃避工作、喜欢偷懒的人”，而是将其视作“愿意承担责任能够自我指导与控制的人”。人力资源管理理念的变化，实际上是对传统人性假设的反思，既是行为科学进步、社会环境变迁诱致的结果，也是知识员工和客户导向型企业大量涌现的结果。毫无疑问，尊重、理解、信任和关心员工，将成为未来企业成功的重要“基因”。

（二）人力资源管理认识上的变化

随着知识对企业贡献率的不断增加，人力资源管理得到了越来越多的重视，已经开始从维持辅助的事务性层面，上升到了获取竞争优势的战略性层面，“战略性人力资源管理”在更大范围和更大程度上从理论走向现实。人力资源管理正在日益成为与企业中各个层面的管理人员（包括各级直线经理乃至CEO）都息息相关的事，而不再只是人力资源部门的事；人力资源部门也从后台走向了前台，不再只是企业发展战略的一个执行者，而是在参与甚至主导企业战略的决策过程中发挥作用。例如，美国思科公司在每一次并购行动中，都要求有人力资源管理专家参加，对并购对象的人力资源状况进行全方位的考察和评估，而且不止一次地，仅仅是因为并购对象与思科的企业文化不相容、员工队伍难以融合而导致了并购行动的搁浅。正如思科公司总裁钱伯斯所言：“与其说我们是在购并企业，不如说我们是在购并人才”。

（三）人力资源管理导向上的变化

如何才能使战略性人力资源管理真正落到实处？受全面质量管理和流程再造理论的影响，美国企业界提出了“人力资源管理的顾客导向”的新理念。在一些比较先进的美国公司中，高层人力资源管理者已经开始把人力资源管理部门看作是一个战略业务单位（USB），并且试图根据他们的顾客基础、顾客需要以及满足顾客需要的技术等条件界定业务内容。一般认为，人力资源管理部门具有三类客户，即直线管理人员、企业决策层和内部员工，这三类客户所需要的产品或服务是不同的。直线管理人员，希望在人力资源管理部门的协助下，获得具有献身精神的高质量员工；企业决策层，需要在战略决策的制定过程中获得人力资源方面的信息与建议，在战略决策的执行过程中获得人力资源管理制度和实践方面的支持；而内部员工，则希望人力资源部门能够创造出良好的企业人才发展环境，为其职业发展提供专家式的指导和咨询，不断提高自身的人力资本价值。针对不同的客户以及差异化的需求，人力资源管理部门应当从专业角度出发，确定需要运用哪些技术、通过哪些途径来满足他们的需求。这种以顾客为导向的人力资源管理，实际上改变了人力资源部门传统的“企业宪兵”形象，使人力资源部门的权威基础从原来的来自于职位的“强制型权力”，变成了依靠专业知识服务的“专家型权力”。这种改变不仅有助于企业从整体上成为面向顾客的组织，也使人力资源管理部门真正从成本中心走向了利润中心。

（四）人力资源管理思路上的变化

目前，国外的先进企业，都是将人力资源管理作为一个长期性的系统工程来考虑，从员工的招聘、筛选、录用到离开企业的各个环节，都重视相互的衔接与配套；在出台每一个政策或采用每一个策略之前，都要考虑是不是有利于企业战略目标的实现和员工工作效能的提高。就连看似简单的招聘、筛选和录用工作，也正在朝着战略性、系统化的方向发展。例如，无论是美国企业还是日本企业，从招聘之初就十分注重质量。仅从工作量上来看，微软公司曾经为了成功招聘2000名新雇员，审阅了几万份个人简历、举行了7400次面试、访问了130所大学；而丰田公司花费在面谈和评估中心方面的时间，前后加起来也达到了20小时以上。之所以花费巨大的成本与精力在这一环节，用这些企业人力资源管理者的话来说，就是只要想一想进入企业后正式员工会得到更大的投入与支持，只要想一想企业雇佣的人要在企业工作很长时间，只要想一想他们将为企业做出的贡献，这些投入与努力都是值得的。

（五）人力资源管理重点的变化

技术日新月异的变化，知识员工队伍的扩大，使人力资源管理的重心从原来对可用性的重视转向了对发展性的强调，建立以核心能力为中心的人力资源管理体系成为了一种趋势。越来越多的企业意识到，组织学习是人力资源管理组织不断提高并持续保持环境适应能力的主要途径，开始致力于学习型组织的建设和加强对知识的管理，组织学习的有效性和知识的贡献率成为衡量人力资源工作绩效的重要标准。同时，职业生涯设计和继任者计划也成为企业留住核心人员的不可或缺的管理工具。

（六）人力资源管理手段上的变化

自20世纪80年代以来，面对员工忠诚度普遍下降但是对于企业发展贡献率却不断上升的现实，人力资源管理也从常规管理走向了创新管理，管理手段上的创新可谓层出不穷。仅以激励手段而言，不仅出现了以岗位和职务为基础向以业绩、技能和胜任力为基础的薪酬体系的转变，而且为了企业的持续发展和满足员工的发展需求，也衍生出了如延期收入、股票期权、利润共享等长期激励手段，以及工作内容丰富化、参与式管理、弹性工时制等更加个性化的精神激励手段。

同时，信息技术的发展与战略性人力资源管理的需求，推动了人力资源管理信息化的进程，信息技术被广泛地应用于人力资源管理的各个环节。网上招聘系统、远程网络培训系统、人力资源管理信息系统、人事政策自助服务系统等的建立与使用，不仅使员工的个性化需求得到了更好地满足，而且也提高了人力资源管理的效率，为人力资源管理者将精力集中到对企业价值贡献更大的管理活动中创造了条件。

（七）人力资源管理范围上的变化

传统的人力资源管理管理，主要局限于员工在企业中、上班时间内的行为管理；而现代的人力资源管理，已经开始将影响员工工作绩效的一切因素均考虑在内，大大拓展了人力资源管理的范围。注重家庭生活与工作生活的质量、关注家庭与事业的平衡，被认为是一种更加符合人性的、也更加有利于提高员工奉献精神的现代管理理念，在员工激励方案和职业生涯设计中也得到了充分的体现。因此，当企业工作场所的管理日趋完善之后，员工的家庭生活便成为企业让员工满意、进而提高员工工作绩效的一个重要管理切入点。包括日本、韩国等企业在内的诸多企业，都已经认识到了“工作狂”的弊端，不再将加班加点、透支性劳动作为一种工作精神加以提倡，而是普遍缩短了每周工作时间、引入了带薪假日制度。此外，一些公司在外派人员的管理、员工集体活动和对员工的表彰奖励时也都不同程度地考虑家属因素，其最终目的是为了获得家人对员工工作的理解和支持，进而赢得员工的奉献精神。

（八）人力资源管理领域的变化

经济的全球化使全球市场的联系越来越紧密，一方面使跨国公司乃至全球企业成为了世界经济的主宰性力量，另一方面也使战略联盟、虚拟型组织成为了新的重要的组织形式。相应地，人力资源管理的边界也从清晰到模糊，从封闭走向开放，国际人力资源管理与柔性化组织的人力资源管理成为了人力资源管理的新的领域。突破传统意识中的企业边界与地理边界，培养全球观念和团队协作精神、实施有效的跨文化培训与管理，将成为21世纪企业人力资源管理必须面对的挑战。

（九）人力资源管理人员能力上的变化

人力资源价值的显现和地位的提升，使人力资源管理成为了企业管理方面具有决定意义的内容，对人力资源管理者本身也提出了更高的能力要求。现代企业中的人力资源管理群体，应当同时承担四种角色，即战略规划的参与者和执行的管理者、人事与行政管理专家。公司员工发展的指导者与支持者、组织发展变革的倡导者与代言人。不少人力资源专家认为，现代企业的人力资源管理人员要想真正发挥作用，应该具备以下几个条件：第一，要熟悉企业的业务；第二，能够掌握和应用现代人力资源管理的手段；第三，在企业中具有良好的个人信誉；第四，懂得如何推动和领导企业的变革与重组。也就是说，一个称职的人力资源管理人员，必须能够同时胜任职能性角色与战略性角色，需要同时具备战略意识与综合服务的“通才”能力。

思考题

0-1　什么是资源和人力资源？

0-2　人力资源管理的模式有哪些？

0-3　人力资源管理的功能有哪些？

0-4 人力资源发展经过哪些阶段？

0-5 比较传统人事管理与人力资源管理的区别。

0-6 试述现代企业人力资源管理发展的趋势。

0-7 技能操作：以小组为单位，实地考察当地企业，分析人力资源部门是如何运作的，并对其工作内容进行评价，形成文字报告。

案例分析：

关于A公司人力资源管理的诊断与分析

A公司是一家日化产品生产企业。几年来，公司业务一直发展很好，销售量逐年上升。每到销售旺季，公司就会到人才市场大批招聘销售人员；一旦到了销售淡季，公司又会大量裁减销售人员。就这件事，公司销售经理陈某曾给总经理蒋明浩提过几次意见。而蒋总却说：人才市场中有的是人，只要我们工资待遇高，还怕找不到人吗？一年四季把他们"养"起来，这样做费用太大了。这样，公司的销售人员流动性很大，包括一些销售骨干也纷纷跳槽。蒋总对销售骨干还是极力挽留，但没有效果，他却不以为然，仍按照惯例，派人到人才市场中去招人来填补空缺。

在去年公司销售旺季时，跟随蒋总多年的陈某和公司大部分销售人员集体辞职，致使公司销售工作一时近乎瘫痪。这时蒋总才感到问题有些严重。因为人才市场上可以招到一般的销售人员，但不一定总能招到优秀的销售人才和管理人才。在这种情势下，他亲自到陈某家中，开出极具诱惑力的年薪，希望他和一些销售骨干能重回公司。然而，这不菲的年薪依然没能召回这批老部下。这时，蒋总经理才有些后悔，为什么以前没有想办法去留住这些人才呢。同时，他也陷入了困惑：如此高薪，他们为什么也会拒绝，企业到底靠什么留住人才呢？

（一）案例分析

人才流失不单是公司，也是许多企业普遍头痛的问题。而公司留不住人才在管理制度、内部沟通等机制上存在许多问题，但造成这些问题的关键在于对人才的不重视，缺乏正确的人力资源观。去年11月，公司丢失了一台打印机，相关部门极为重视。成立了专门小组去调查追究。而对公司销售骨干的纷纷跳槽，却没有人去调查、分析过其中的原因。公司的管理是传统的以"事"为中心，而不是以"人"为中心的管理。这一点，也可以从公司组织结构中看出，公司只是在办公室下设了一个人事主管，从事的只是员工的考勤、招聘、档案管理等简单的人事管理。

要想留住人才，首先就要树立现代的人力资源观念：

（1）资源观。现代的人力资源观认为对人力的投入不是一项花费，是一项投资，而且这种投资是有产出的，并能不断产生出更多的回报。国外许多知名企业在这方面做得非常成功，摩托罗拉公司前培训主任就说过"我们的培训收益大约是所投资的30倍"。而公司的高层领导却认为人事管理是花钱而不是赚钱的事务，是一种应该尽量减少的开支。几年来公司一直是需要人就到市场上去招，几乎没有对员工进行过培训。重视短期投资回报率，没有树立长期人才投资回报观，这也正是我国一些企业普遍存在的现象。

(2) 战略观。现代的人力资源管理是企业经营战略的一部分，这就要求企业围绕战略目标，系统地看待企业人力资源管理，以指导整个人力资源工作。高层决策者在制订战略时应同步思考未来发展所需要的人力配置。

在公司，人事主管无权参与公司的战略规划和重大决策。如公司收购一家生物制药厂这项重大决策，人事主管事后才知道。收购不久，由于缺乏该项生物技术的专业技术人员，不到几个月，该厂就被迫停产。

(3) 全局观。在公司，包括我国许多企业都存在着这样一种观点：认为人力资源管理只是人力资源部的事。而事实上，不论是人力资源部，还是其他部门，都会被围绕"人"的系列问题所包围。人力资源的管理是全体管理者的职责。人力资源管理的大部分工作，如对员工的绩效考核、激励等，都是通过各部门完成的，人力资源部只是主要起协调作用。要想留住人才，还需要有效的人力资源开发手段、方法和技术。而公司在这方面的工作几乎是空白。

由此可见，采取传统的人事管理的公司造成今天这种局面是必然的。

(二) 解决方案

(1) 导入有关人力资源管理培训，以提升全体管理人员的观念和技能。

(2) 成立人力资源部，让行政副总兼任经理，以便充分发挥人力资源部的作用。

(3) 建立以岗位分析为起点，绩效考核为中心，薪酬分配为结果的基础人力资源管理体系。

(4) 着重做好以下几方面的工作。

1) 加强企业内部沟通机制。通过在公司内定期举办讨论、交流会等措施，让员工与管理者全面、坦诚地进行双向沟通。同时，公司设立意见箱，鼓励员工多提意见和建议，并对切实可行的好意见予以重奖。

这样，使领导与员工之间不再只是一种单纯的领导与被领导关系，而是一种全新的伙伴式关系。共同营造出一种民主、进取、合作的健康氛围。

2) 改善激励机制。留不住人才的一个很重要因素还在于对人才缺乏有效的激励。谈到激励，许多企业自然就会想到用钱，用高薪留住人才。的确，高薪是能吸引人但它不一定能留住人，而精神的激励成就感、认同感才是留住人才的重要因素，但这一点却往往被许多企业所忽视。中科院心理所的专家研究发现：工资和奖金因素在工作重要性的排列中列第六位、第八位，而排列第一位的却是成就感，依次是被赏识、工作本身、责任感、晋升的机会。这说明了非金钱因素的重要性。行为科学家赫兹伯格的双因素理论就认为：工资、工作条件、工作环境等属于"保健"因素，它不具有激励作用，而工作成就、社会认可、发展前途等因素才是真正的激励因素。因此，通过举办经验交流会。让公司中优秀的员工将他们的经验与大家共享，让大家都来认可他们的工作成就，为员工提供晋升机会，推行参与式的管理等措施都是值得推行的激励措施。

3) 注重员工的职业生涯规划。企业正如球队一样，可以高薪聘到大腕球星，但是如果这些球星以后只能同乙级队打比赛，也一定留不住他们。要想留住人才，不但需要充分发挥他们的作用，还要让他们有明确的奋斗目标。这就要求管理者帮助员工进行职业生涯规划，了解员工任务完成情况、能力状况、需求、愿望，设身处地帮助员工分析现状，设定未来发展的目标、制定实施计划，使员工在为公司的发展做贡献的过程中实现个人的目标，让事业来留住人才。

4）加强对员工的培训。1999年度美国《财富》评选的最适宜工作的100家企业中，流动率最低的仅有4%，在这些企业中，几乎每一家企业都对员工提供免费的或者部分免费的培训。

培训作为现代企业管理的重要内容和手段，已越来越被企业所重视。一方面通过培训可以改变员工的工作态度，增长知识，提高技能，激发他们的创造力和潜能，提高企业运作效率和销售业绩，使企业直接受益；另一方面，也增强员工自身的素质和能力，让员工体会到企业对他们的重视，就会认识到培训是公司为他们提供的最好福利和礼物。同时，从公司未来发展的角度看，教育和培训跟上了，人才就具有了连续性，而且凝聚力也会大大加强。

这些新的人力资源管理措施在公司实施一段时间以后，不仅员工，而且公司的客户都感到公司发生了很大变化，即员工的工作热情和工作效率提高了，部门间的合作加强了。在一次面对媒体的采访中，公司蒋总经理说道："人力资源部已成为企业成功的关键部门，只有合理使用和开发人力资源，才能给企业带来潜在的、持续的竞争优势。"

（三）案例点评

企业要想真正留住人才，必须树立现代的人力资源观，尽快从传统的人事管理转变到人力资源管理。需要指出的是，在知识经济时代，不仅要把人力作为一种资源，而且应当作为一种创造力越来越大的资本进行经营与管理。

除了观念改变，我们认为管理者还应重视以下几方面：

（1）将员工的个人进步融入企业的长远规划之中，让企业的发展为员工提供更大的空间和舞台，让员工的进步推动企业的更大发展，让员工在企业有自己明确的奋斗目标，感到自己在企业里"有奔头"、有价值，愿意在企业长期干下去。

（2）在公平、合理的激励机制下建立薪酬体系、晋升制度。如果企业效益增加了员工的收入不能相应提高，吸引人、留住人将是一句空话。

（3）营造一个和谐的工作环境和人际关系氛围，让员工能够在工作中找到并享受乐趣。

第一章　人力资源规划

学习目标：

（1）理解人力资源规划的含义及内容。

（2）学会人力资源规划的编制程序，并能够进行模拟编制。

（3）学会人力资源的规划技术。

引例：某集团人力资源管理改善方案

一、公司人力资源管理现状

（1）集团及下属各子公司负责人人力资源管理落实能力较弱，人力资源管理未取得理想效果。

（2）现有相关人力资源人手的剩余工作负荷无法帮助公司做到人力资源战略管理。

（3）从人力资源六大模块讲，人力资源部门多从事人事事务处理，未起到管理及策略落实作用，分析如下：

1）招聘管理。人员流动率高，人力资源部门招聘节奏无法跟上员工离职速度。录用员工较主观。业务部门主管缺少无危机管理意识，人员一旦流动较难调配。

2）培训管理。部门主管用人原则“拿来主义”，没有培训下属意识，造成公司很难从底层培养出长期服务于公司、对公司业务熟悉、并且忠诚度及业务水平高的员工。

对部门主管的管理知识培训课程太少，形成主管业务水平与管理水平有很大差距。

3）绩效管理。目前的绩效考核办法不能适用企业长期发展，思路不够清晰，无法切实帮助公司达到绩效管理的目的。绩效管理和绩效考核是完全不同的两回事，绩效管理包含员工个人的发展，要关注员工个人能力的发展和规划，绩效考核只是绩效管理中重要的一部分。同时，公司缺少行之有效的激励机制。

4）薪酬管理。需要建立有效及合理的薪酬管理体系，包括薪资等级、福利等级。

5）企业文化。企业文化影响力及宣传力度不够，无法在企业中形成一种健康、积极地企业文化。人性化关怀较少，人力资源部门员工需有主动意识，以服务心态及恪守原则的态度对待员工。

6）任职管理及职业生涯规划缺少普通员工晋升及竞争机制，有服务公司多年员工因无法得到职业发展而离开公司。公司未建立部门间员工轮岗学习方案，使对自己职业道路有规划、有想法的员工得不到更好的发挥，进而导致人员流失。

7）关键人才管理。公司未建立关键人才（包括部门主管及核心员工）培养方案。

8）离职问题应对。目前已开展离职面谈，此环节通过整理及分析能很好的帮助公司了解不足之处，通过改善及提高管理，而达到员工对公司信任度及忠诚度的提高。但目前人力资源部门人力分配无法达到与大部分离职员工进行离职面谈的需求，因而损失了很多调查研究的信息。

9）人力资源规划。缺少中、长期公司人员发展规划。

此外，人力资源管理部门整体实力不强。

二、制定人力资源规划战略

（一）明确职业化人才队伍需求

人力资源战略作为一种最重要的职能战略受公司战略支配，并反作用于公司战略。同样，公司的核心价值观也影响并决定着人力资源战略。核心能力是用以贯彻公司战略，竞争对手所无法仿效的独一无二的一种系统能力。核心能力蕴藏于员工个体，由员工来执行，并经由企业文化与机制对员工承载的能力予以放大。这样，我们就找到了公司战略与人力资源战略之间的桥梁——通过明确公司核心能力，结合公司核心价值观，明确公司需要建设怎样的职业化人才队伍。

（二）分析制定人力资源战略

1. 明确员工的价值定位

员工的价值定位是从员工个人角度界定个人与公司的隐含关系。价值定位决定了公司能够吸引和保留怎样的人才，特别是核心团队、职位、人才。从某种意义上讲，核心人才决定了公司的员工价值定位。

2. 三个选择性战略要素

（1）人才获取方式，即公司人才主要通过何种方式获取，主要有外部招聘和内部培养两种。所有公司都需要培养人才，但外部招聘过程中有经验的人选应占多少比例，以及配置于什么级别？（2）权、责承担方式，即员工工作与责任以团队还是以个人为重点，二者间需要保持适当的平衡。（3）绩效衡量方式，公司强调短期效益还是强调长期成就。

通过以上对公司人力资源战略主要内容的界定，结合公司内、外部环境与业务发展状况，就可采用一定的战略分析工具作进一步的分析，并最终制定出公司人力资源战略。

三、对集团人力资源部架构设想

集团人力资源部架构设想，如图1-1所示。

（一）人力资源总监

为集团及下属子分公司订立近、中、远期人力资源管理战略目标，从人才选拔、培

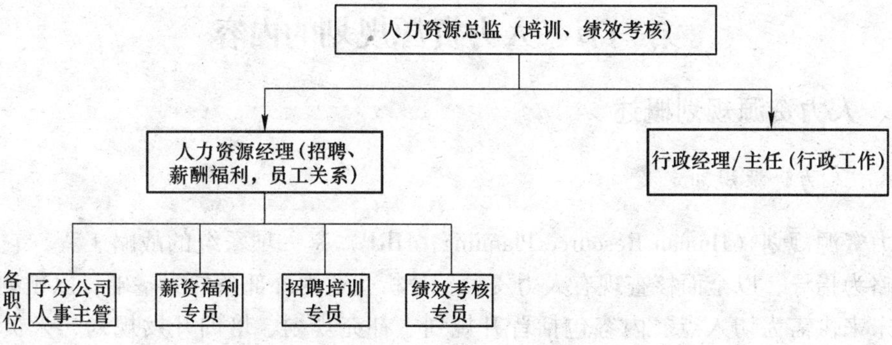

图 1-1　集团人力资源部架构设想

养、激励等各方面为公司储备适用人才，以适应公司长期发展需求；

建立适应企业发展的培训制度、薪酬福利体系、绩效考核方案；

制定及实施培训计划，培训预算；

落实切实可行的绩效考核计划，通过绩效考核方式有效提高员工工作效率；

营造、建立适应企业自身特色并积极向上的企业文化。

（二）人力资源经理

制定战略意义招聘及人员储备计划，制定招聘预算；

配合人力资源总监制定公司薪酬福利体系，并落实；

推行企业文化宣传，企业内部员工关系管理；

子分公司人力资源管理事宜跟进。

（三）子分公司人各主管

配合集团综合管理部，落实人力资源管理计划；

负责推进各子公司招聘、培训、考核事宜落实。

（四）薪资福利专员

配合人力资源经理落实薪资福利体系及员工关系工作。

（五）招聘培训专员

负责集团全员及下属子分公司主管级以上员工招聘；

员工离职面谈及数据分析；

配合人力资源总监落实培训相关事宜，实施培训计划。

（六）绩效考核专员

配合人力资源总监进行绩效考核方案的前期数据收集，后期分析。

第一节 人力资源规划的内容

一、人力资源规划概述

（一）人力资源规划定义

人力资源规划（Human Resource Planning，HRP）是一项系统的战略工程，它以企业发展战略为指导，以全面核查现有人力资源、分析企业内外部条件为基础，以预测组织对人员的未来供需为切入点。内容包括晋升规划、补充规划、培训开发规划、人员调配规划、工资规划等，基本涵盖了人力资源的各项管理工作，人力资源规划还通过人事政策的制定对人力资源管理活动产生持续和重要的影响。人力资源规划具有统筹性和指导性作用，是人力资源管理活动的基础与起点。

从广义上讲，人力资源规划就是根据变化的环境对组织资源需求进行分析，并为满足这些需求而设计必要的活动。

从狭义上讲，人力资源规划是指根据组织的线路目标和外部环境的发展变化，合理分析和预测组织对人力资源的需求和供给情况，并根据此制定相应的计划或方案，以保证组织在适当的时候获得适当数量、质量和种类的人员补充，满足组织和个人的需求。

简单地说，人力资源规划就是对组织某个时期的人员供给和人员需求进行预测，并根据预测结果来平衡人力资源的需要。

准确地理解人力资源规划的含义，必须把握以下几个要点：(1) 人力资源规划要在企业发展战略和经营规划的基础上进行，人力资源管理只是组织经营管理的一个子系统。它为组织的经营发展提供人力资源的支持，离开组织整体经营发展战略，人力资源规划也将失去本身的重要意义。(2) 人力资源规划对企业特定时期内人员供给和需求进行预测，主要从数量和质量两个方面进行。组织对人力资源的需求，数量只是其中的重要方面，更重要的是人力资源的质量，这也是人力资源管理不易做到且往往容易忽视的问题。(3) 人力资源规划的内容，主要是对组织特定时期的人员供给和需求进行预测，然后对预测结果采取正确的平衡措施以达到供需平衡。预测是整个人力资源规划活动的基础，预测不准确或离开预测，人力资源的供给便无法达成平衡。因此，采取平衡措施又是预测的目的，二者相辅相成。

（二）人力资源规划的目标

人力资源规划是为了确保组织实现下列目标：（1）得到和保持一定数量具备特定技能、知识结构和能力的人员；充分利用现有人力资源。(2) 能够预测企业组织中潜在的人员过剩或人力不足。(3) 建设一支训练有素、运作灵活的劳动力队伍，增强企业适应未知环境的能力。(4) 减少企业在关键技术环节对外部招聘的依赖性。

为达到以上目标，人力资源规划需要关注的焦点如下：1）需要多少人。2）员工应具备怎样的技术、知识和能力。3）现有的人力资源能否满足已知的需要。4）对员工进行进一步的培训开发是否必要。5）是否需要进行招聘。6）何时需要新员工。7）培训或招聘何时开始。8）如果为了减少开支或由于经营状况不佳而必须裁员，应采取怎样的应对措施。9）除了积极性、责任心外，是否还有其他的人员因素可以开发利用。

（三）人力资源规划作用

(1) 有利于组织制定战略目标和发展规划。人力资源规划是组织发展战略的重要组成部分，同时也是实现组织战略目标的重要保证。(2) 确保组织生存发展过程中对人力资源的需求。人力资源部门必须分析组织人力资源的需求和供给之间的差距，制定各种规划来满足对人力资源的需求。(3) 有利于人力资源管理活动的有序化。人力资源规划是企业人力资源管理的基础，它由总体规划和各种业务计划构成，为管理活动（如确定人员的需求量、供给量、调整职务和任务、培训等）提供可靠的信息和依据，进而保证管理活动的有序化。(4) 有利于调动员工的积极性和创造性。人力资源管理要求在实现组织目标的同时，也要满足员工的个人需要（包括物质需要和精神需要），这样才能激发员工持久的积极性。只有在人力资源规划的条件下，员工对自己可满足的东西和满足的水平才是可知的。(5) 有利于控制人力资源成本。人力资源规划有助于检查和测算出人力资源规划方案的实施成本及其带来的效益。要通过人力资源规划预测组织人员的变化，调整组织的人员结构，把人工成本控制在合理的水平上，这是组织持续发展不可缺少的环节。

二、人力资源规划的内容

（一）人力资源规划包括的内容

(1) 战略规划 。是根据企业总体发展战略的目标，对企业人力资源开发和利用的方针、政策和策略的规定，是各种人力资源具体计划的核心，是事关全局的关键性计划。(2) 组织规划。组织规划是对企业整体框架的设计，主要包括组织信息的采集、处理和应用，组织结构图的绘制，组织调查、诊断和评价，组织设计与调整，以及组织机构的设置等等。(3) 制度规划。制度规划是人力资源总规划目标实现的重要保证，包括人力资源管理制度体系建设的程序，制度化管理等内容。(4) 人员规划。人员规划是对企业人员总量、构成和流动的整体规划，包括人力资源现状分析，企业定员，人员需求和供给预测和人员供需平衡等。(5) 费用规划。费用规划是对企业人工成本、人力资源管理费用的整体规划，包括人力资源费用的预算、核算、结算，以及人力资源费用控制。

（二）人力资源规划的层次

人力资源规划是预测未来的组织任务和环境对组织的要求，以及为了完成这些任务和满足这些要求而设计的提供人力资源的过程。通过收集和利用现有的信息，对人力资源管理中的资源使用情况进行评估预测。人力资源规划的实质是根据公司经营方针，通过确定未来公司人力资源管理目标来实现公司的既定目标。因此，我们将人力资源规划主要分为两个层次：战略计划和战术计划两个方面。

1. 人力资源总体规划

人力资源总体规划是指计划期内人力资源规划结果的总体描述，包括预测的需求和供给分别是多少，做出这些预测的依据是什么，供给和需求的比较结果是什么，企业平衡供需的指导原则和总体政策是什么等。在制定战略计划的过程中，必须注意以下几个方面因素：(1) 国家及地方人力资源政策环境的变化。包括国家对于人力资源的法律法规的制定，对于人才的各种措施。国家各种经济法规的实施，国内外经营环境的变化，国家以及地方对于人力资源和人才的各种政策规定等。这些外部环境的变化必定影响公司内部的整体经营环境，从而使公司内部的人力资源政策也应该随着有所变动。(2) 公司内部的经营环境的变化。公司的人力资源政策的制定必须遵从公司的管理状况、组织状况、经营状况变化和经营目标的变化。由此，公司的人力资源管理必须根据以下几个原则，根据公司内部的经营环境的变化而变化。1) 安定原则。安定原则是在公司不断提高工作效率的前提下，公司的人力资源管理应该以公司的稳定发展为其管理的前提和基础。2) 成长原则。成长原则是指公司在资本积累增加、销售额增加、公司规模和市场扩大的情况下，人员必定增加。公司人力资源的基本内容和目标是为了公司的壮大和发展服务。3) 持续原则。人力资源管理应该以公司的生命力和可持续增长、并保持公司的永远发展潜力为目的；必须致力于劳资协调、人才培养与后继者培植工作。(3) 人力资源的预测。根据公司的战略规划以及公司内外环境的分析，而制定人力资源战略计划，为配合公司发展的需要，以及避免制定人力资源战术计划的盲目性，应该对公司的所需人员作适当预测，在估算人员时应该考虑以下因素：公司的业务发展和紧缩而所需增减的人员；因现有人员的离职和调转等而所需补充的人员；因管理体系的变更、技术的革新及公司经营规划的扩大而所需的人员。(4) 企业文化的整合。公司文化的核心就是培育公司的价值观，培育一种创新向上、符合实际的公司文化。在公司的人力资源规划中必须充分注意与公司文化的融合与渗透，保障公司经营的特色，以及公司经营的战略的实现，和组织行为的约束力。只有这样，才能使公司的人力资源具有延续性，具有自己的符合公司的人力资源特色。

2. 人力资源业务规划

人力资源业务规划是对总体规划的分解，每一个业务计划一般由任务、政策和预算等部分构成，其有效实施是实现总体目标的重要保证。人力资源业务规划包括人员补充计划、人员配置计划、人员接替和提升计划、人员培训开发计划、工资激励计划、员工关系计划和退休与解聘计划等。

在人力资源管理中有了公司的人力资源战略规划后，就要制定公司人力资源战术规划。人力资源的战术规划包括四部分：(1) 招聘计划。针对公司所需要增加的人才，应制定出该项人才的招聘计划，一般为一个年度为一个段落，其内容包括：计算本年度所需人才，并计划考察出可有内部晋升调配的人才，确定各年度必须向外招聘的人才数量，确定招聘方式，寻找招聘来源，对所聘人才如何安排工作职位，并防止人才流失。(2) 人员培训计划。人员培训计划是人力计划的重要内容，人员培养计划应按照公司的业务需要和公司的战略目标，以及公司的培训能力，分别确定下列培训计划：专业人员培训计划；部门培训计划；一般人员培训计划；选送进修计划。(3) 考核计划。一般而言，内部因为分工的不同，对于人员的考核方法也不同，在提高、公平、发展的原则下，应该根据员工对于公司所做出的贡献作为考核的依据。这就是绩效考核的指导方法。绩效考核计划要从员工的工作成绩的数量和质量两个方面，对员工在工作中的优缺点进行测定。譬如科研人员和公司财务人员的考核体系就不一样，因此其在制定考试计划时，应该根据工作性质的不同，制定相应的人力资源绩效考核计划。至少包括三个方面：工作环境的变动性大小；工作内容的程序性大小；员工工作的独立性大小。绩效考核计划做出来以后，要相应制定有关考核办法，常用的方法包括：排序法、平行法、关键事件法、硬性分布法、尺度评价表法、行为定位等级评价法、目标管理法。（4）发展计划。结合公司发展目标，设计核心骨干员工职业生涯规划和职业发展通道。明确核心骨干员工在企业内的发展方向和目标；以达到提高职业忠诚度和工作积极性的作用。

人力资源业务规划的具体内容见表1-1。

表1-1　人力资源业务规划的内容

规划名称	目　标	政　策	预　算
人员补充计划	类型、数量、层次对人员素质结构的改善	人员的资格标准、人员的来源范围、人员的起点待遇	招聘选拔的费用
人员配置计划	部门编制、人力资源结构优化、职位匹配、职位轮换	任职条件、职位轮换的范围和时间	按使用规模、类别和人员状况决定薪酬预算
人员接替和提升计划	后备人员数量保持、人员结构的改善	选拔标准、提升比例、未提升人员的安置	职位变动引起的工资变动
培训开发计划	培训的数量和类型、提供内部的攻击、提高工作效率	培训计划的安排、培训时间和效果的保证	培训开发的总成本
工资激励计划	劳动供给增加、士气提高、绩效改善	工资政策、激励政策、激励方式	增加工资奖金的数额
员工关系计划	提高工作效率、员工关系改善、离职率降低	民主管理、加强沟通	法律诉讼费用
退休、解聘计划	劳动力成本降低、生产率提高	退休政策及解聘程序	安置费用

第二节　人力资源规划程序与影响因素

一、人力资源规划指导的原则

（一）充分考虑内部、外部环境的变化

人力资源计划只有充分地考虑了内、外环境的变化，才能适应需要，真正做到为企业发展目标服务。内部变化主要指销售的变化、开发的变化，或者说企业发展战略的变化，还有公司员工的流动变化等；外部变化指社会消费市场的变化、政府有关人力资源政策的变化、人才市场的变化等。为了更好地适应这些变化，在人力资源计划中应该对可能出现的情况做出预测和风险变化，最好能有面对风险的应对策略。

（二）确保企业的人力资源保障

企业的人力资源保障问题是人力资源计划中应解决的核心问题。它包括人员的流入预

测、流出预测、人员的内部流动预测、社会人力资源供给状况分析、人员流动的损益分析等。只有有效地保证了对企业的人力资源供给，才可能去进行更深层次的人力资源管理与开发。

（三）使企业和员工都得到长期的利益

人力资源计划不仅是面向企业的计划，也是面向员工的计划。企业的发展和员工的发展是互相依托、互相促进的关系。如果只考虑企业的发展需要，而忽视了员工的发展，则会有损企业发展目标的达成。优秀的人力资源计划，一定是能够使企业和员工达到长期利益的计划，一定是能够使企业和员工共同发展的计划。

二、人力资源规划的程序

（一）准备阶段

要能够比较准确地做出预测，就需要收集和调查相关的信息，人力资源规划的信息包括组织内部环境信息和组织外部环境信息。这些信息主要包括以下几个方面：（1）外部环境的信息。这些信息包括两类：一是经营环境的信息，如社会政治、经济、文化以及法律环境等；二是直接影响人力资源供给和需求的信息，如外部劳动力市场的供求状况、政府的职业培训政策、国家的教育政策以及竞争对手的人力资源管理政策等。（2）内部环境的信息。这些信息业包括两个方面：一是组织环境的信息，如企业的发展战略、经营规划、生产技术以及产品结构等；二是管理环境的信息，如公司的组织结构、企业文化、管理风格及人力资源管理政策等。这些因素都直接决定着企业人力资源的供给和需求。

（二）预测阶段

这是最关键也是难度最大的一部分。主要任务是在充分掌握信息的基础上，选择使用有效的预测方法，对企业在未来某一时期的人力资源供给和需求做出预测。该阶段主要是对人力资源的供给预测和需求预测。

1. 进行人力资源需求预测

（1）根据职务分析的结果确定职务编制和人员配置。（2）进行人力资源盘点，统计出人员的缺陷、超编以及是否符合资格要求。（3）将上述统计结论与部门管理者进行讨论，修正统计结论，并将统计结论化为现实人力资源需求。（4）对预测期内退休的人员进行统计。（5）根据历史数据，对未来可能发生的离职情况进行预测。（6）将步骤（4）与步骤（5）统计和预测的结果进行汇总，得出未来人力资源流失情况。（7）根据企业发展规划，确定各部门的工作步骤。（8）根据工作量的增长情况，确定各部门还需增加的职务及人数，并进行汇总统计。（9）该统计结论为未来增加的人力资源需求。（10）将现实人力资源需求、未来流失人力资源和未来人力资源需求汇总，即得到整体人力资源预测结果。

2. 进行人力资源的供给预测

企业进行人力资源预测时，应该把重点放在高级管理人员和高级技术人员身上。（1）对企业现有员工进行盘点，了解企业员工的现状。（2）分析企业职务调整政策和历史员工调整数据，统计出员工调整的比例。(3) 向各部门的人事决策者了解可能出现的人事调整情况。(4) 将步骤 (2) 和步骤 (3) 的情况汇总，得出企业内部人力资源供给预测。(5) 分析影响外部人力资源供给的地域性因素，包括：1) 分析公司所在地的人力资源整体现状和对人才吸引程度。2) 公司本身对人才的吸引程度和公司薪酬对人才的吸引程度。3) 公司能够提供各种福利对人才的吸引程度。(6) 分析影响外部人力资源供给的全国性因素；国家相关专业大学生毕业人数及分配状况；国家就业政策和该行业全国范围的人才供需状况以及各地薪酬水平和差距。(7) 根据步骤 (5)、(6) 的分析，得出企业外部人力资源供给预测。(8) 内外部供给预测汇总，得出企业人力资源供给预测结果。

(三) 实施阶段

在供给和需求预测出来以后，就要根据两者之间的比较结果，通过人力资源的总体规划和业务规划，制定并实施平衡供需的措施，使得企业对人力资源的需求得到正常的满足。

1. 确定人员净需求

在对未来的人力资源需求预测和供给预测数据的基础上，将本组织人力资源需求的预测数与在同期内组织本身可供给的人力资源预测数进行对比分析，从比较分析中可测算出各类人员的净需求数。这里所说的"净需求"既包括人员数量，又包括人员的质量、结构，即既要确定"需要多少人"，又要确定"需要什么人"，数量和质量要对应起来。从而得出企业发展过程中每个阶段每个职位类别的人员净需求。这样就可以有针对性地进行招聘或培训，就为组织制定有关人力资源的政策和措施提供了依据。

2. 制定具体规划

根据组织战略目标及本组织员工的净需求量，编制人力资源规划，包括总体规划和各项业务计划。同时要注意总体规划和各项业务计划及各项业务计划之间的衔接和平衡，提出调整供给和需求的具体政策和措施。一个典型的人力资源规划应包括：规划的时间段、计划达到的目标、情景分析、具体内容、制定者、制定时间。(1) 规划时间段。确定规划时间的长短，要具体列出从何时开始，到何时结束。若是长期的人力资源规划，可以长达5年以上；若是短期的人力资源规划，如年度人力资源规划，则为1年。(2) 规划达到的目标。确定达到的目标要与组织的目标紧密联系起来，最好有具体的数据，同时要简明扼要。(3) 情景分析。目前情景分析：主要是在收集信息的基础上，分析组织目前人力资源的供需状况，进一步指出制订该计划的依据。

未来情景分析：在收集信息的基础上，在计划的时间段内，预测组织未来的人力资源供需状况，进一步指出制订该计划的依据。(4) 具体内容。这是人力资源规划的核心部分，主要包括：项目内容、执行时间、负责人、检查人、检查日期、预算。(5) 规划制定者。规划制定者可以是一个人，也可以是一个部门。(6) 规划制定时间。主要指该规划正式确定的日期。

3. 实施人力资源规划

人力资源规划的实施是人力资源规划的实际操作过程，要注意协调好各部门、各环节之间的关系，在实施过程中需要注意以下几点：(1) 必须要有专人负责既定方案的实施，要赋予负责人拥有保证人力资源规划方案实现的权利和资源。(2) 要确保不折不扣地按规划执行。(3) 在实施前要做好准备。(4) 实施时要全力以赴。(5) 要有关于实施进展状况的定期报告，以确保规划能够与环境、组织的目标保持一致。

求大于供的解决措施（人力资源不足），见第五节“供给小于需求”。求小于供的解决措施（人力资源过剩），见第五节“供给大于需求”。

（四）评估阶段

这是整个规划过程的最后一步。它包括两层含义：一是指在实施的过程中，要随时根据内外部环境的变化来修正供给和需求的预测结果，并对平衡供需的措施做出调整；二是指要对预测的结果以及制定的措施进行评估，对预测的准确性和措施有效性做出衡量，找出其中存在的问题以及有益的经验。

1. 审核与评估的组织

人力资源管理委员会。该委员会一般由一位副总裁、人力资源经理、直线经理以及相关专家和员工代表组成。

2. 审核与评估的内容

3. 审核评估的方法

(1) 目标对照法：将起初预测的某个时期的人力资源需求水平与后来的实际水平相比较。(2) 比照以下结果的实现程度可以评估人力资源规划成功与否：1）高级管理人员对人力资源为组织决策做出的巨大贡献的认识程度。2）对人力成本预测的准确程度。3）对人力资源需求预测的准确程度。4）经理人员职业发展规划的可行度。

4. 人力资源规划实施后的反馈与修正

对人力资源规划实施后的反馈与修正是人力资源规划过程中不可缺少的步骤。评估结果出来后，应进行及时的反馈，进而对原规划的内容进行适时的修正，使其更符合实际，更好地促进组织目标的实现。

第三节 人力资源需求预测

人力资源的需求预测是指对组织在未来一段时间内所需的人力资源数量、质量以及结构进行估计的活动。在这里所指的需求是完全需求，不考虑组织现有人力资源状况和变动情况。还有一种情况是净需求，这要由预测的需求和供给进行比较后才能知晓答案。例如：某公司“需求”15 名软件工程师，预期通过供给有 11 人到位，那么公司对系统工程师的需要就是 4 人。

一、人力资源需求分析（按照对职位分析的思路来预测）

预测职位变动时通常要考虑以下几个因素：（1）企业的发展战略和经营规划。(2) 产品和服务的需求。(3) 职位的工作量。(4) 生产效率的变化。

二、人力资源需求预测的方法

（一）主观判断法

这是最为简单的一种方法，是由管理人员凭借自己以往工作的经验和直觉，结合组织现有的信息和特点，对未来所需要的人力资源做出估计的方法。主观判断法分别采用自上而下、自下而上的方式，或将这两种方式结合在一起使用。

就公司而言，自下而上就是有部门经理向上级主管提出用人要求和建议，并最终获得上级主管的同意；自上而下就是有上级主管首先拟定出相关范围内的总体用人目标和建议，然后由下级各部门自行确定用人计划。

如果是先由上级主管提出员工需求的指导性建议，再由下级部门按上级部门主管指导性建议的要求会同人力资源部、工艺技术部、员工培训部门确定具体的用人需求，最后由人力资源部汇总确定相关范围内的用人需求预测，最终交由公司经理审批，这便是自下而上和自上而下方法的完美结合。

这种方法主要是凭借经验来进行的，因此它主要用于短期的预测，并且适用于那些规模较小或者经营环境稳定、人员流动不大的企业；同时，在使用这种方法时，还要求管理人员必须具有丰富的经验，这样预测的结果才会比较准确。

例如：一个企业根据以往的经验认为基层的管理人员数，一般按照1:10的比例配置最好。这样一来，企业就可以从基层生产工人数量的增减来预测基层管理人员的需求。

又如：一个企业根据以往的经验认为，一个车工每天可以生产8件产品，如果企业想在未来一段时间内扩大生产规模，便可以按生产单位计算出预算所需要增加的车工数量。

（二）德尔菲法

德尔菲法是由美国兰德公司于20世纪50年代发明，又称为专家评估法。这种方法是指邀请在某一领域的一些专家或有经验的管理人员对某一问题进行预测并最终达成一致意见的结构化的方法。具体做法：(1) 拟订主题，设计调查表，并附上背景资料。(2) 选择与预测课题相关的专家。(3) 寄发调查表，并在规定时间回收。(4) 对第一轮调查进行综合整理，汇总成新的调查表，再寄发给专家征求意见。

这样，每个专家在了解其他专家意见的基础上（匿名方式），作出新的判断。如此反复几轮（一般是3~5轮），便可形成比较集中的意见，从而获得预测的结果。特点：(1) 它吸取和综合了众多专家的意见，避免了个人预测的片面性。(2) 它不采用集体讨论的方式，而且还是匿名进行，也就是采取“背靠背”的方式来进行，这样就使专家们可以独立地做出判断，避免了从众的行为。(3) 它采用多轮预测的方式，经过几轮的反复，专家们的意见趋于一致，具有较高的准确性。

（三）趋势预测法

这种方法是指根据企业过去几年的人员数量，分析它在未来的变化趋势并依此来预测企业在未来某一时期的人力资源需求量。多适用于那些经营稳定的企业，并且主要作为一种辅助方法来使用。

具体步骤：首先收集企业在过去几年内人员数量的数据，并且根据这些数据做图，然后用数学方法进行修正，使其成为一条平滑的曲线，将这条曲线延长就可以看出未来的变化趋势。在实践中为了简便，往往将这种趋势化为直线关系。

趋势分析法是一种比较简单的预测方法，但它的成立要依靠众多的假设前提，因此局限性很大。

（四）回归预测法

这是从统计学借鉴过来的一种方法。回归预测法是通过数学原理对具体相关关系的变量建立一个数学方程来进行人力资源需求预测的方法。人力资源的需求状况通常与某个或某些因素具有高度确定的相关关系，因此可以用数理统计的方法定量地把这种关系表示出来，从而得到一个回归方程，凭此方程就可以比较方便地预测人力资源的需求量。

案例赏析：基层医院临床护理人员配置研究

（一）基层临床护理人员的配置与护理质量的相关性

（1）现有护理人员配置不能发挥护理质量的实际水平，即所需的护士数均超出了实际上班人数，工作量超出了护士的实际完成能力，配置不足，不能满足实际工作需要。这仅仅只是恶性循环的开始，对于基本工作的自顾不暇将直接导致护理水平的下降。护理工作仍以完成治疗任务为主，生活护理难以保证。

（2）护理人员数量与护理质量呈正相关。研究表明，超负荷的工作量与护士健康、护理质量以及病人的负性结果呈正相关。护理人员编制不合理已经成为影响我国护理质量的重要因素之一，护理工作细节和质量难以保证，长期超负荷工作，导致护理人员出现紧张、疲劳等潜在不安全因素。

（3）间接护理和非护理性工作加重护理人员不足间接护理工作占用了大量的护理人力资源，其中最主要的是护理记录、医嘱处理与查对、各种交接班等。一些非护理性工作，例如，物价审核、催费、物品维修等任务仍由护士完成，占用护士的间接护理时间，加剧了护理人力资源的缺乏。

（二）基层医院临床护理人员配置存在的问题

（1）护理人员配置不足。1）目前护理人员严重缺编。在基层的医疗机构中，实际上班人数与护理工作量计算所需护士人数相差甚远。故护理人员的现状是经常加班、倒班，护理工作不能高质量的完成，往往局限于对病人的治疗、注射等实际性的工作上，生活护理、基础护理、健康教育等不能落实，不但易造成各科劳动强度不均衡，而且也会造成护理人力资源的浪费。2）妇产科与儿科的特殊性。据相关调查显示，护理人力资源缺失最严重是妇产科，其次是儿科，再次是神经内科。基层医院的妇产科往往是集妇科与产科于一体，同一批护理人员需承担两个不同性质的、不同区域的工作。

（2）护理人力资源结构配置不合理。1）护理人员年龄结构不合理。众所周知，护理人员在临床发挥作用最佳的年龄段为中年，以25～40岁为最佳，其最佳结构应是中间大、两头小的“橄榄形”或“纺锤形”。相关调查发现，46岁及以上的护理人员占总数的27.36%，25岁以下占31.84%，而36～45岁只占7.46%，呈现两头大、中间小的现象。基层医疗机构情况更甚，护理人员年龄结构没有形成梯队，中年临床护理骨干缺乏，尤其可选拔的中年护理管理干部有限，这些问题将直接影响临床护理工作和护理管理水平。2）护理人员职称结构不合理。在多项针对基层医院临床护理人员的配置研究上看，其结果与世界卫生组织倡导的高、中、初级的1∶3∶1的比例差距甚远。甚至连我国卫生部颁布的1∶3∶5∶7的正高、副高、中、初级比例都达不到。3）护理人员学历结构不合理。近20年我国护理教育有了长足的发展和明显的进步，现已形成了中专、大专、本科、硕士多层次的护理教育体系，并开展了多层次、多形式的护理在职教育及护理继续教育，虽然拥有了相对完善的护理教育体系，但目前我国基层护理人员的学历结构仍以中专教育为主，大学教育所占的比例都偏小。

（3）护理人员本身的实际技能不足。1）CPR技能掌握情况。基层护理人员CPR技能和相关理论知识掌握不佳。75.56%的护理人员认为会CPR操作，但能独立规范完成CPR操作的仅为5.88%。调查显示，CPR技能操作相关理论知识中除“判断意识”、“判断心跳的方法”、“心脏按压的部位”和”人工呼吸方法”的正确率较高，其他各项的正确率偏低，特别是“人工呼吸的频率”、“人工呼吸/心脏按压的比例”和“心肺复苏有效的指征”三项的正确率较低。2）急救技能的培训及需求情况。在基层进行的急救技能培训中，接受培训的护理人员中有73.33%的人“从没有参加过急救技能培训”，仅有26.67%的护理人员在医院实习时参加过急救。有93.33%的护理人员表示“非常需要”或“需要”急救技能的培训和掌握心肺复苏的方法，仅有6.67%的护理人员表示“不需要”急救技能培训和掌握心肺复苏方法。

（三）对基层医院临床护理人员配置的建议

（1）用立法来明确规定患者与护士的最低比例。护理人员短缺直接影响护理质量，立法规定患者与护士比例是保障临床护理质量的措施之一。按照护理的实际工作量配置护理人员的方法有多种，按工作量配置护理人员对大多数科室是合理的。以此同时，在按照实际工作量进行护理人员配置时必须根据实际情况全面考虑。

（2）均衡人力配置。护理人员配置的核心问题是保持人员配置的合理性：1）数量上配置的合理性。2）专业结构配置的合理性，根据本区域的特点和实际需要进行结构调整，既缓解人才急需的矛盾，又避免人力积压、浪费现象的发生。3）学历层次配置的合理性，尽量达到各医院、各科室合理的学历结构组合。4）素质能力配置的合理性，要求人才配置与岗位职责相一致。

（3）建立激励与补偿机制。在调查中发现84.9%护士认为应提高护士待遇，合同护士对这方面的问题反映更加普遍；基层医院为了缩减支出，用聘用合同护士补充临床一线护士的不足，重效益，轻培训。不仅存在于基层医疗机构，这个问题更是近年来整个行业存在的普遍问题。加之护士待遇低，容易造成人员流动性大和人才的流失问题。

（4）从实际出发，注重细节。针对基层医院病人周转率快，护士身兼多职，环境布局相对局限，常见病、多发病多等特点，除全局合理调配人员外，还应积极采取以下措施：1）由于病历、护理记录的电脑化，可以明显起到简化记录时间、间接缩短护理时间的效果，所以实行病例信息化管理十分必要。2）实现护理专业人员的专职化。即药剂科、供应室、物资供应的后勤等部门实行药品、消毒物品、后勤物资，由各辅助科室统一送至临床科室，减少护士外勤时间。招用办公人员担任医嘱转录工作，把护士的时间还给病人。3）盘活人力资源。如弹性排班，护士整天休息改在较空闲的下午，半天休息；产房人员选配年轻、精力充沛的护士进修助产专业；新生儿室护士应具备反应灵活、接受力强、适应护理工作量大、变化大的特点。4）加强护理人员专业技能的培训，促进其专业素养和服务意识的提高。

总之，随着基层医疗卫生事业的发展与建设及护理人力资源内容研究的深入，各级部门对基层医院护理人员配置的重要性已有较深的认识。针对其存在的问题，管理者还应立足长远，统筹规划，以提高护理人员综合素质为本，以改善护理学历、职称结构和提高福利待遇为手段，提升护理队伍的整体水平，全面促进基层卫生事业的快速健康发展。

（五）比率预测法

比率分析法主要有两种形式：转换比率法和人员比率法。

1. 转换比率法

转换比率法就某个企业而言，应用转换比率法的过程是：首先根据企业生产任务估计组织所需要的一线生产人员的数量，然后根据这一数量来估计秘书、财务人员和人力资源管理人员等辅助人员的数量。企业生产经营活动的估计方法是：经营活动 = 人力资源的数量 × 人均生产率。

转换比率的目的是将企业的业务量转换为对人员的需求，这比较适合于对短期需求预测的方法。

转换比率法是假定组织的劳动生产率是不变的。如果考虑到劳动生产率的变化对员工需求的影响，可以使用员工总量需求预测方法。其计算公式为：

预测需要的员工数量 =（现有业务量 + 预期业务的增长量）/［现有人均业务量 ×（1 + 劳动生产率的增长率）］

例如：某电视机厂在2007年的年产量为20000台，基层生产员工为400人，2008年计划增产10000台，假定劳动生产率的增长率为0.2，公司工资、福利保持良好，基层人员保持相对稳定，那么在2008年公司需要招聘多少名基层生产人员？

答：2008年公司需要的基层生产人员 =（20000 + 10000）/（50 × 1.2）= 500（人）

2008年需招聘的基层生产人员 = 500 − 400 = 100（人）

这种预测方法比较容易操作，结果也较明显。但缺点是进行估计时需要对计划期的业务增长量、当前人均业务量和劳动生产率的增长率进行准确估算，而且预测时只考虑基层员工的需求总量，没有区别不同类别的需求差异。

2. 人员比率法

人员比率法是通过计算组织所需员工数之间的比率来确定组织未来人力资源需求的方法。

以一所大学为例，假设当学生数量增加一个百分比，则教师的数量增加一个百分比，同时职员的数量增加一个百分比，否则难以保证学生的培养质量。假设学生人数为1000人，教师人数为50人，职员人数为5人，这校学生与教师、职员的比率为20∶1∶0.1；当预测学生人数在新学期增加1000人时，意味着这个学校将要考虑新聘教师50人、职员5人。这实际上是根据组织过去的人员需求数量同某个影响因素的比率，来对未来的人力资源需求进行预测。

这种方法假定过去人员的数量与配置是完全合理的，而且工作效率不变，其应用范围有较大的局限性。

例如，某企业计划扩大生产规模，已知条件如下：该企业在过去的记录中绕线工、绕线机维修工、绕线车间管理人员的人数比一直是100：10：5；该企业明年计划补充新绕线工200人；该企业的生产效率和组织结构不变；明年该企业将有7名绕线机维修工和3名绕线车间管理人员因合同到期而离职；根据人力资源部计划明年该企业将有2名绕线车间管理人员获得晋升；假定明年所需人员都从外部补充。请问该企业明年至少应招收多少名绕线机维修工和绕线车间管理人员？

答：明年该企业需要补充的绕线机维修工人数 $=200\times10/100+7=27$（人）

明年该企业需要补充的绕线车间管理人员数 $=200\times5/100+3+2=15$（人）

该企业明年至少应招收27名绕线机维修工和15名绕线车间管理人员。

第四节　人力资源供给预测

当组织未来发展的人力资源需求确定后，接下来的工作便是要明确获得员工需求的可能性，即进行人力资源的供给预测。

人力资源的供给预测就是指对未来某一特定时期内能够供给企业的人力资源的数量、质量以及结构进行估计。

一、人力资源供给的分析

人力资源的供给预测的类型有两种。

（一）外部供给预测

组织人员由于各种客观和主观原因退出工作岗位是自然规律，其产生的职位空缺不可能完全有组织内部供给提供解决，这就需要从组织外部即使进行补充。影响组织人力资源外部供给的因素主要包括以下几个方面：（1）组织所在地的人力资源供给现状。包括所在地对人才的吸引程度，组织本身对所在地人才的吸引程度。如所在地的失业水平、所在地的传统雇佣模式以及获得具备所要求资格技能员工的可能性、所在地教育系统和培训机构的人才输出状况等。（2）外部劳动力市场的供给水平。供大于求，将有利于组织招揽所需人才；供小于求，将加大组织招揽人才的难度。健全的劳动力市场，能够保证劳动力的合理流动，实现人力资源的优化配置。（3）人们的就业意识和择业心理，社会的人口政策及人口现状等。（4）企业自身的吸引力。组织外部人力资源的供给来源主要包括失业人员、各类学校毕业生、专业退伍军人以及其他组织流出人员。

（二）内部供给预测

企业内部人力资源供给是组织人力资源供给的主要部分。组织人力资源需求的满足，应优先考虑组织内部人力资源供给，其供给量需要考虑组织内部人力资源的自然减员因素如退休等；也要考虑内部流动因素，如晋升、降职、轮岗等；还要考虑费自然减员因素，如辞职、解聘等。

二、人力资源供给预测的方法

（一）技能清单

技能清单是一个反映员工工作能力特征的列表,这些特征包括员工的教育水平、培训背景、工作经历、持有的资格证书、职业兴趣以及工作能力的评价等内容。技能清单的内容需根据员工情况的变化而更新,一旦出现职位空缺人事部门便可根据它提供的信息及时挑选合适的人选。技能清单是对员工竞争力的一个反映,可以用来帮助预测潜在的人力资源供给。

（二）人员替换

这是一种主要针对供给预测的简单的有效方法。它是对企业现有人员的状况做出评价，然后对他们晋升或者调动的可能性做出判断，以此来预测企业潜在的内部供给，这样当某职位出现空缺时，就可以即使地进行补充。由人员替换图（见图 1-2）可以看出，每一个职位从外部招聘的人数、提升受阻的人数、提升上去的人数、退休和离职人数、具备提升实力的人数等信息。

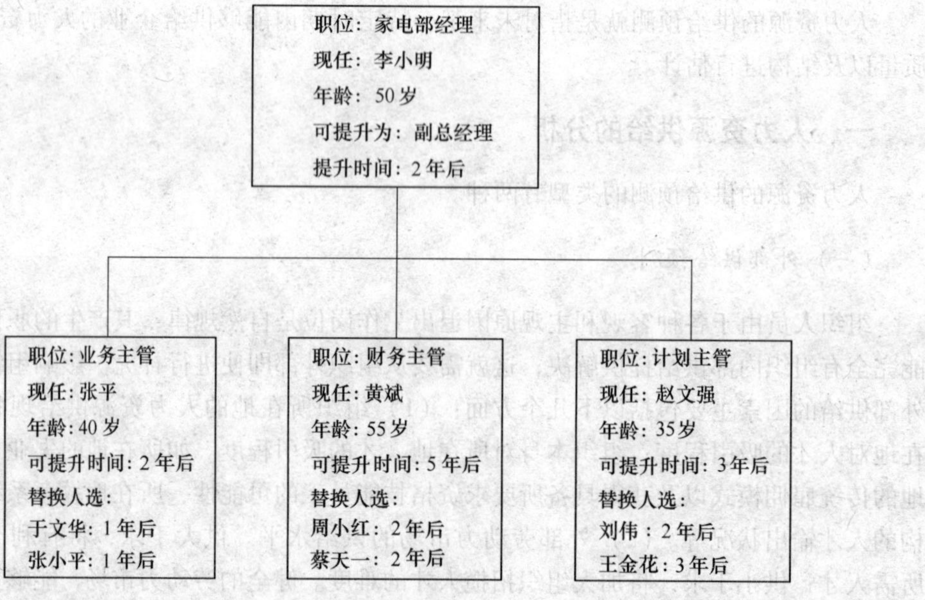

图 1-2　某企业人员替换图

（三）人力资源“水池”模型

此法是在预测企业内部人员流动的基础上来预测人力资源的内部供给，它与人员替换有些类似，不同的是人员替换是从员工出发来进行分析，而预测的是一种潜在的供给；“水池”模型则是从职位出发进行分析，预测的是未来某一时间现实的供给。这种方法一般要针对具体的部门、职位层次或职位类别来进行。

（四）马尔科夫模型

用来预测等时间间隔点上（一般为1年）各类人员分布状况的一种动态预测技术，这也是统计学中借鉴过来的一种定量预测方法。它的基本思想是找出过去人力资源流动的比例，依次来预测未来人力资源供给的情况。

第五节　人力资源供求平衡

对组织的人力资源的供给与需求进行深入细致的分析之后，接下来的工作是根据两方面的结果，进行全面的综合平衡。组织人力资源的供给与需求不平衡是一种必然现象，不平衡也是绝对的，平衡是相对的。

企业人力资源供给和需求预测的比较，一般会有以下几种结果：

一、总量平衡，结构失衡

人力资源的供求总量平衡是人力资源规划所追求的理想目标。然而，人力资源的完全平衡几乎是不可能实现的，一般只能在供需总量上得到表面上的平衡，而在结构和层次上产生诸多的差异。例如，在某些工作岗位出现冗员，而某些关键岗位缺乏合适人选，组织应依据实际情况制定供求平衡规划。

对于总量平衡，结构失衡可以采取措施：（1）进行人员内部的重新配置，包括晋升、调动、降职等，来弥补那些空缺的职位，满足这部分的人力资源需求。（2）对人员进行有针对性的专门培训，使他们能够从事空缺职位的工作。（3）进行人员的置换，释放那些企业不需要的人员，补充企业需要的人员，以调整人员的结构。

二、供给大于需求

人力资源过剩是组织面临的比较常见的困难问题，主要发生在组织的经营转型、规模缩小、经营不善等时期。解决人力资源过剩常用的方法有：（1）扩大经营规模，或者开拓新的增长点，以增加对人力资源的需求。（2）永久性的裁员或者辞退劳动态度差、技术水平低、劳动纪律观念差的员工。这种方法虽然能比较快地解决组织人力资源过剩的问题，但是会产生劳资双方的敌对行为，也会给社会带来不安定因素，因此往往会受到政府的限制，需要有一个完善的劳动社会保障体系做支持。（3）鼓励员工提前退休，就是给那些接近退休年龄的员工以优惠的政策，让他们提前离开企业，这是一种双方都容易接受的方法。（4）冻结招聘，就是停止从外部招聘人员，通过自然减员来减少供给。（5）缩短员工的工作时间、实行工作分享或者降低员工的工资，通过这种方式也可以减少供给。（6）加强培训工作，开展全员轮训，提高员工素质。定期对富余员工进行培训，这相当于进行人员储备，为未来发展做好准备。

三、供给小于需求

人力资源的供给小于需求有两种情况：一是发生在高技术含量、高技能的稀缺人才当中，或者是发生在组织的经营规模扩张和新的经营领域的开拓时期，要补充新的人员。当预测到组织的人力资源在未来可能产生空缺时，要根据具体情况选择不同的方案以解决或防止空缺现象的发生。采取的措施：（1）从外部雇用人员，包括返聘退休人员，这是最为直接的一种方法可以雇用全职的也可以雇用兼职的，这要根据企业自身的情况来确定，如果需要长期的，则制定聘用全日制临时用工计划。如果需要短期的，则制定非全日制临时用工计划，如聘用小时工等。（2）提高现有员工的工作效率，这也是增加供给的一种有效方法，例如，改进生产技术、进行技能培训等办法提高劳动生产率，相对减少人员压力。（3）如果空缺现象不严重，且本组织员工愿意延长工作时间，则可以根据劳动法适当延长工作时间，增加报酬，来缓解暂时困难。（4）降低员工的离职率，减少员工的意外流失，同时进行内部调配，将符合条件的，而且又处于相对富余状态的部门员工调往人员空缺的其他部门，通过增加内部的流动来提高某些职位的供给。（5）当高技术人才出现空缺时，应迅速拟定培训和晋升计划，从组织现有人员当中选拔提升；当组织内部无法满足要求时，应拟定外部招聘计划，从外部招聘适用人才。

思考题

1-1　什么是人力资源规划？它包括哪些内容？

1-2　人力资源规划的程序是什么？

1-3　预测人力资源需求和供给的方法有哪些？

1-4　怎样平衡人力资源的供给和需求？

案例分析：

绿色化工公司的人力资源计划的编制

白某3天前才调到人力资源部当主力，虽然他进入这家专门从事垃圾再生的企业已经多年了，但是，面对桌上那一大堆文件、报表，他还是有点晕头转向，哪知道干的竟是这种事。原来副总经理李勤直接委派他在10天内拟出一份本公司5年的人力资源计划。其实白某已经把这任务仔细看过好几遍了。他觉得要编制好这计划，必须考虑厂以下各项关键因素：（1）首先是公司现状。公司共有生产与维修工人825人，行政和文秘类白领职员143人，基层与中层管理干部79人，工程技术人员38人，销售人员23人。（2）其次，据统计，近5年来员工的平均离职率为4%，没理由会有什么改变。不过，不同类的员工的离职率并不一样，生产工人离职率高达8%，而技术和管理干部则只有3%。（3）再则，按照既定的扩产计划，白领职员和销售员要新增10%～15%，工程技术人员要增加5%～6%，中、基层干部不增也不减，而生产与维修的蓝领工人要增加5%。

有一点特殊情况要考虑：最近本地政府颁发了一项政策，要求当地企业招收新员工时，要优先照顾妇女和下岗职工。公司一直未曾有意地排斥妇女或下岗职工，只要他们来申请，就会按照同一种标准进行选拔，并无歧视，但也未特殊照顾。如今的事实是，只要有一位妇女销售员，中、基层管理干部除两人是妇女外，其余也都是男的，工程师里只有三个是妇女，蓝领工人中约有11%是妇女或下岗职工，而且都集中在最底层的劳动岗位上。

白某还有 7 天就要交出计划，其中包括各类干部和员工的人数，要从外界招收的各类人员的认定以及如何贯彻政府关于照顾妇女与下岗人员政策的计划。

此外，绿色化工公司刚开发出几种有吸引力的新产品，所以预计公司销售额 5 年内会翻一番，他还得提出一项应变计划以便应付这种快速增长。

问题：

（1）白某在编制这计划时要考虑哪些情况和要素？

（2）白某该制订一项什么样的招工方案？

（3）在预测公司人力资源需求时，白某能采用哪些计算技术？

第二章　人力资源开发

学习目标：

(1) 关于人力资源开发的目标；

(2) 人性假设理论；

(3) 马克思主义关于人的理论。

引例：宏达集团与人力资源开发

宏达集团公司现有 1600 多名员工，下设 10 个分厂、1 个研究所、14 个中外合资公司、2 个运输公司、3 个专业工程公司，以及在全国各地的 180 家直属经销公司，年总产值 12 亿元，宏达集团公司已进入我国 500 家最大工业企业和中国 500 家最佳经济效益工业企业的行列，并被上海市定为高新技术企业和上海现代企业制度创新试点单位之一。

早在 1984 年，公司领导就意识到企业的竞争归根结底是人的竞争，人是企业发展之源泉。公司领导认为：引进的 10 人中，只要有一人可派用场，还是值得的。自 1983 年公司引进第一个大学生后，公司就体会到人的作用。从 1984 年开始，公司每年均要引进大批高层次的人力资源人才，且每年均在递增。到 2004 年为止，共引进专业技术人员 400 多名，科技人员的比例从原来的 0.3% 跃升到 25%。与此同时，企业的产值和利润与引进的人力资源成正比例递增。

公司领导坚信，要事业，先要家，安居乐业。高层次的人力资源被吸引到企业后，公司在生活上给他们更多的关怀。对引进人员进入企业后的一系列事务，如户口、粮油关系、子女转学等，企业负责“一揽子”解决。特别是在住房非常困难的情况下，企业挤出资金，专门建造小楼，花高价买商品房给引进人员和科技人员特殊优待。1994 年企业又以优惠的房价引进了一位博士。在短短的几年中，公司共为工程技术人员解决了 70 套住房。

公司不但为科技人员解决生活上的困难，在工作上更给予支持。公司千方百计为科技人员提供科研条件，鼓励他们大胆进行科研活动。公司领导还定期召开座谈会，倾听技术人员对公司的意见，给具有高、中级职称的人员分别予以享受公司部、科级待遇，每年评选出最佳技术人员，对有特殊贡献的人员给予重奖。公司规定，科技人员开发出新产品，享受 3 年内不少于销售额 0.5% 的奖励。

政策对头，员工就有了积极性。公司下属的多彩涂料一位工程师为降低多彩涂料的成本，节约外汇，经反复实验，成功地研制出了替代进口的原料，仅 4 个月就为企业增加效益 140 万元。该厂设备科的一位高级工程师为增加多彩涂料的产量，带领本组科技人员成功地自制了两套生产多彩涂料的流水线，节约资金 70 多万元，使公司的多彩涂料从日产 3 万吨猛增到 80 万吨，并荣获上海市技术改造优秀项目，他本人还获得国家级特殊贡献的科技人员的称号。

公司十分重视现有高层员工的培训，重视他们的业务进修和视野的拓宽。公司派他们到各类培训班学习，派他们到成功的大企业学习参观，让他们参加项目引进，技术引进的谈判与论证。

公司领导还有一条信念：“宏达使用的干部，不讲资格，不讲年龄，不分进企业的先后”，只注重能力的发挥，以及能力发挥与企业形象、企业文化和企业效益间的关系。公司总质监师是1993年引进的一名硕士研究生，他进公司不久，公司就根据其实际能力，吸收他为董事会成员，并任命为公司副总经理，主要分管生产和产品质量。他制定的部门管理标准，明确质监、监测中心的职责，并着重对所属分厂的产品质量和质量管理进行不定期的抽查，控制有可能损害宏达形象的产品；他还制定了“用户信息反馈处理程序”。把宏达产品的质量抓到实处，公司因此多次被评为“上海市用户满意企业”。

第一节 人力资源开发的目标

在一切资源中，人力资源是第一宝贵的，自然成了现代管理的核心。不断提高人力资源开发与管理的水平，不仅是当前发展经济、提高竞争力的需要，也是一个国家、一个民族、一个地区、一个单位长期兴旺发达的重要保证。具体来讲，人力资源开发与管理的目标和任务具体如下。

一、取得最大的使用价值

根据价值工程理论：

$$V(\text{价值})=F(\text{功能})/C(\text{成本})$$

价值等于功能成本比。

若是V最大，有四种办法：（1）能提高，成本不变。（2）成本降低，功能不变。（3）成本提高，功能提得更高。（4）提高功能，降低成本。

其中，第4种办法最理想，被称作大、高、低目标管理原则，即大价值、高效能、低成本。这个大、高、低原则正如马克思所说：真正的财富在于用尽量少的价值创造出尽量多的使用价值。换句话说，就是在尽量少的劳动时间里创造出尽量丰富的物质财富。

在人力资源方面，就是通过合理的开发和管理，实现人力资源的精干和高效。我国劳动人事制度的改革，其根本目标就在于此。具体化即为：

人的使用价值达到最大＝人的有效技能最大的发挥

人的有效技能＝人的劳动技能×适用率×发挥率×有效率

其中：适用率＝适用技能／拥有技能（即是否用其所长）

发挥率＝耗用技能／适用技能（即干劲如何）

有效率＝有效技能／耗用技能（即效果怎样）

努力方向是提高适用率、发挥率、有效率。

二、发挥最大的主观能动性

美国学者通过调查发现：按时计酬的职工每天只需发挥自己20% ~30%的能力，就足以保住个人的饭碗。但若充分调动其积极性、创造性，其潜力可发挥出80% ~90%。两相对比，差距如此悬殊，可见发挥人的主观能动性是人力资源管理的十分重要的目标和任务。影响人的主观能动性发挥的因素主要有3个方面。

（一）基本因素——价值标准和基本信念

众所周知，需求产生动机，动机导致行为。人的需求带有客观性，而人们的动机则是纯主观的，但它却是行为产生的直接原因。人的主观能动性的大小，主要受动机驱动。对人的行为动机产生深刻影响的是人的价值标准和基本信念。“为国捐躯最光荣”的价值标准和“有我无敌”、“人在阵地在”的坚强信念，是产生以一当十、视死如归的战斗英雄和一系列可歌可泣事迹的真正动力。反过来，“保命最重要”的价值标准和“趋利避害乃人之本能”的基本信念，则是产生逃兵、胆小鬼和战场上一系列怯懦行为的温床。市场如战场，经济活动与军事活动有许多相通之处，价值标准和基本信念对人的主观能动性的制约作用即是其一。

具体而言，有3个层次：

（1）社会价值观。每个社会都有自己的主导价值观，它决定了社会风气的性质和方向，也决定了社会对个人行为的评价，因此对人们的主观能动性发挥的影响十分巨大。我国台湾《天下》杂志曾经登载一篇论文，讨论“日本经济文化背后的现象”。作者指出：“一种清晰的被社会认同的价值观，是日本人具有超强的整合力和刚韧的凝聚力。这种价值观念来自于对团体的忠诚。日本人多遵循儒家的社会伦理观念，忠诚于老师、忠诚于团体的教育。”

（2）群体价值观。具体在每个企业、事业单位，在同样的社会大气候下，可能会形成不同的传统、风气，其背后是不同的群体价值观。组织内部的群体价值观构成组织的心理气氛和文化氛围，它随时随地影响着每个组织成员的能动性的发挥。世界著名的“电脑王国”——美国IBM公司，有3条群体价值观念：第一，尊重个人；第二，顾客至上；第三，追求卓越。几十年来，企业外部环境发生了剧烈的变化，但这三条群体价值观却从未改变。正是这种积极向上的价值观，激励着IBM的员工不仅创造出质量最好的产品，而且创造出用户满意的最佳服务。有人形容IBM员工的积极状态“可以与狂热的教徒”媲美。

（3）个人价值观。在一个组织或群体内部，各个成员的主观能动性发挥程度并不一样，这与组织结构、人员任用、激励方法、领导作风、人际关系等客观因素密切相关。从主观因素来讲，个人价值观的差异是关键。有些人的价值观指向个人和金钱，而另一些人指向集体和事业，这两部分人的积极性、创造性、责任感、事业心都会有巨大的差异。所谓忠臣与奸臣，君子与小人，先进与落后，其本质上的差别就在于个人价值观念的不同。它不仅决定了个人能动性的大小，而且决定了个人能动性的取向。

（二）实际因素——现实的激励因素

现实的激励因素之优劣，决定了对员工工作动机激发的强弱，只有强有力的激励，才会出现员工主观能动性的高涨。一般而言，现实的激励因素主要包括8方面内容：

（1）任用情况。如果领导善于用人，量才而用，用其所长，补其所短，就会使事得其人，人尽其才，人事相宜，人们的主观能动性就会得到充分发挥。

这就要求领导者知人善用。知人既善于观察人，较快的认识到每个人的兴趣、爱好、志向、才能、知识的水平和倾向；善用即按事选人，平等竞争，使每个人都有同样的机会找到最适合发挥自己才干的舞台。

（2）信任程度。“民无信不立”。领导者与被领导者的互相理解、互相信任，是同心协力、发挥下级能动性的前提。为此，上级对下级应贯彻“用人不疑，疑人不用”的原则，应该充分的信任下级，给他们足够的权利，鼓励他们放手大胆地展开工作。

（3）晋升制度。每个人都希望得到晋升，获得更大的舞台，使自己的潜能充分地释放出来，但由于职位有限，不可能全面地满足个人的晋升需求，这就要求有一个合理的晋升制度，其要点是公正、公平，严格考核，重视业绩与成效，平等竞争，择优晋升。晋升制度合理就会激励大家不断提高自己，充实自己，以自己的优秀绩效在竞争中取胜，自然就会发挥出自己的主观能动性。

（4）工资制度。工资是员工取得劳动报酬的主要形式，是维持一定生活水平的物质基础。在我国，温饱问题尚未完全解决、生活质量还不高的情况下，工资仍然是一种有效地激励手段。工资制度的改革，主要是破除“大锅饭”，破除分配上的平均主义，真正做到合理的“按劳取酬”。

真正贯彻按劳取酬的原则是不容易的。在当前，应该恰当的解决以下几个问题：1）按劳分配中“劳”的计量问题，即劳动数量、质量的考核问题。对脑力劳动的计量和考核更具复杂性。2）处理好工资关系问题，包括不同工种、同岗位、不同职位之间的工资差距；脑力劳动与体力劳动工资报酬之间的合理区别；管理者与被管理者的工资差距等。从宏观上，应该处理好不同所有制的企业之间，不同地区之间的工资关系问题。

（5）奖励制度。奖励包括物质奖励和精神奖励，用来满足职工的生存、社交、自尊和自我实现的需要进而不同程度的提高其主观能动性。

正确的奖励制度才能有效的激发大家的劳动积极性，否则将适得其反。其要点是：1）考核制度是奖励制度的前提，没有公平的考核，就没有公平的奖励。2）正确处理物质奖励与精神奖励的关系，根据员工的需求层次和结构，选择物质奖励与精神奖励的合理比例结构。3）随着人员温饱问题的解决，应该将重点由物质奖励向精神奖励转移，在保持一定外激水平的基础上，着重提高内激的强度。

（6）处罚制度。处罚作为一种负强化手段，与奖励这种正强化手段是共生的，二者缺一不可。它可以有效地防止和纠正各种非期望行为，借以保护多数员工的主动性和积极性。

规定合理的处罚制度应注意以下几点：第一，处罚制度应严肃，内容在调查研究的基础上反复推敲，应宽严适度，严得合理，并经过职代会讨论通过；第二，处罚制度一旦制定，就应有章必循，违章必究，但必须按章行事，防止以言代法；第三，处罚制度主要是针对少数人的，而且是一种辅助手段，应防止过分夸大惩罚作用和以罚代管的倾向。

（7）参与程度。一个单位的每个成员，尽管地位再低，也都有各自的自尊，希望得到他人（包括上级）的尊重、理解和平等的对待，希望自己对工作的看法和建议有人倾听并采纳。总而言之，他们不希望别人仅把自己看做会说话的工具，而是把自己当做平等的伙伴；他们不希望别人仅把自己看做消极的执行者，而是把自己看做决策的参与者。参与程度越深，越易于发挥下级的主观能动性。

当然，参与程度有许多限制条件——诸如问题的性质、职权范围、人员素质、时间条件、参与成本等。在条件许可的情况下，应尽量加大民主参与的程度。

（8）福利状况。生活福利包括住房、医疗保障、养老保险、工作环境、福利设施（食堂、浴室、理发厅、卡拉 ok 厅、文化宫、图书馆、剧院、体育场馆）等，是满足员工生存、安全、社交需要的重要途径，也是外在激励的组成部分。良好的福利条件，会使员工感到组织的温暖，增强组织的凝聚力，从而激发员工更积极的工作，自觉发挥出个人的主动性、创造性和能动性。

（三）偶发因素

偶发因素是指在组织中发生的一些偶然事件，会影响到组织成员主观能动性的发挥。如称赞、表扬、友好的表示、善意的交往、尊重的举动，这些积极的偶发事件，会增加组织成员的满意感、归属感、成就感、责任感，激发出更大的主观能动性。反之，讽刺、挖苦、批评、贬损、冷落、不公正地对待、不友好的举动、恶意的重伤等消极的偶发事件，则会减弱或破坏组织成员的满意感、归属感、成就感和责任感，甚至产生不满和敌意，其主观能动作用也就无从谈起了。

三、培养全面发展的人

人类社会的发展，无论是经济的、政治的、军事的、文化的发展，最终的目的都要落实到人—— 一切为了人本身的发展。为了不断的提高人的工作、生活质量，使人变得更富裕、更文明、更有教养、更趋完美。

因此，教育与培训在人力资源的开发管理中的地位越来越高。教育不仅是提高社会生产力的一种方法，而且是造就全面发展的人的唯一方法。

随着市场经济的发展，国家民族间的竞争、企业间的竞争，透过产品的质量、价格和服务竞争的层层迷雾，我们看到的实质是不同国家、不同民族、不同企业之间人力资源的竞争。因此，无论是国家领导人，还是企业家，均把培养高素质的人当作首要任务。

“造物之前先造人”，是日本松下公司的座右铭。松下幸之助指出：“松下电器公司与其他公司最大不同的地方，就是在员工的培育与训练上。”“这种‘造就人才’的风气，竟成为推动公司发展的原动力。”松下要培养的人才，是德、智、体全面发展的，他把“三育”称作“人类的三根支柱”。他特别重视德育，指出：“德育从某种意义来说，比智育、体育还要重要。” “只有 5 位员工的商店，可以靠精神信条，赶上没有店训的大商店。”

美国学者布雷德福和科恩在《追求卓越的管理》一书中，把传统的领导模式概括为“师傅型领导”（人治）和“指挥型领导”（法治）。这两种模式的共同点是由领导者控制一切、指挥一切，也统称为“英雄型领导”，不利于下级素质的提高，不利于人才的培养。他们认为现代的领导模式应该是“育人型领导”，它具有的特点为：（1）同舟共济，以部署为中心，由上级和下级共同决策，领导者充当教练角色。（2）组织的目标有两个：

第一，完成工作任务；第二，使部署不断进步，提高素质。（3）实行“育才型领导”应具备三个要素：1）建立其共同负责的团队。2）持续培养每个人的才干（技术才干、合作精神、管理能力等）。3）建立共同的目标。（4）以育才为导向，使培养人成为组织的出发点和归宿。这两位美国学者从管理理论上，认证了现代组织的一个重要目标就是培养高素质的、全面发展的人。

第二节 人力资源开发的理论体系

人力资源开发的对象是人，因此，怎样认识人的本质，就成为人力资源开发的基础理论。

一、人性假设理论

在这方面，有不少学者作过深入的研究，较著名的有美国行为科学家道格拉斯·麦格雷戈（Douglas M）提出的“X理论—Y理论”，以及美国行为科学家埃德加·沙因（Edgar Schein）归纳出的“四种人性假设理论”，在此重点介绍后者。

埃德加·沙因在《组织心理学》一书中，把前人已经提出过的“经济人假设”、“社会人假设”、“自我实现人假设”，同他自己提出的“复杂人假设”并列为四种人性假设，作为这方面理论的概括和比较。

（一）经济人假设（X理论）

这是古典经济学家和古典管理学家关于人性的假设。埃德加·沙因把经济人假设归纳为4点：（1）人是由经济诱因来引发工作动机的，其目的在于获得最大的经济利益。（2）经济诱因在组织的控制之下。因此，人总是被动地在组织的操纵、激励和控制之下从事工作。（3）人总是以一种合乎理性的、精打细算的方式行事，力图用最小的投入取得满意的报酬。（4）人的情感是非理性的，会干预人对经济利益的合理追求。组织必须设法控制个人的感情。

（二）社会人假设

这是人际关系学派的倡导者梅奥等人依据霍桑实验提出来的。埃德加·沙因把社会人假设归纳为：（1）人类工作的主要动机是社会需要，而不是经济需要。人们要求有一个良好的工作气氛，要求与同事之间建立良好的人际关系。（2）工业革命和工作合理化的结果，使得工作变得单调而无意义。因此，必须从工作的社会关系中去寻求工作的意义。（3）非正式组织有利于满足人的社会需要，因此，非正式组织的社会影响比正式组织的经济诱因对人有更大的影响力。（4）人们最期望于领导者的是能承认并满足他们的社会需要。

（三）自我实现人假设（Y理论）

马斯洛的“需要层次论”中最高一级需要是自我实现的需要。阿吉里斯的“不成熟—成熟理论”中所谓成熟的个性，也就是自我实现的人。关于自我实现人的假设，有4

个要点：（1）人的需要从低级到高级可分为多种层次，其最终目的是满足自我实现的需要，寻求工作上的意义。（2）人们力求在工作上有所成就，实现自治和独立，发展自己的能力和技术，以便富有弹性，适应环境。（3）人们能够自我激励和自我控制，外部激励和外部控制会对人产生威胁，造成不良的后果。（4）个人的自我实现同组织目标的实现并不是冲突的，而是能够达成一致的。在适当的条件下，个人会自动地调整自己的目标，使之与组织目标配合。

（四）复杂人假设（超Y理论）

埃德加·沙因等人认为，经济人假设、社会人假设和自我实现人假设，各自反映出当时的时代背景，并适合于某些人和某些场合。但是，人有着复杂的动机，不能简单地归结为一两种。事实上存在着各种各样的人。人的工作动机，包括生理的、心理的、社会的、经济的各个方面，再加上不同的情境和时间因素而形成。因此，他们提出复杂人假设，其要点有5条：（1）人的工作动机不但是复杂的，而且变动性很大。每个人都有许多不同的需求。人的动机结构不仅因人而异，而且同一个也因时而异，因地而异。各种动机之间交互作用而形成复杂的动机模式。（2）一个人在组织中可以形成新的需求和动机。因此，一个人在组织中表现的动机模式是他原来的动机与组织经验交互作用的结果。（3）人在不同的组织和不同的团体中可能表现出不同的动机模式。在正式组织中与别人不能和谐相处的人，在非正式组织中可能是合群的，从而满足其社会需要。在某些复杂的组织中，各个部门可以利用不同的动机来达到其目标。（4）一个人是否感到心满意足，肯为组织尽力，决定于他本身的动机结构与他同组织之间的相互关系；工作的性质、本人的工作能力和技术水平、动机的强弱、人际关系的好坏都可能产生影响。（5）人可以依自己的动机、能力及工作性质对不同的管理方式作出不同的反应。因此，没有一种适合于任何时代、任何人的可能管理方式。复杂人假设产生了超Y理论，成为权变理论的理论基础。

中、西观点的类似，说明人类在认识自己的过程中逐渐取得了共识，也说明了这些观点的典型意义。

在关于人的本质的问题上，存在一个有趣的现象：我国古代至近现代许多思想家和学者，对人的本质的认识取得了与上述四种假设相似的结论。在春秋战国时期，诸子百家争论的热点之一即人的本性。法家早期思想家荀子提出了“性恶论”的看法。他认为：“人之初，性本恶。”性恶的根据是：“若夫目好色，耳好声，口好味，心好利，骨本肤理好愉逸，是皆生于人之惰性者也。”（《荀子简释·性恶》）。人为什么生五官、身体？无非是为了满足声、色、味、利诸方面的欲望，厌恶劳动、贪图安逸和享乐，乃人的恶的本性。这种观点与西方的“经济人”假设十分相近。儒家思想家孟子主张“性善论”。他认为：“人之初，性本善。”其根据是：“人皆有不忍人之心。…所以谓人皆有不忍人之心者，今人乍见孺子将入于井，皆有怵惕恻隐之心——非所以内交于孺子之父母也，非所以要誉于乡党朋友也，非恶其声而怨也。由是观之，无恻隐之心，非人也；无羞恶之心，非人也；无辞让之心，非人也；无是非之心，非人也。恻隐之心，仁之端也；羞恶之心，义之端也；辞让之心，礼之端也；是非之心，智之端也。人之有四端也，犹其有四体也。”（《孟子·公孙丑上》）。这些善良的本性，乃与生俱来的。这种看法，类似于西方的“社会人”假设。春秋战国时期还有另一位思想家——告子，告子提出了“性无善恶论”。告不害认为："性无善无不善也。"善与恶都不是天生的，而是后天教育培养的结果。他把人性比作流水，他说："性犹湍水也，决诸东方则东流，决诸西方则西流。人性之无分于善不善也，犹水之无分于东西也。"（《孟子·告子上》）。这种看法具有一定的唯物主义因素，而与西方的"复杂人"假设相似。在我国春秋战国时期时代，没有类似西方"自动人"假设的观点，但在近代有个著名的思想家——梁启超，提出了"个性中心论"。他倡导"尽性主义"。他说："尽性主义，是要把各人的天赋良能发挥到十分圆满。就私人而论，必须如此，才不至成为天地间一赘疣。人人可以自立，不必累人，也不必仰人鼻息。就社会国家而论，必须如此，然后人人各用其所长，自动地创造进化，合起来便成强固的国家、进步的社会。"（《欧游心影录》）。这里说的"尽性"的人即把个人聪明才智充分发挥的人，他们可以"自立"，"自动地创造进化"，与西方的自我实现人即自动人假设十分相近。人性假设论见表2-1。

表2-1　人性假设论

西方理论	经济人（x）	社会人	自动人（y）	复杂人（超y）
中国古代理论	性恶论	性善论	尽性主义	流水人性
内　涵	目好色，耳好声，口好味，心好利，骨体肤里好愉逸	恻隐之心，羞恶之心，辞让之心，是非之心	8个人的天赋良能发挥到十分圆满，人人可以自立	人性无分善与不善，决诸东方则东流，决诸西方则西流

二、马克思主义关于人的理论

马克思主义把唯物辩证法应用于对人本身的研究，得出了一系列科学的结论，其要点有三条。

（一）人的自然属性

人的动物性或自然属性，主要表现在人的生存需要——衣、食、住、行、性。

在马克思主义出现之前，流行的看法是：上帝造人，给了人肉体和灵魂。马克思主义出现后，唯物主义代替了唯心主义，对人的认识有了一个飞跃。恩格斯说："我们连同我们的肉、血和头脑都是属于自然界，存在于自然界的；我们对自然界的统治，是在于我们比一切动物强，能够认识和正确运用自然规律。"（恩格斯《自然辩证法》第159页）。这里讲了两个基本事实：第一，人属于自然界，这是人的自然化；第二，人统治自然界，这是自然界的人化。同时，它揭示了一个真理：人的本质是客观的，因而是可以认识的。首先，人具有一定的动物性，正如恩格斯所说："人来源于动物的事实已经决定了人永远不能摆脱兽性，所以问题永远只能在摆脱得多些或少些。"生物学家巴甫洛夫发现了三种无条件反射——食物反射、防御反射和性反射，以及在此基础上形成的某些条件反射，乃人与动物所共有。

（二）人的社会属性

只承认人的自然属性，不承认人的社会属性，就会导致庸俗唯物主义、历史唯心论。人的社会实质——人不是孤立的、"纯粹的"个人。马克思说："人的本质并不是单个人所固有的抽象物。在其现实性上，它是一切社会关系的总和。"（《马克思恩格斯选集》）

第一卷第18页)。

人的社会性有几个方面的含义：(1) 人不能离群索居，必须在社会中生存。马克思指出："人是最名副其实的社会动物，不仅是一种合群的动物，而且只有在社会中才能独立的动物。"(《马克思恩格斯选集》第二卷第87页)。(2) 人除了生存需要外，还存在许多社会需要——安全需要、社会交往需要、自尊需要、自我实现需要。这些需要来自于社会，也只能通过社会得到满足，存在着客观的社会尺度。(3) 人的需要存在着客观的社会尺度。马克思、恩格斯指出："我们的需要和享受是由社会产生的，因此，我们对于需要和享受是以社会的尺度去衡量的。"(《马克思、恩格斯全集》第六卷第492页)。1) 人的需要具有时代性。不同的时代，科学技术和生产力水平不同，人们的生活方式不同，人们的需要也带有明显的时代特征。以吃为例：中国人在20世纪60年代的饮食特点是主食型、素食型，而90年代则走向副食型、肉食型。以穿为例：不同的时代流行样式各异。50年代中国流行"列宁式"，60年代流行"中山式"，70年代末流行"喇叭式"，80年代末流行"牛仔式"。2) 人的需要具有阶级性。马克思在《资本论》初版序中指出：在阶级社会中，一切人"都不过是经济范畴的人格化，是一定的阶级关系和阶级利益的体现"。人总是阶级的人，超阶级的人是没有的。同样，人性都必然是具体的、带有阶级性的人性，抽象的、超阶级的人性是没有的。在这方面，毛泽东、鲁迅等人都曾有过精彩的论述。3) 人的全面发展取决于社会的高度发展。一个社会制度的优劣，主要标志之一是精神文明和人的全面发展。人的全面发展，是人力资源开发与管理的重要内容，但它有赖于社会的高度发展。只有在共产主义社会，人才会真正地实现全面发展，才会人人身心健康，德智体均衡发展。人类推动自身全面发展的一个重要杠杆是教育。马克思指出：教育"它不仅是提高社会生产的一种方法，而且是造就全面发展的人的唯一方法。"(《马克思恩格斯全集》第23卷第530页)。这包括文化知识、技术技能的教育，也包括品德和作风的教育。教育在人力资源开发中越来越处在一个关键的地位。

(三) 人的思维属性

人与动物的本质区别是能够思维、有思想。根据恩格斯的观点，认识过程可分为3个阶段——第一个阶段是感性阶段，即对个别事物的感觉知觉表象；第二个阶段是知性阶段，即对事物之间关系进行分析综合、归纳演绎；第三个阶段是理性阶段，即通过辩证思维形成概念，并研究概念的本性。第一、二阶段是人和动物所共有的，第三阶段才是人所独有的，辩证思维才是人的本质的反映。正如恩格斯所说，"辩证的思维——正因为它是以概念本性的研究为前提——只对于人才是可能的，并且只对于较高发展阶段上的人(佛教徒和希腊人)才是可能的。"(恩格斯《自然辩证法》第200~201页)。于是形成了"观念人假设"——人的行为受其观念的巨大影响。理想、信念、价值观、道德观对人力资源开发管理是十分重要的因素。

综上所述，马克思主义认为：人的本质是人的自然属性、社会属性和思维属性的辩证统一，而且统一在人的实践活动之中。

三、能级层序原理

能位和能级的概念出自物理学。能在物理学中表示物体做功的能量；能位（能级），表示事物系统内部按个体能量大小形成结构、秩序、层次。如物理学中原子的电子层结构，在不同层上的电子具有不同的势能（位能），由于不同能量的电子各在其位，所以才形成了稳定的物质结构，这就是能级对应关系。

将能级层序原理引入人力资源开发管理领域，主要指具有不同能力的人，应摆在组织内部不同的职位上，给予不同的权力和责任，实行能力与职位的对应和适应。

为使有限的人力资源发挥出最大的系统功能，必须在组织系统中，建立一定的层级结构，并制定相应的标准、规范，形成纵向、横向上严格的组织网络体系，从而构成相对稳定的一种组织管理“场”，然后将所有员工按其自身的能力、素质，十分恰当地安排在整个网络的“纽带点”上，赋予其组织层次位置，确定其“组织角色”身份性质。

处于组织上层、中层、下层的不同职位，对人员素质能力的要求差别很大，如图 2-1 所示。领导层要求很强的决策能力和丰富的管理知识；管理层要求很强的管理能力和一定的决策能力；监督层要求较强的管理能力和丰富的操作知识；而操作层则要求很强的操作知识和能力。由于人员的实际素质和能力千差万别，因此，实现能级对应是一个十分复杂、艰巨的动态过程。

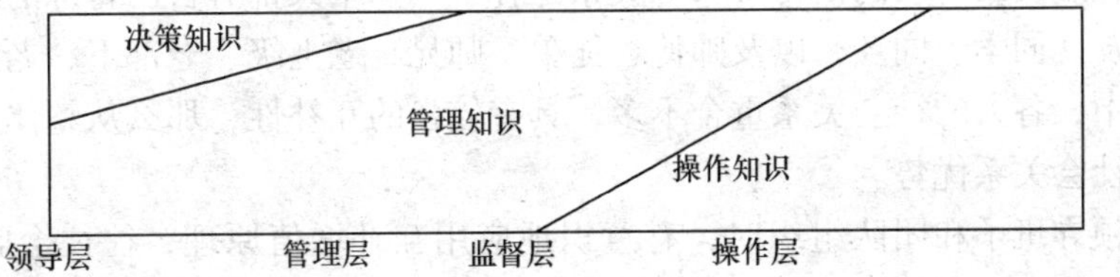

图 2-1　处于组织上层、中层、下层的不同职位

为了实现能级对应，必须做到以下 3 点：（1）能级管理必须按层序。现代组织中的“级”不是随便分设的，各个级也不是可以随便组合的。稳定的组织结构应该是正三角形的能级分布。

造成非稳定结构的一个重要原因，是“人多好办事”的小生产的效率观，应该彻底破除这种落后的观念，树立“用最少的人办最多的事，多一个人就是多一个故障因素的现代观念”。（2）不同的能级应该表现出不同的权、责、利和荣誉。在其位，谋其政，行其权，尽其责，取其利，获其荣，对失职者应惩其误。（3）各类能级的对应不可能一劳永逸，它是一个动态过程。人有各种不同的才能，领导者必须知人善任。随着时间的推移，事业的发展，各个职位及其要求在不断变化，人们的素质和能力也在不断地变化，因此必须经常不断地调整“能”与“级”的关系。一个人的能力和素质相形见绌了，其级与位也应下调；另一个人的能力和素质提高很快，成为新的佼佼者，则应将其调到更高的能级上去。

总而言之，岗位能级必须是合理而有序，人才运动也应该二者相结合，才能使能级层序原理变成现实。

四、互补增值原理

人作为个体，不可能十全十美，而是各有长短，所谓“金无足赤，人无完人”。但是工作往往是由群体承担的，作为群体，完全可以通过个体间取长补短而形成整体优势，达到组织目标。这就是互补增值原理。

增值的客观标准是：$1+1>2$，甚至$\geqslant 2$。如果$1+1=2$，则说明没有增值；若$1+1<2$，则不仅没实现互补增值，而且发生了内耗减值。

互补的内容主要包括：(1) 知识互补—— 一个集体中，若个体在知识领域、知识的深度和广度上实现互补，那么整个集体的知识结构就比较全面、比较合理。(2) 能力互补—— 一个集体中，若个体在能力类型、能力大小方面实现互补，那么整个集体的能力就比较全面，在各种能力上都可以形成优势，这种集体的能力结构就比较合理。(3) 性格互补—— 一个集体中，若每个个体各具不同的性格特点，而且具有互补性。例如：有人内向，有人外向；有人沉稳，有人急躁；有人激烈，有人温和；有人直爽，有人含蓄；有人热情，有人冷静…那么，作为一个整体而言，这个集体就易于形成良好的人际关系和胜任处理各类问题的良好的性格结构。(4) 年龄互补——人员的年龄不仅与人的体力、智力有关，也与人的经验和心理有关。一个集体，根据其承担任务的性质和要求，都有一个合适的人员年龄结构，既可以在体力、智力、经验、心理上互补，又可以顺利地实现人力资源的新陈代谢，焕发出持久的活力。(5) 关系互补——每个人都有自己特殊的社会关系，包括亲戚、朋友、同学、同乡，以及师傅、徒弟、师兄、老上级、老部下、老同事等。如果在一个集体中，各人的社会关系重合不多，具有较强的互补性，那么从整体上看，就易于形成集体的社会关系优势。

在组建领导班子和团队组织时，有意识地应用互补增值原理，往往会收到事半功倍之效。

五、动态适应原理

在人力资源的开发与管理中，人与事的不适应是绝对的，适应是相对的，从不适应到适应是在运动中实现的，是一个动态的适应过程，这就称为动态适应原理。

根据动态适应原理，应该对人力资源实行动态管理，考虑到下述情况，这种动态管理尤为必要：(1) 学用不对口现象普遍存在。用非所学，用非所长。尽管在招聘和录用时考虑到这个因素，由于科学技术和生产经营活动的发展，长与短发生转化，仍然造成人员能级与岗位能级不符。(2) 技术工人和专业技术人员的结构比例失衡也常常发生。年龄结构(人员老化问题)、专业（工种）结构、水平结构（不同层次人员比例）失去平衡，造成人才闲置与人才短缺并存，必须通过动态调整加以解决。(3) 由于科学技术和经济部门的迅速膨胀，边缘学科和综合学科不断出现，新兴产业、高技术产业及新增生产力的出现，都意味着一些新的职业（系统集成工程师、网络策划、企业文化部长、广告专家、注册会计师）和新的工作岗位（信息总监、网络操作员）的涌现和一些旧的职业、旧的岗位的消失，这也要求对人员进行动态调整。

从动态适应理论出发，应该把人事调整作为一种经常性的任务抓好，权变地对待人力资源开发和管理。这包括：1）岗位的调整：设岗数、岗位职责的变化。2）人员的调整：竞争上岗，招聘干部，平行调动。3）弹性工作时间：小时工、半时工、工作时间自选等。4）一人多岗、一专多能，有序流动。5）动态优化组合：劳动组织、机构人员的优化。

六、激励强化原理

激励就是创设满足职工种种需要的条件，激发职工的动机，使之产生实现组织目标的特定行为的过程。激励是管理的一项重要职能，也是人力资源开发与管理的一个重要内容。

人力与动物的一个重要区别是人有思想感情。人的思想感情对其潜力的发挥至关重要。根据管理学家统计研究结果，一个计时工，只要发挥个人潜力的20%～30%即可保住饭碗，但通过恰当的激励，这些工人的个人潜力可以发挥出80%～90%。显然，激励可以调动人的主观能动性，强化期望行为，从而显著地提高劳动生产率。这就称为激励强化原理。根据这一原理，对人力资源的开发与管理，除了应注意人在量（技术、能力、知识、专长）上的调配之外，更应注意对人的动机的激发，即对人的激励。

如图2-2所示，关键一环是设置目标（如评选先进工作者），它应该符合组织目标的要求，又包含较多的个人需要，为多数职工所看重。于是可以激发出职工争先进的动机，他们严格按照先进生产者的标准要求自己，使目标导向行为（即组织期望行为）大量出现。

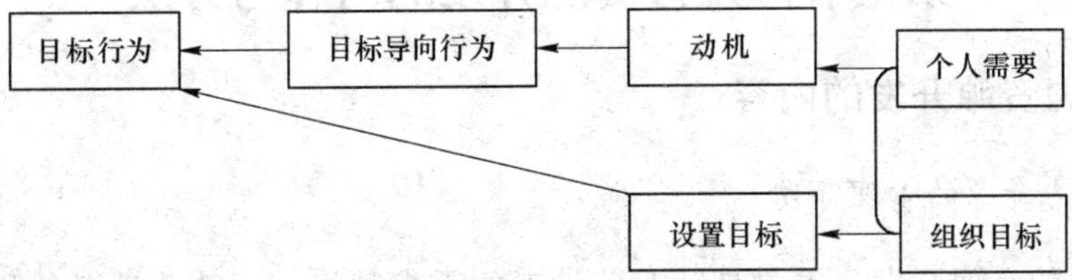

图2-2 激励过程的示意图

七、公平竞争原理

公平竞争指对竞争各方遵循同样的规则，公正地进行考核、录用、晋升和奖惩的竞争方式。

我国经济改革的目标模式是社会主义市场经济。市场经济的本质是一种竞争机制，自由竞争、公平竞争。在人才市场上，各类人员通过竞争而选择职业和单位，在组织内部的任用、提拔和调整也主要依靠竞争。在人力资源管理中引进竞争机制，可以较好地解决奖勤罚懒、用人所长、优化组合等问题。

若想使竞争机制产生积极的效果，应该具备以下3个前提。

（一）竞争必须是公平的

按照法国著名的管理学家法约尔的说法，公平包含两层意思——公道和善意。公道就是严格按协定、规定办事，一视同仁，不偏不倚；善意就是领导者对所有人都采取与人为善的、鼓励和帮助的态度。也就是说，“见人有善，如己有善；见人有过，如己有过”。(《尸子卷上·治天下》)。

（二）竞争有度

没有竞争或竞争不足，会死气沉沉，缺乏活力；但过度竞争则适得其反：一是使人际关系紧张，破坏协作，甚至“以邻为壑”；二是产生内耗、排斥力，损害组织的凝聚力。掌握好竞争的度是一种领导艺术。

（三）竞争必须以组织目标为重

竞争分良性竞争和恶性竞争。良性竞争的特点是以组织目标为重，个人目标与组织目标结合得好，个人目标包含在组织目标之中。在竞争中，每个人主要不是同他人比，而是同标准比，同自己过去比。即使同他比，也主要是取人之长，补己之短。“学先进，赶先进，超先进，帮后进”，这样的竞争，既提高了效率，增强了活力，又不会削弱凝聚力。而恶性竞争，则将组织目标弃之不顾，完全以个人目标为动力，或者组织目标与个人目标一致性很差，个人为了在竞争中取胜，不惜损害他人利益、损害组织目标。这种竞争必然的损害组织的凝聚力，并且难以实现组织目标。运用公平竞争原理，就是要坚持公平竞争、适度竞争和良性竞争三项原则。

第三节 人力资源开发的内容与方法

一、人力资源开发的内容

（一）人力资源的心理开发

人力资源的心理开发，主要是针对劳动者的需求动机，调动劳动者的积极性和主动性，增强劳动动力。

1. 生存动力开发

生存动力是人类劳动最根本的动力：

（1）傅里叶的“情欲引力”。法国思想家傅里叶（Charles Fourier）说过：“我们发现的第一种科学，是情欲引力论。”情欲是人的本性，它包括物质情欲、依恋情欲和高尚情欲。未来社会的劳动就是根据这三类情欲进行组织的：按照物质情欲的要求，劳动成果必须按资本、劳动和才能的比例进行分配；按照依恋情欲的要求，劳动者在劳动过程中可以自由结合；按照高尚情欲的要求，劳动者过程要满足劳动者肉体和精神的需要，以激发他们的劳动热情。

傅里叶的“情欲引力论”在今天仍有现实意义。按照三类情欲要求，在调动职工积极性、增强劳动动力方面，应该围绕着劳动制度的改革，进一步改革分配制度，开展劳动组织的优化组合，实行有序、合理的劳动力流动，改善劳动条件，丰富和扩大劳动内容和形式。

（2）哈伯德的“生存动力论”。L·罗恩·哈伯德提出了“生存动力论”。他在《戴尼提》（Dianetics）中写道：“生命的目标可以认作无限的生存。可以证明：人作为一种生命形态，在其所有行为和目标中只有服从一条命令：‘生存’。”（L·罗恩·哈伯德：《戴尼提》，23 页。）。他还说：“人求生存并不是一种新思想。但生存是人的唯一动机却是一种新思想。”

所谓“生存动力”，是指蕴藏在所有活动之后的基本指令“生存”。人类生存包括四种因素：自我（self）、性（sex）、群体（group）和人类（mankind）。于是，从生存动力中发展出 4 种动力：

动力 1——个体为其自身最佳生存的强烈要求。包括该个体的直接共同体，为其自身利益的文化扩展以及姓氏的不朽。

动力 2——个性通过性行为、子女的创造及养育而实现最佳生存的强烈要求。包括子女的共同体、为他们利益的文化扩展以及子女未来的生活保障。

动力 3——个体为群体最佳生存的强烈要求。包括群体的共生体和群体文化。

动力 4——个体为整个人类的最佳生存的强烈要求，包括人类的共生体和人类文化。

以上四种动力从个体到群体，直至整个人类，逐步扩大，形成一个阶梯。而都以“最佳生存”为核心，由于存在最佳生存的强烈要求而形成不同层次的动力。

调动劳动者的积极性，挖掘群体或个体的潜能，主要是靠增强劳动者的动力。但是，动力必须与智力相结合，才能够形成个体或群体的潜能值（PV），用公式表示即：

$$PV = ID$$

式中，PV 为代表潜能值；I 为代表智力；D 为代表动力。

动力和智力二者都是获取生存并坚持生存所需的。但两者都不是常量，他们因人而异，因群而异。

（3）恩格斯的“动力的动力论”。以为无产阶级不能讲享受，这是对马克思主义的绝大误解。恩格斯写道：“人不仅为生存而斗争，而且为享受、为增加自己的享受而斗争…为准备取得高级的享受而放弃低级的享受。”因此，人的劳动的物质动因即“动力的动力”是客观存在的。

人的劳动的目的是为了满足需要，没有需要便没有生产。按照马克思主义的需求层次论，人的需要应包括生存的需要、发展的需要、享受的需要三个层次。生存的需要主要是以物质生活资料为内容的因素，满足维持劳动力简单再生产的需要，包括劳动者自身及其家属的吃、穿、用、住、行等费用；发展的需要是在维持劳动力简单再生产的基础上进行劳动力扩大再生产的需要。这种需要，主要是提高劳动者素质的需要，包括发展劳动者的体质、智力和技能等方面的费用；享受的需要是超出生存意义的更为丰富、更为舒适的需要，包括艺术欣赏、旅游、豪华生活等方面的费用。

人的需要是人的实际活动的内在动力。正是人的需要和满足需要的活动，把人们自然的联系在一起，形成人们的社会关系，铸成人的社会本质。马克思指出：“他们的需要即是他们的本性。”人们不能终止对物质的需要。满足人们的物质需要时人们进行劳动的目的。人的物质需要是第一个历史前提，而满足需要的物质资料的生产活动则是第一个历史活动。但要使需要发挥经济动力的作用，还必须进行动力开发，即“动力的动力”开发，要按照物质循环和能量转换的规律，把劳动的物质动力转化为现实的经济动力。

2. 目标动力的开发

人的劳动具有明确的目的性。而这种目的正是其动力的源泉。伟大的毅力只为伟大的目的而产生。没有目的的生活等于不带罗盘的航行。成功的第一条法则是具备动力，而动力的源泉在于明确的目标。任何组织或个人，都应树立明确的目标，目标是人们行为的诱因。如果没有明确的目标，行为就没有方向，也就无法成功，当代许多著名的管理理论，几乎都与目标动力有关。

（1）伏隆的期望理论。美国著名心理学家伏隆（V. H. Vroom）于1964年出版的《工作和激励》一书中提出了著名的期望理论，其基本模式是：

$$F = VE$$

式中，F 为表示激发力量；V 为表示效价；E 为表示期望值。

激发量（Motive Force）是指动机的强度，即调动积极性，激发内在潜力的程度，它表明人们为达到目标而努力的程度。

效价（Value）是指目标对于满足个人需要的价值，即一个人对某种结果偏爱的强度。

期望值（Expectancy）是指采取某种行动可能导致的绩效和满足需要的概率，及采取某种行动对实现目标可能性的大小。如果效价越高，可能性越大，则激发力量也越大。而且，人们越接近目标，期望概率就越大，动力越足，此时，对人的激发力量也就越大。

（2）洛克的目标激励理论。洛克（Edwin. Locke）提出的目标激励理论的基本模式，如图2-3所示。

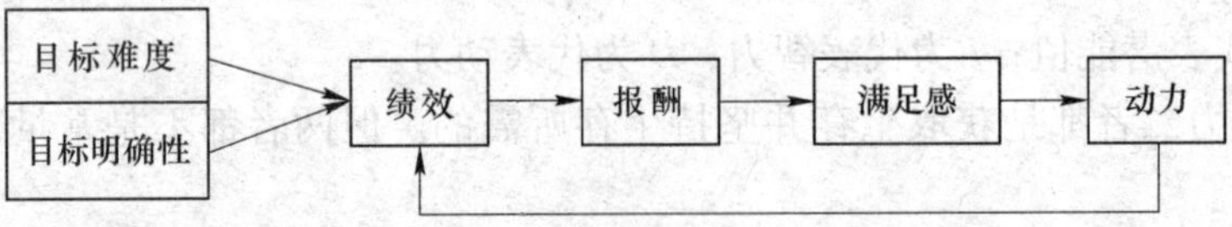

图2-3　洛克激励模式

上述模式表明：绩效主要是由目标难度和目标的明确性形成的。

目标难度：目标具有挑战性，要求用一定力量完成。人们愿意尽全力去完成难度较大的目标，但却不能接受无法达成的目标。

目标明确性：量化的目标是很明确的、具体的。

（3）自我实现与自我设计。著名心理学家马洛斯（Maslow）指出：人的"低级需要"的满足可以用钱买到，但是，当这样的低级需要满足了，人们就只受那种更高的绩效的"报酬"所驱动了。例如：归属、感情、尊严、尊重、赏识、荣誉，还有自我实现的机会，以及对最高的价值实现的促进，如真美、效率、优秀、正义、完美、合法等。对于人的高级需要的满足，马洛斯在《存在心理学探索》中提出"高峰体验：强烈的认同感"。就是说卓有成效的人，一般都有明确的人生目标，同时善于进行自我设计，这种设计的成功就在于充分考虑外部环境和自己的内部条件。一个具有明确目标的人，一定是充满自信的人。

3. 社会压力开发

（1）竞争机制。心理学的研究表明，竞争有助于培养人的良好个性心理品质。竞争促使人们精神焕发，情绪饱满，并能考验和锻炼人的意志。竞争能增强人的智力效能，促使人的注意力集中，感觉、知觉敏锐准确记忆状态良好，想象丰富，思维敏捷、灵活，操作能力提高。有助于充分发挥人的创造性。实验结果表明：在竞争的条件下滑雪、游泳等运动，参加者中有89.2%的人提高了自己的成绩；在体操竞赛中，运动员的肌肉用力的精确度提高30%～50%。因此，在社会生活的各个方面，如竞争机制，有利于激发人的内在动力。

（2）群体压力。所谓群体压力是指群体规范对其成员在心理上产生的压力。这种群体压力使个体在心理上很难违抗。当一个人发现他的意见和行为与团体行为规范不一致时，他就会感到群体的压力，产生紧张、不安甚至是恐惧的心理状态，因而促使产生与团体行为求的一致的愿望。美国著名心理学家阿希（Solomon. Asch）的实验，证明了群体压力的存在及其作用。

实践表明，在一定的压力范围内，人们的绩效与压力大小成正比，如图 2-4 所示。

（二）人力资源的伦理开发

人力资源的伦理开发是指唤起劳动者的道德精神，激发起无穷的精神力量。

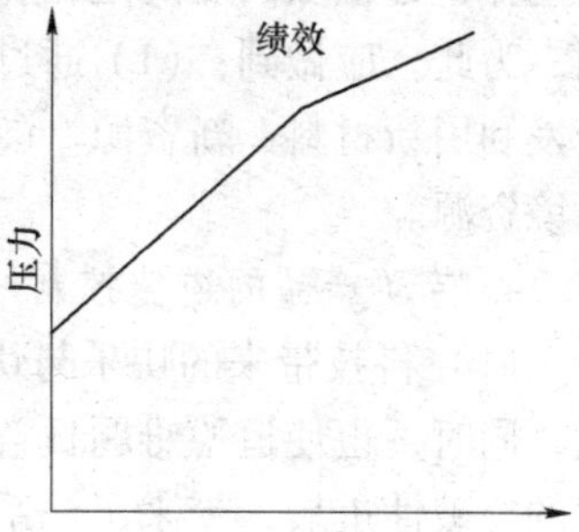

图 2-4　绩效与压力坐标图

1. 劳动者的道德要求

人类劳动从一开始就是在群体中进行的，于是，人类在劳动中形成了劳动者之间的关系。这种关系主要体现在同一劳动集体中人与人之间的分工、协作关系，以及与之相关的利益关系；劳动者与劳动对象之间的关系，主要表现为人与自然物的关系；劳动者与劳动资料的关系，主要指劳动者与劳动工具、劳动条件环境等的关系；劳动者与劳动成果的关系，不仅涉及劳动者对个人消费产品的分配关系，还包括劳动者与劳动产品的消费者之间的关系。自从有了社会劳动，就产生了劳动关系，也就有了规范和调节这种劳动关系的道德，有了对劳动者的道德的要求。这些劳动者的道德要求概括起来有：（1）主人翁的劳动态度。主要表现为诚实的劳动态度。（2）忠于职守。就是劳动者在劳动中忠实地履行自己的劳动职责，以自己的良心和职业责任感来对待职业劳动。（3）团结协作。就是要求劳动者在劳动过程中团结一致、互相帮助、互相协作。共同完成组织的目标。（4）业务技术精益求精。就是要求劳动者本着学无止境的精神坚持学习和训练，以不断提高自己的知识和技能。（5）为社会公共服务。就是要求劳动者在劳动的过程中，坚持人民的利益高于一切，满腔热情地为他们排忧解难，提供服务。（6）勤俭节约。就是要求劳动者勤奋劳动，发展生产，简朴生活，勤俭办一切事业，在劳动中节约原料、能源、资金，处处精打细算。

2. 劳动资料与人道主义

（1）劳动工具与人道主义。劳动工具是生产力发展的测量器。人类劳动的劳动工具从石器到青铜器，到铁器，到大机器，到电子计算机等。能源从人力到畜力、水力、蒸汽力、电力，再到原子能等。每前进一步，就标志着社会生产力提高了一个台阶。而劳动工具的人道主义，就是社会主义劳动过程中，对劳动工具的设计、生产和使用所提出的道德要求，劳动工具的使用是否降低劳动强度，以及是否符合劳动卫生标准和有利于劳动者自身的健康。

（2）劳动环境与人道主义。劳动环境是指劳动者从事劳动的外部环境，主要是指外部的劳动条件，包括厂房、场地、道路、采光、噪声、空气、整洁、绿化、劳保、福利、培训等方面的物质条件。心理学的研究表明，良好、舒适、卫生的劳动环境，有利于劳动者的身心健康，有利于提高劳动效率和生产品质。为此，应注意以下几个方面：1）提供适合从事某种劳动的场所。2）加强劳动卫生管理。对生产过程中一切有毒、有害的气体、粉尘、废水、废渣、电磁波、放射线污染、噪音、高温、高湿等，要实行严格有效地检测、控制，以保护劳动者自身的健康，维护生态环境，防止污染。3）加强劳动安全管理。4）加强培训教育。5）努力提高劳动保险和福利待遇。

3. *劳动对象的道德要求*

自然资源是人们劳动的直接对象，是人类赖以生存的物质基础，破坏了这个基础人类就将毁灭。自然资源包括土地、森林、草原、水、矿产和野生植物资源等。为了人类自身的生存，必须从高度的道德责任感出发，对自然资源加以全面保护，合理开发和综合利用。为此，应做到：（1）通过立法的形式加强对自然资源的道德控制。（2）加强科学研究开发利用新材料、新资源。（3）厉行节约，加强综合利用。（4）增强环境意识，自觉保护环境资源。

4. *劳动产品的道德控制*

（1）科技带来的快乐与忧虑。日新月异的现代科学技术给人类带了快乐、财富和幸福，同时，也使道德难题日益增多，诸如原子武器的制造与使用，生物工程尤其是基因工程的突破性进展，带来了一系列新的道德课题，“安乐死”的道德问题等，都要求科学技术受到道德控制。

随着现代科学技术的发展，应用伦理学日益繁荣，如生态伦理学、医学伦理学、生命伦理学、军事伦理学、科技伦理学等不断发展。这就从理论和实践上为回答和解决科技发展应用中遇到的一系列的道德问题提供了条件，也为劳动者正确评价和选择道德行为提供了科学依据，以便更好地对科技实行道德控制。

（2）财富带来的幸福与悲哀。人类劳动的产品是财富的源泉。人类劳动的最终结果是产生的劳动产品，产品是劳动所体现的最终价值。因此，劳动创造价值财富，劳动产品是一切财富的源泉。劳动者只有辛勤劳动、诚实劳动，才能为社会也为自己提供丰富的劳动产品。但是，在财富的创造和获取过程中，拜金主义、坑蒙拐骗、假冒伪劣等邪恶现象又向人们提出了劳动产品的道德要求。这些道德要求主要包括以下几个方面：1）对劳动产品的目的和用途进行审查，即审查产品是否以为人类服务或环境保护为目的，是否有益于劳动者的生产、生活、学习，是否有益于劳动者的生理和心理健康。2）对产品的质量实行控制。3）加强产品售后服务和监督。

（三）人力资源的生理开发

人力资源的生理开发主要是以保护人力资源为目的，按照人的生理规律，科学组织和安排劳动。人们劳动是体力和脑力的综合，人体在劳动过程中的各种生理现象，直接受自然规律的支配，并受环境因素的影响。认识和研究劳动者的生理规律，有助于合理组织劳动，指导技能训练，减轻疲劳，确保劳动者的身体健康，取得最佳劳动效果，达到人力资源的开发。

1. *疲劳的形成与精力的恢复*

无论是体力劳动还是脑力劳动，连续时间长了，都会产生精力不支、机能衰退的现象。这种现象通常称之为“产业疲劳”。疲劳是人体的一种正常生理过程，是肌体自我保护的措施，以防止人的活动过度，强迫人们随即休息。

（1）疲劳是生理的规律。当人体产生疲劳后，有许多明显的表现：1）主观上感觉不舒适，控制力和注意力下降，瞌睡，工作能力与工作效率降低。2）脊椎变形，上体前屈，关节强直，动作机械而失调，知觉错误，记忆弱化，不必要的动作增加，脸色木然，动作迟缓，工作质量大幅度下降，易出废品和事故。3）疲劳可以先从局部发生，而后扩散至全身。当疲劳过度时，神经极度抑制，人便处于睡眠状态。

（2）疲劳的类型。疲劳一般非为肉体疲劳、精神疲劳和病理疲劳三类：1）肉体疲劳。它是体力劳动中能量消耗的结果。肉体疲劳也称为生理疲劳，这种疲劳因劳动状态和方式不同而不同：①由于短时间过重的劳动所引起的疲劳称为急性疲劳。②由于长期正常劳动而积累的疲劳称为慢性疲劳。③由于局部肌肉动作频率过多而产生的疲劳，称为局部疲劳，局部疲劳可扩散为全身疲劳。④由于操作者的姿势不正确，静力负荷过大所形成的疲劳称为姿势疲劳。2）精神疲劳。由于脑力劳动或精神不愉快形成的疲劳。精神疲劳往往先于生理疲劳，随后波及生理疲劳。精神疲劳包括：①由于长时间进行精神作业而形成的精神疲劳。②由于劳动环境欠佳而形成的精神疲劳。③由于精神不安、情绪不宁而产生的精神疲劳。④由于工作单调、厌倦而产生的疲劳等。

2. 劳动环境与人体生理效应

根据人的生理界限，可将劳动环境分为三类：

（1）超生理界限环境。人们在这种条件下劳动，生命是没有保证的。环境不能给人提供生存的物质条件，而且存在着对机体有害的因素。如果人要在这种环境中作业，必须将人的全部或局部身体与外部环境隔开。例如：放射性环境中的防放射型装置；潜水员的潜水服；宇航员的宇宙服等。

（2）生理不舒适环境。如在超规定标准的噪声环境中作业，在有毒有害的化学环境中工作等。人们在这种条件下劳动，心理或精神上感到不舒适，心理上难以适应，经常导致职业病，容易形成疲劳，工作时间不能太长。这种环境必须改善，需要佩戴特殊的劳动保护用品或防护装置。

（3）生理舒适环境。如产品装配、机械加工、检验工作和办公室等。人在这种条件下劳动，生理因素大部分适应，环境基本上对人无害，大多数环境因素接近标准，人们可以在这种环境条件下坚持 8 小时工作，效率也比较高。

劳动的环境与生理有关的因素有：微小气候、照明、噪声、尘毒、振动、电离辐射等。

1）微小气候。微小气候是指工作场所小范围特殊环境中的气象条件，包括空气温度、湿度、空气流动速度（风速）、热辐射、气压等。微小气候不仅随自然气候的变化而变化，而且与特定作业有关，炼铁炼钢常处于高温环境中作业；而冷库、冷雕工作又常处于低温环境中操作；纺织车间有较高的温度、湿度与噪音；航空航天处于低压环境；而沉箱作业又处于高压环境等等。对此，必须采取必要的保护措施。

2）毒物环境。凡进入机体的化学物质，当其数量累积到一定水平，能够扰乱和破坏机体的正常生理功能而引起暂时性或持久性病理状态，甚至危及生命者，就属于有毒物质，简称毒物。毒物可以是固体、液体或气体。由于许多毒物通过蒸发、挥发、飞扬，进入空气，空气往往成为毒物的载体。因此，空气中的毒物对人体的危害尤为严重。例如：气体类的一氧化碳、二氧化碳、二氧化硫、氯气、硫化氢等；威力类的碳力、飞灰、碳酸钙等。对此，必须采取防治措施。

3）物理性环境。物理性环境主要指噪声振动和辐射。①噪声是由许多不协调的声音所组成的，使人听了感到烦恼、讨厌、不愉快。噪声主要来自气体振动、机械摩擦、电磁性噪音、手工作业、语言、交通车辆、基建施工等。噪声可使操作者工作分心，注意力分散，增加产业疲劳，导致头痛、睡眠不良、易怒、消化不良、食欲不振、恶心呕吐、心率加快、血压升高等。因此，必须对噪声加以控制。②振动对人体产生机械的、生物的、生理的和心理的影响。局部振动主要是振动工具通过手传入人体的。长期接触振动，会引起不良影响。因此，必须采取防振措施。如，隔离振源，设计减震座椅，采用新工艺，增加设备阻尼，限制接触时间等。③辐射主要指电磁辐射，如红外线、紫外线、微波、激光、无线电波、电离辐射等。这些辐射都会造成人体的伤害。对此必须采取防范措施。

（四）人力资源的智力开发

人类用自己勤劳的双手和聪明的智慧，创造了丰富的物质财富和丰足的精神财富，实现了其祖先梦想中的多元目标。劳动创造了人类，造就了新世界，一切伟大的事件都在智力开发的劳动中产生。

1. 劳动就是创造

按照马克思主义的社会发展理论，人类社会的发展是生产力与生产关系相互促进的结果，生产力是最积极、最革命的因素，是决定因素。生产关系必须符合生产力的发展。生产力包括人与劳动资料，而劳动是人与劳动资料结合的具体方式，劳动是人类社会发展的根本推动力。

人类在劳动中创造世界，同样也在劳动中实现创造。作为一种行为，劳动是人类征服自然、实现自身生存和发展的手段，作为一种手段，它又是一门既深又远的发展科学。因为人类在其中发展着这种手段，也在其中改进、创造着这种手段。这样，劳动就在人类的改造和发展中得到改造与发展，在人们的应用与提高中得到应用与提高。因此，劳动就是创造，就是人的智力的不断开发。

从根本上说，劳动是指人类为自身创造生存与发展所必需的物质和精神财富而进行的有目的的活动。但是，人们有目的的活动不一定都是劳动。人类的劳动不是只消费性的活动，而是只有目的的生产性、创造性的活动。因此，对于那些本身具有目的性的活动，诸如吃饭、睡觉、娱乐等是不能称之为劳动的。从这个意义上说，劳动只是只生产领域的生产性劳动的创造性。

人类在劳动的过程中，不但在改造自然世界，同样也在改造自身；在创造物质与精神财富的同时，也在创造着自己的内在体力与智力。因此，作为劳动本身与创造的行为是分不开的。所以，劳动的过程就是创造的过程，就是智力开发的过程。

2. 创造心理的特征

人类的创造活动是各种心理活动的高水平的综合反映，特别是劳动中的创造心理，更能体现出创造活动是智力因素与非智力因素的最佳结合体。

创造劳动的智力因素中，突出反映出观察的敏捷性和思维的独创性，想象的新颖性，不被传统观念束缚，敢于破除迷信，敢于提出质疑，敢于创新，有较强的自学能力。在情绪动机和兴趣特性方面，反映出强烈的集体主义情感，对创造充满热情，创造情绪持久，能够控制自己的激情，有强烈的事业心、责任感和好奇心，旺盛的求知欲与进取心，既有广泛的兴趣，又有专一的中心兴趣。而反映在一种特性和性格特性中，又有坚持不懈、百折不挠、不达目的誓不罢休的精神和勤奋、勇敢、最求真理与献身事业的精神。总之，创造心理有以下特性：（1）崇高的价值观。具有崇高价值观的劳动者在创造中能将心理因素集中控制于创造劳动上，不受其他各种情况的干扰。只有这样，才能对自己提出更高、更严格的要求，从而科学地安排劳动时间，发挥出最佳的心理效应和创造力。（2）强烈的事业心。劳动者具有了强烈的事业心，就能充分的调动各种因素，产生出惊人的毅力以坚忍不拔的精神从事创造性劳动。（3）坚强的意志力。坚强的意志力是开拓新路、创造未来的关键因素，是劳动创造成功心理上的保证力量与支持力量。坚强的意志力要求勤奋与刻苦的品质去争取。古今中外，创造成功的关键都是在劳动中用勤奋来达到的。勤奋可以使劳动者的创造力不断积累，不断强化，最后结成伟大硕果。（4）自学能力。自学可以使劳动者受到激励，并独立自主地发现问题，改正并解决问题。创造心理的特性是必须摒弃胆怯、倦怠、嫉妒心和一切从重性、习惯性等思维倾向，努力从兴趣、性格、思维、心理上来锻炼、塑造自己。

3. 情绪状态与创造

情绪是人对客观事物的一种特殊的反映形式，是人对客观事物的态度反映。在劳动中，情绪的波动不但涉及劳动创造的成果的大小，而且有可能是本身所具有的创造力丧失殆尽。人的创造意志已经不只是认知问题，而且与情绪复杂的结合在一起了。

根据情绪发生的程度、速度、持续时间的长短与外部表现，可将之分为心境、激情与热情3个方面：（1）心境。在劳动过程中，心境是一种比较稳定、平静、微弱的情绪体验。一旦劳动开始，其状态已经确定，没在一段时间内影响人们的心理，是人的心理染上一定的情绪色彩。影响劳动心境的原因是多种多样的，有本人的世界观、个人生活及周围的重大事件、身体健康状态等因素。对于劳动创造来说，影响劳动心境的最大因素是劳动环境、人际关系和对成就的期望。美好的心境是灵感产生的一个重大情绪因素。一般来说，灵感常常是在劳动者经过长期工作的思索后，心境安静时产生的。一个人只有在努力保持良好的心境状态下，才能有所创造和发展。（2）激情。激情是一种猛烈的、迅速爆发而短暂的情绪体验，并且伴有明显的集体变化和外部表现，如狂喜、愤怒、恐惧、绝望等。他往往是由于一个人具有重要意义的事件、对立的意向冲突等引起的。只有积极的激情，才能对劳动者创造起到强烈的激励作用。积极的激情能够极大地激发劳动者的创新意识与创造敏感性，激发起进取心与斗志，提高其创造效率。消极的激情会使劳动者产生冲动，甚至失去自制力与理智，不可能做出正确的自我批评，也不能预见和顾及行为的后果，对劳动创造是极其不利的。（3）热情。热情是一种强有力、稳定而又深厚的情绪体验，它具有持续性与行动性的特点。劳动热情能在劳动中控制劳动者的整个身心，影响劳动者的思想与行为。劳动热情是劳动者创造的心理推动力量，它可以使劳动者迷恋创造活动，注意力集中于创造目标之中，调动和组织各种潜力，充分发挥各种智力效应。一个人的劳动热情高涨，有时可以达到忘我的程度，这对创造的作用与持续力量是非常巨大的。古今中外，凡是在劳动创造中做出过巨大贡献的人物，都对创造充满了热情和执着。

4. 理智感与劳动创造

理智感是一种高级情感，它在智力活动中产生，同时又成为推动智力活动的心理力量。理智感是人在智力活动中的情绪体验。好奇心、怀疑心、惊奇感与自信感等都是理智感的不同表现形式。劳动者在创造活动中将理智感与本身的治理结合起来，就能推动活动的进行，并有助于创造力的发挥：（1）好奇心。好奇心是劳动创造过程中创造理智感方面的一种心理感动力。强烈的好奇心能激发劳动者对于创造的兴趣，并且增强创造的动力激励机制。一般说来，具有强烈好奇心的人，遇到问题就要追根问底，喜欢考验一切。好奇心能激发劳动者的智力活动，使其思维活跃，想象丰富。而且，由于它能使劳动者在遇到挫折时，也能坚持到底。因此，也就可能较大的达到成功的希望。对于有成功经验和创造性的劳动者来说，好奇心不但能使他们取得成功，而且也有可能使他们从此再度产生强烈的好奇心，使创造力得到不断强化，不断发挥创造力效应。（2）惊奇感。惊奇感与好奇心是一对孪生兄弟。好奇心引起惊奇感，惊奇感促使劳动者不断思索问题，寻求问题的答案，从而推动创造性想象的进行。（3）怀疑感。怀疑是打破旧观念、旧学说，建立新观念、新学说的一种心理推动力量。劳动者在创造中，只有对那些不符合客观事实的旧观念、旧学说提出质疑，才能突破传统观点的束缚，从而有所前进。（4）自信感。自信感是劳动创造者处于最佳状态的一个重要的理智条件。它使劳动者不仅能强化创造需要与创造动机，而且对创造的成功充满信心。自信感能调动劳动者的创造智力因素，而且为实现创造的目标而充分发挥效应。当然，自信感与自以为是、盲目自信完全不同，自信感不是要在创造中盲目地凭主观想象来对事物规律作一概括，而是在科学方法的基础上，提出符合客观规律的科学哲理。

总之，劳动者的情绪对于劳动创造具有十分重要的作用，必须在人力资源开发中予以重视。

二、人力资源开发的技术方法

人力资源开发技术也就是人力资源的开发方法、技巧，这些技术（方法）可以使各级组织的领导者、经营管理者以及人事组织部门从更开阔的角度来开发人力资源。

（一）结构调整法

调整人力资源的结构，可以提高人力资源的活力与创造性，从而达到开发人力资源的目的。人力资源的结构通常包括人力资源的数量、质量、类别、层次、序列、外形、机制等。就是说，人力资源的实力可以看作是以上诸因素的函数，即：

$$人力资源实力 = f(数量 \cdot 质量 \cdot 类别 \cdot 层次 \cdot 序列 \cdot 外形 \cdot 机制)$$

根据上述含义，可以提出一系列人力资源开发的技术方法。

（二）规模效益法

一个群体的类型不同，功能不同，其社会与经济目标也不一样。为了实现各自的目标，群体具有一定的规模。当然，这个群体的总人数最好多一点、还是少一点好，不能一概而论。实际上，一个群体达到一定的数量的人员，才可能产生分工与合作，才能实现人员间的才能互补，才能配备先进的设备和设施。一定职能的社会群体，客观存在着一种较为适应的规模问题。达不到这个数量，就会完不成任务，其效应就会受到影响；超过这个数量，人员就会冗余，其效应也会受到影响。这里强调的是人力资源数量的下限。

在研究人力资源规模效益的时候，必须注意人力资源投入的边际效益问题。

19 世纪上半叶，B·戈森提出人们对其拥有某种物品的欲望，随着该物品的增加而递减，达到一定的阈值，其欲望会减到零。后来，人们称之为“戈森第一定律”。人们进餐的过程就十分明显的证实了这个定律。戈森还指出，这个定律具有一定的普遍性。此后，A·S·杰文斯和 A·马歇尔等人发展了这个理论，创设了边际分析学说。事实证明，边际分析学说对研究人力资源投入同样具有重要理论意义。

任何一个社会团体、组织，都可以看作是一个人力资源投入的客体，无论最初的人力资源投入效益有多大，随着日后的人力资源的继续投入，其效益会发生相应的变化。其变化大致有以下 3 种情况：(1) 人力资源投入增加，效益增加。(2) 人力资源投入增加，效益不增加。(3) 人力资源投入增加，效益减少。

因此，人力资源的数量投入，必须考虑产出（效益）。通常将新投入的人力资源所导致的产出（效益）称之为边际产出。当人力资源的投入量达到一定值后，效益将是递减的规律。任何一个组织，都不会希望自己组织的边际产出为零，更不会允许边际产出为负数。

美国学者 I·J 比德斯和 R·B·沃特曼认为，无论什么行为，500 名以上的人聚集在一起总会引起各种意想不到的问题。因此，西方国家的技术开发群体机构一般都以小为主，就是大型企业事业单位的开发部门，其人数也不宜超过 500 人，300 人以下较好。因此，西方提出了“小就是好”口号。

人力资源投入的边际效益同人力资源配置的规模效益是相对应的一对概念。后者强调的是一定的人力资源群体需要一定的人力资源数量；前者强调的是这个数量并不是越大越好，客观上存在着一个饱和点。人力资源投入导致效益产出最大值的那个数，便是这个群体最适宜的数量规模。

（三）外形选择法

人员数量相同的群体，在组织上可以有不同的方法，如图 2-5 所示。

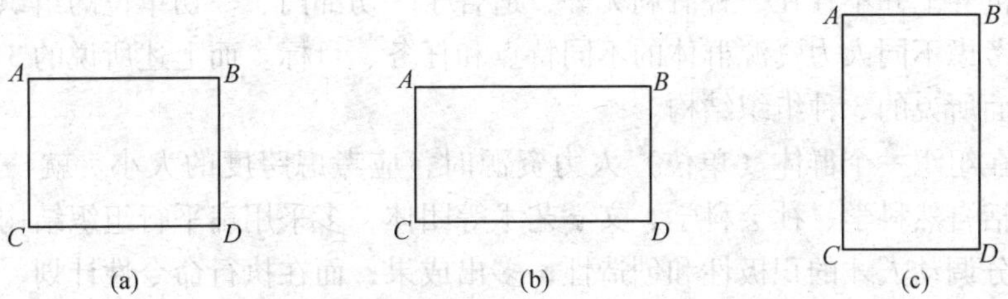

图 2-5　组织结构外形示意图

（a）方式外形；（b）扁平外形；（c）高耸外形

在管理学上，*AC* 称为层次，*CD* 称为跨度。显然，在人数一定的情况下，层次越多，跨度越小；层次越少，跨度越大。而跨度大就意味着这一层次的人数多；而这一层次的管理者的能力是有限的，人数越多，他要处理的的关系就越多，工作量也就越大。因此，跨度不能太大，否则，将失去管理效应。一般情况下，考虑跨度大小的依据是：(1) 工作任务的相似性。相似性大，跨度可以加大；相似性小，跨度相应减小。(2) 工作岗位的靠近性。工作岗位靠近，跨度可以加大；不靠近，跨度相应减小。(3) 管理对象的素质水平。水平较高，跨度可以加大；素质水平较低，跨度减小。(4) 工作任务是否需要高度协调？不需要，跨度可以加大；需要，跨度相应减小。(5) 先进科技技术的采用水平。水平越大，跨度可以加大；水平越低，跨度相应减小。由此可以看出，上述三种形状的组织结构，各有利弊。

扁平形组织结构的特点是：1) 管理层次少，有利于精兵简政。2) 管理人员少，因而管理费用低。3) 管理跨度大，对管理者的水平要求高，管理者的自由度也较大。4) 在信息沟通上平行关系较多，垂直关系较少。5) 不能严密地监督下级的工作，以致协调较差。

高耸形组织结构的特点是：1) 层次越多，能提供较多的职位，但机构臃肿。2) 管理人员多，管理费用高。3) 管理跨度小，管理严密，容易协调，但容易影响下级的自由度。4) 在信息沟通上，平等关系较少，垂直关系较多。5) 指令性信息沟通较少，时间长，但权威性高。

综上，一个组织选择什么样的管理跨度，应该根据工作的性质、任务、特点来决定。

波兰社会经济科学研究所 L · 耶尔马凯维奇教授分析了 30 个高等院校、30 个设计研究组织、30 个生产企业和联合公司，发现社会上众多的组织结构，实际上可以分为三大类：(1) 创造型。创造型的组织的特点是：1) 在组织内部，部门与部门之间，人与人之间，平等关系占优势，信息的交流自由广泛。2) 领导的作用民主自由，垂直关系分散，行政权力带有不稳定性。3) 组织内部有竞争气氛。(2) 生产型：1) 在组织内部，上下垂直关系占优势，平等关系的信息交流较少。2) 领导作风带有指令性，行政权力稳定。3) 组织内部缺少竞争气氛，竞争间不能自由组合。(3) 实验 - 设计型。实验 - 设计型组织的特点是前两者的综合，既有创意型组织的特点，又有生产型组织的特点。

进一步研究表明：在创造型组织中，垂直关系分散的组织，工作效率高；在生产型组织中，垂直关系集中的组织，工作效应高；在实验一设计型组织中，垂直关系具有中等集中水平的组织，工作效率高。

因此，世界上并不存在一种有利无弊，适合于一切部门、一切单位的组织。选用哪种行式，应该考虑不同人力资源群体的不同特点和任务、目标。而上述所说的 3 种组织形式就是我们前面所说的 3 种组织结构。

综上，在组织一个群体（单位）人力资源时，应考虑跨度的大小。就一般来说，科研院所，包括自然科学、社会科学、文学艺术等团体，多采用扁平行组织结构，以利于活跃思想更充分调动人才的积极性和创造性，多出成果；而在执行命令性计划、强调集中指挥的企业、部门、公司等，宜采用高耸形结构，以利于集中统一指挥领导，提高效率；介于两者之间的单位，可采用方式外形。

（四）序列、异质法

人力资源群体的架构决定群体的功能，决定该群体的成果多少、贡献大小。人力资源群体的不同结构，其功能截然不同，这犹如自然界存在的部分异物现象。同样是碳原子，有不同的排列结构，可能是非常柔软的石墨，也可能是十分坚硬的金刚石。人力资源结构也同样存在这种情况。拿破仑曾经十分形象而生动的说过："狮子领导的绵羊的部队，能够打到绵羊领导的狮子的部队。"

实践证明，一个能产生最佳效能的人力资源结构应该具有以下条件：(1) 群体用该有适当的人力资源数量（最佳数量问题）。(2) 群体成员应有合理的人才类别（才能的差异）。(3) 群体应有合理的年龄梯度。(4) 群体应有科学的排列组合（相互关系）。(5) 群体成员应有良好的信息传递，反馈以及良好的组织心理气氛。

除此之外，还应考虑成员的知识、智力和气质等方面的互补。这样，群体就能发挥更大的效能。

（五）层次配比法

一个群体的人才结构，应该有适当的人才层次配比，才能更好地发挥群体功能。有的群体是倒三角结构（即 b 型），这种结构的一种后果是导致高成人才的降格使用，及大材小用。不少单位，高级人才当做中级人才使用，造成人才的很大浪费。

针对某些层次配比失调现象，有些学者提出"宝塔形"（正三角形结构）结构，有些研究还提出了具体的数量比。在通常情况下，"宝塔形"的结构比较合理。但是不能在理论上说，在任何情况下，唯有宝塔形结构才是稳定的。一个团体、部门，到底采用什么类型的人才层次结构，没有一个固定不变的万能模式，而是应该是应该群体的社会功能。

（六）心理技术法

1. 破除斯格托玛法

斯格托玛（Scotoma），希腊文，原意是指黑暗，失去了部分视野、盲点。

现代心理学研究中的斯格托玛是指人们认识中的失盲现象，人们在认识上的盲点就称为斯格托玛。

人人都有斯格托玛，或者说在自我认识上，人人都有失盲现象。这是因为：人们总是根据自己以往的知识、经验和已经形成的思维方式，来认识判断眼前的事物。或者说，人们总是按照自己的所感知到、认识到的真理来行事，而不是按照真正的、完整的真理来行事。于是便形成了人们各自的思维方式、方法和习惯，并用这种固定的思维方式、方法和习惯来行事。这就必然限制了自己的行为与认识。因而只能看到、认识到有限的可能，而排斥了对某些信息的感知、认识。人们在受到了这种先入为主的思想影响之后，就会对其他认识问题的角度产生斯格托玛。斯格托玛阻碍了人们去认识自己的潜能。因此，一个人成功和卓越的关键，不仅在于加倍努力的工作，更重要的在于使用不同的思维方式，破除斯格托玛。

每一个人都没有发挥自己最大的潜能，其原因就是自己固有的思维方式方法限制了自己，即斯格托玛妨碍了我们发挥自己最大的潜能。因此，人们发挥自己最大的潜能、开发自我的关键，首先就是不断破除斯格托玛。

为了破除斯格托玛，应该做到：使用不同的思维方式；善于不断变换思维角度；不断突破自己已有的知识和经验范围。

2. “格式塔”法

“格式塔”法是一种认为人类总是在寻求事物的经验，使不完整的东西成为完整的东西，制造差异而又设法减少或消除差异的心理学说。这种学说认为，心理现象总是有组织、有结构的整体（“格式塔”），如图2-6所示。

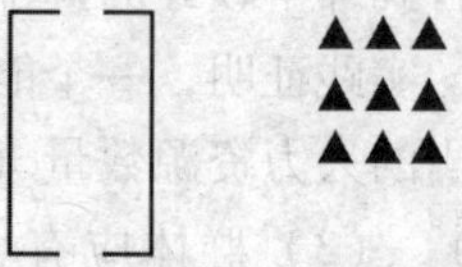

图2-6　“格式塔”现象

当人们在实现某一目标的过程中遇到了问题或障碍，出现了认知的不和谐，能动性潜意识就为我们提供能量（强有力的动机），从而帮助我们找到解决问题的答案和办法。因为，根据格式塔心理学的分析，无论在什么时候，当人们意识到一种不完整时，就会称之为问题；当人们看到某种差异后，就会努力地去消除或减小差异。人的这种潜意识功能是能够为自己重新获得心理上的和谐而提供动力和能量，并且发明“如何解决问题”的办法。

3. 自我形象法

自我形象是一个人在潜意识水平上自我认知和想象，是自己对自己的所有看法和评价的累积。或者说自我形象 是对自己是什么样的人的假设和自我导向的图像。简言之，自我形象是一个人对自己的评价和看法。

自我形象是一个人拥有的最重要的东西。因为任何人对自己都有一个自我评价或看法，例如，认为自己擅长什么，不擅长什么，而不管别人怎么看我们，怎样评价我们，每个人都有许多有关对自己的信念与看法，而且这些信念与看法影响着自己的自尊、自我效能以及自我潜能的发挥。

人的内在信念（形象）控制人的外在行为。如果一个人从小就认为自己是一个害羞的人，那么他就是个害羞的人，而且一旦害羞时，他就会自然想到：“这像我。”若不害羞，他反而会认为：“这不像我。”如果一个人认为自己是一个天生的胖子，他也或许能减掉几斤重量，但会很快又恢复到原来的体重上，因为他的自我形象就是如此。人人都有自我形象，并形成一种内在信念控制着人的外在行为。一个人只有在改变了对自己的信念（形象）的条件下，才能扩展自己，发挥出蕴藏在自身的潜能。所以，人们应该先改变内在的信念（改变、提高自我形象），然后才能产生新的行为，从而实现新的目标。

4. 走出舒适区法

所谓舒适区是指一个人在心理上与生理上感到轻松，自在的优先范围。在这个有限的范围内及舒适区里，个人能有效地运作，不会出现不自在或恐惧不安。

现实中，人人都有自己的舒适区。例如，在一个自己熟悉的环境中；对于自己熟悉的，得心应手的工作；面对自己熟悉的人群；解决自己以前曾经解决过并取得成功的类似问题等等，自己都会感到轻松自如，感到舒适。

但在另一些情况下，例如，在一个自己不熟悉的环境中，或者是新的，不同的环境中；面对不熟悉的，新的工作任务；解决一个新的、以前自己从未经历的问题等，自己会感到一种紧张不安、拘束，这就是因为超出了自己舒适区的现象。

一个人如何评价和表现自己。当一个人的行为离开了当时自己的舒适区，就会产生紧张不安，从而想方设法回到自己感到舒适的状态，这就必然形成保守、封闭以至猥琐，甚至僵化消亡。因此舒适区经常阻碍人们的成长与发展，从而不能提高自己的工作能力与水平。

所以，开发自我的另一个关键是不断走出个人的舒适区，为突破并走出舒适区就应该做到：培养、树立高成就感；寻找实现自我价值的新契机；不断找出已有“真理”的不足；不断调整自己的已有的习惯与态度；不断发现并破除自己的斯格托玛；保持高尚的憧憬；不断提高“自我形象”。因为一个人的舒适区总是与他当时的“自我形象”相吻合。所以，提高自我形象是扩展自己舒适区的根本途径。一般来说，一个人的上进心、自尊心超强或者说他们“自我形象”越高大，就越容易适应新情况和对付新的挑战，就越容易走出自己原有的舒适区，如图2-7所示。

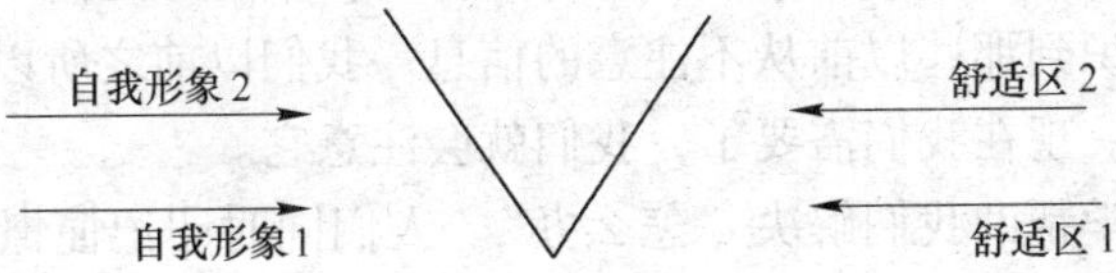

图2-7　自我形象与舒适区

5. 观想技术法

人的思想意识支配行为，任何行为总是在思想意识的支配下而产生的。无缘无故，毫无思想意识的行为是不可能的。人与动物的根本区别之一就在于，人在没发生行为之前，已经对于行为的可能与后果在头脑中形成了想象，俗话说的梦想成真就是这个道理。假如连想都不想，何谈成真。成真的前提是必须敢于想象。

人对于自己总是有许多想象，对自己有许多评价和看法，例如：自己认为自己擅长什么，不擅长什么，自己有什么特点，自己有多大的能力和本领等。每个人内心都有许多信念，对未来有许多追求；毫无追求，醉生梦死，行尸走肉，并非常态。而人们的内心信念、看法以及各种想象，会影响一个人的自尊、自我效能以及自我潜能的发挥。因此，一个人只有在改变了对自己的信念和想象的条件下，才能扩展自己，才能发挥蕴藏在自身的能量。所以，现在心理学研究认为：人们只有先改变自己内在的信念，改变对自己原有的看法，然后才能产生新的行为，从而实现新的目标。

人们改变自己已有的看法、改变自己原有信念和态度的最高超的心理技巧就是利用“观想技术”。利用视觉想象“理想中的我”，编写潜意识程序，生动地想象某一经历、某一目标，而且想象得越清晰、越逼真，反反复复地若干次重复之后，人们就会把这种想象印在自己的潜意识之中，人们就会逐渐接受这种“新的现实”，于是，形成以下规律：

想象×逼真＝现实

因此，开发自我的另一个心理技巧就是善于并富于想象。

6. 同化憧憬法

所谓憧憬是指与未来相联系的想象、目标或抱负。憧憬是建立在现实的基础上，又高于现实。憧憬与现实之间有一定距离，从而形成了人的紧张感和驱动力。承受能力强的人，能消除紧张，实现憧憬；否则，承受能力弱的人，遇到紧张便倒退、妥协、折衷，从而倒退到现实。今天的现实都是过去的憧憬，而今天的憧憬就是未来的现实。

一个人怎样去憧憬呢？你可以从问自己几个简单的问题着手。例如，你可以问自己：“我到底想要什么？”，“在工作方面我想要什么？”，“在家庭方面我想要什么？”，“在个人成长方面我想要什么?”当你向自己提出这些问题之后，你很快就会发现自己会回答：“这是我想要的”、“那是我想要的”。这样，你就开始创造自己的憧憬了。

为实现美好的憧憬，应该从以下几方面入手：

(1) 先不要考虑（顾虑）怎么做。人们在憧憬时，不要一开始就考虑怎么做的问题。因为这属于实现目标的方法问题。如果我们一开始就不超越已知的范围，我们的思维就会受到限制，我们的憧憬就不会远大。

(2) 目标（结果）定向。定向思维非常重要。这是因为人的内在能量是根据自己的憧憬释放的。当人们确定一个新的憧憬或新的目标时，实际上是向一定的信息宣布了新的意义，人们就开始意识到那些以前从不注意的信息。我们以前之所以不注意它只是因为我们以前没有这种需要。现在我们需要了，我们就会注意它。

(3) 格式塔心理学帮助我们解决“怎么办”。人们同时印记憧憬和面对现实是十分必要的。这是因为，同时印记截然不同的两种图像，就会在我们的认识系统里制造不和谐和紧张感。格式塔心理学认为，当我们的潜意识想象到一种不完整或我们认为应有的情况与我们的感知情况不吻合时，冲突就会发生。为了解决这种冲突以恢复秩序，我们的潜意识机会提供动力和能量，想方设法发明办法，从而解决怎么办的问题。这就是“制造差异和消除差异”的原理。

人人都有巨大的潜能，关键是着眼于未来，而不是着眼于现实。把注意点落在憧憬上。现实是暂时的，可以改变的，如果我们贪图一时的安逸，不愿意变化，我们也就永远无法充分地发挥你的潜能，成为应该成为的人。所以，开发潜能的关键在于坚持憧憬。

(4) 防止折中态度。如果现实的图像比我们的憧憬的图像强烈，我们就会成为借口，采取折中、妥协或倒退的态度，从而有恢复到现实，以使两种图像（即现实图像与憧憬图像）相吻合。那人们又倒退回现实之中。为防止这种情况，我们可以使用“视觉想象”和“断言”的技巧来“同化”现实，从而使憧憬强烈于现实。

所谓视觉想象是指通过想象回忆以形成心理图像，对目标的先考虑或心里模拟。创造性的视觉想象用于扫除自我设置的心理障碍。所谓断言，是指导对未来事件确定方向，过程，结果或状态的内部认知行为，是对事实的陈述和对真理的确认。所谓同化，又称为内化或吸收，是指把某一想象或观念纳入到潜意识中，或者把某种外界的东西吸收到自身的认知过程。例如，设法使某一新的或美好的憧憬变成自己生活的组成部分。

人们常常会打消与现实信念相冲突的好主意，从而使自己墨守成规，固步自封。所以人们应该把注意点集中在自己的憧憬上，而不应该集中在现实上。现实总是暂时的，如果人们能够有清晰的憧憬，憧憬就会战胜现实，从而就会实现开发的目的，带来有意义，有价值的变化。

(5) 利用视觉想象。以送小孩上幼儿园为例。第一次送孩子上幼儿园，你绝不会把孩子送到幼儿园的门口便说：“这是幼儿园，去吧，幼儿园对你有好处，再见!”有心的家长通常在送孩子去幼儿园之前，事先向孩子描绘幼儿园的情况，讲述幼儿园多么有趣、好玩，甚至领孩子先去幼儿园参观几次，从而帮助孩子视觉想象他即将经历的新的憧憬。当孩子想象自己在幼儿园的新生活、新经历之后，你就再也无法不让孩子去幼儿园。就是人们的视觉想象新憧憬时对原来产生不满，从而追求并实现自己的向往。这个原理运用到人们的工作、学习和生活中，就会帮助人们成功。

7. 改变习惯态度法

人们的潜意识具有自动的功能，就是它能控制人的习惯与态度。人的潜意识这种自身的功能，可以起积极作用。例如：一个人一旦学会了打字、开车等技能之后，人的潜意识的自身功能就可以帮助你自如的完成这些有用的日常工作。但是，人的潜意识的自身功能又可以起消极作用。例如，随着环境与条件的变化，人们的某些习惯会变得过时，成为一种限制人们成长，发展的阻碍力量。在这种情况下，人们会感到一种压力，从而采取一种抵制变化的态度。这时，人力资源开发的关键就是改变旧的、过时的习惯与态度。

(1) 习惯。习惯是人们后天学来的行为，是一种通过不断重复而变为自动的、固定的，轻而易举就能表现出来的活动模式。习惯是受人的潜意识自身功能控制的。

人们生活、工作中的许多事情要依靠习惯来完成。诸如，开车、打字、系鞋带等都是靠习惯来完成的。人的习惯使许多活动自动化，从而使我们可以同时做几件事情。每一个人都有自己的个人习惯，并且是个人生活和工作中不可缺少的。

但人的习惯只有在不变的环境条件下才能起作用。如果条件环境发生了变化，已形成的习惯就会使我们形成压力，感到不舒服。因此，当新事物需要我们改变我们的常规和方法时，我们就会出现抵制新鲜事物的现象。在这种情况下，习惯就变成人们的绊脚石。

(2) 态度。态度是人的一种有意识的信念或观点。人们都会倾向于自己喜欢（肯定）的东西。避开自己不喜欢（否定）的东西。这种行为的倾向就是人们态度的生动体现。

态度决定人的肯定或否定的行为倾向。态度是人们对感知到的情况（事物）所作出的有意识的情绪反应，是人们倾向的方向。如果一个人倾向某个事物，人们就会对一事物持肯定的态度，并且有意无意地，富有创造性地去设法得到它。如果你背离某一事物，你就会对这一事物持否定态度，并且有意无意地找借口去拖延或回避它。

人的态度和习惯都是后天学来的，而凡是后天学来的东西又都是可以改变或修正的。因此，人们应该随着时间，环境和条件的变化，随时询问自己的种种习惯和态度是从哪来的，是否适应已发生了变化的环境和条件。对自己的习惯与态度不断进行反思，从而有利于自己潜能的不断开发。

(3) 改变旧习惯与旧态度。为了实现新的目标，必须改变旧习惯与旧态度。而视觉想象可以帮助人们改变旧的习惯与态度。人们不喜欢改变已经形成了的习惯与态度是一种很自然的心理现象。因此，要想改变自己的习惯与信念是一种很痛苦的事情。而视觉想象则可以帮助自己轻松地实现这种变化，从而树立新的目标和提高自我效能。人的所有习惯与态度都是从有意识、有目的的活动开始的，然后经过不断地重复和同化，最终成为人的无意识的自由流畅的行为。人的视觉想象可以起到同样的作用，它可以帮助我们输入想要同化的新习惯、新态度，经过不断的重复，可以帮助我们轻松地实现变化，从而把精神压力降低到最小的程度。所以，视觉想象既可能帮助我们树立目标，也可以帮助我们变消极为积极，从而改变我们的旧习惯和旧态度，达到开发潜能的目的。

8. 改变思维方式法

同一个事物，不同的思维方式，认识结果会完全不同。人们思维方式一转变，奇迹就会发生。因此，改变自己的思维方式，是开发自我的重要途径。

(1) 求异思维方式。求异思想方式即寻找不同的方式方法和途径，另辟蹊径，去实现自己的目标。这种思维方式善于创新。

（2）组合思维方式。组合思维方式即将两个不同的事物组合在一起，便可能形成一个全新的事物。

（3）“0－1”思维方式。所谓“0”，及全盘否定；所谓“1，”即全盘肯定。这都是片面的、极端的思维方式，都是错误的。正确的思维方式应该是“0－1”之间。

（4）顺序颠倒思维方式。先确定目标，后考虑实现目标的途径与方法。把目标建立在自己“向往”的基础上，而不是“可能”与“不可能”的基础上。否则，目标永远不可能远大。

思考题

2-1　人力资源开发的目标是什么？其影响因素有哪些？

2-2　为什么说人是自然属性、社会属性和思维属性的统一？

2-3　激励强化理论的含义是什么？

2-4　人力资源开发的技术方法有哪些？

案例分析：

索尼发展成功的奇迹

日本索尼（SONY）是以生产电子电器产品为主的一家跨国公司，它始建于1946年。20世纪90年代，在日本泡沫经济崩溃后，很多企业举步维艰，唯有索尼能在短短几年内重新调整好经营状况，成为最有活力的企业，人们对其发展称之为“索尼奇迹”。而创造这一“奇迹”的原动力来自于索尼在人力资源开发上有独到的“黄金法则”。

早在1946年，索尼公司的前身——东京通信工业公司成立时所写的《成立宗旨》中，就有“我们要建设技术人员积极工作的自由豁达的理想工场”。而要实现这样的理想，在索尼公司具体的体现就是实行以“毛遂自荐”、内部招聘的方式保证人才有自由发展的空间。索尼公司现有9000多名科学技术专家和工程师，为了促进人才的进一步发展，他们推行一种独特的公司内部人才流动制度。公司每周出版一次内部小报，刊登公司各部门的“求人广告”，允许并鼓励员工按照自己的兴趣、爱好和特长，“毛遂自荐”，自我申报各种研究课题和开发项目。实行内部招聘制度之后，有能力的人才大多能找到自己较中意的岗位，而且人力资源管理部门也可以发现那些“流出”人才的上司所存在的问题。

此外，索尼公司原则上每隔两年便让员工置换一次工作，允许他们在公司各部门、各科研院所之间合理自由流动，为他们能够最大限度地发挥个人的聪明才智提供机会。特别是对于那些精力旺盛，干劲十足的人才，公司不是让他们被动地等待工作，而是主动地给他们施展才能的机会。

鼓励挑战，宽容失败，是索尼公司的用人特色。索尼的座右铭就是：“去挑战吧！”当一个人有着想干某件事的强烈愿望时，大家都会理解并帮助他。对说出“我想干这个”的人来说，索尼公司给他们提供最能充分发挥能力的场所，鼓励去不断挑战新事物。同时，把挑战作为企业理念的索尼公司，绝对没有因为一次两次的失败就不用某个人。索尼公司深知，挑战是新事物战胜旧事物的过程，必然带有挫折，而失败是成功之母，所以某个人不会因为失败而遭到周围人的责备。因此，在索尼公司，尝试各种各样的工作，对于积极向上、勇敢开拓自己生活、喜欢挑战自己能力极限的人来说，恐怕再也没有哪家企业像索尼公司这样有意义了。

“想做这样的事”的明确信念和索尼公司“重个人，轻组织”的企业文化相一致，两者恰到好处地融合在一起。在这样的环境中，索尼人特别乐于承担那些具有挑战性的工作，从积极进取，人人奋勇争先，整个企业始终充满了生机和活力，几十年来的辉煌历程表明，索尼公司所取得的巨大成功，源泉正是索尼人。

问题：

阅读本案例后，请列举出索尼公司怎样给员工创造自由发展的空间？

第三章　工 作 分 析

学习目标：

(1) 理解工作分析的含义、目的及意义。

(2) 理解工作分析的相关知识。

(3) 掌握的工作说明书的相关知识。

(4) 熟知工作描述、工作规范所包含的具体内容。

(5) 能够根据某一岗位完成工作描述和工作规范的编写。

(6) 熟练完成不同岗位的工作说明书。

引例：车间主任吩咐员工工作遭拒绝

一车间主任吩咐操作工把洒在地板上的液体打扫干净，操作工拒绝执行，理由是工作岗位描述里并没有包括清扫的条文。车间主任只好找来一名服务工来做清扫，但服务工同样拒绝。他的理由是工作岗位描述里同样也没有包括这一类工作，并说这个工作应该由清杂工来完成，因为清杂工的责任之一是做好清扫工作。车间主任便找来清杂工清扫。因为清杂工是临时工，在车间主任说若不清扫要解雇他的威胁下，只好勉强同意，但是清扫后立即向公司投诉。

有关人员看了投诉以后，审阅了这三类人员的工作岗位描述：对机床操作工的工作描述：操作工有责任保持机床的清洁，使之处于可操作的状态，但并未提及清扫地板；对服务工的工作描述：服务工有责任以各种方式协助操作工，如领取原料和工具，随叫随到，即时服务，但也没有包括清扫工作；对清杂工的工作描述确实包括了各种形式的清扫工作，但他的工作时间是从正常工人下班以后开始。

在实际工作中，你是否也遇到过相类似的问题？分析其原因所在，应该如何解决？

第一节　工作分析的概念及作用

在人力资源管理工作中，工作分析是一项重要的基础性工作。通过工作分析，能够诊断出组织在人力资源管理的具体环节中存在的各种问题，根据工作分析的结果及时做出各种调整，从而进行人员的有效配置和利用，保证组织的健康发展。

一、工作分析的基本含义

工作分析是人力资源管理的一项极其重要功能，它与人力资源管理的其他活动都有关联。工作分析也称为职位分析、岗位分析，它是指通过收集、整理有关工作方面的信息，了解组织内的职位并把与这种职位有关的信息描述出来，从而使其他人能够了解这种职位的过程。

一般来讲，工作分析可以概括为六个“W”和一个“H”。六个“W”：指What——即职务的具体说明；Who——谁来完成这些工作；When——工作的时间；Where——工作的地点；Why——从事该工作的目的；Whom——工作的服务对象。一个“H”就是How——如何进行这些工作。

当某一个岗位或职务缺人时，就需要招聘新人。而招聘新人之前，首先要明白所招聘岗位需要的是什么样的人。也就是说，必须先要对这一岗位进行特征分析，这一分析过程的实质就是工作分析。

二、工作分析的目的

从工作分析的内涵看，工作分析是一个复杂的过程，这一工作过程具有其重要的目的和意义。

（一）组织规划

人力资源规划者在动态的环境中分析组织的人力需求，所以必须获得广泛的信息。在组织内工作任务的分配状况可从工作分析中得到较详细的资料，根据这些资料可以作为利润分配时的准绳。另外，在组织的不断发展中，工作分析可作为预测工作变更上的基本资料，并且可让该职位上的员工或其主管预先进行准备因应改变后的相关工作。

（二）工作评价

工作评价依赖工作分析以说明所有工作需要条件与其职务，以说明工作间相互关系，并说明哪一部门应包含何种类型工作。

（三）招募征选

说明专业知识技能的标准以及相关工作经验的要求，可以作为雇佣该职位新进员工的考量标准，而且在招考新进人员时，用人单位可就工作分析当中所得到的执掌范围内所需专业技能制作笔试、口试或测验试题，以测试应征者实力是否符合该职位需求。

（四）建立标准

工作分析可提供机构中所有工作之完整材料，对各项工作的描述都有清晰明确的全貌，故可指出错误或重复之工作程序，以发觉其工作程序所需改进之处。所以，工作分析可谓为简化工作与改善程序之主要依据。

（五）员工任用

人力资源部在选拔与任用员工时，需利用工作分析为指导，才能了解那些岗位需要哪些知识或技术人才，以及如何将适当的人才安排到适当的岗位。

（六）职业生涯管理

在既定的工作架构及内容下，从纵的方面去整合工作，以达到“工作丰富化”，而在既定的工作架构及内容下，从横的方面去增列相关度较高的不同工作，以达到“工作多样化”，作为教育训练规划及训练需求调查的基准，以遴选出需要训练的员工，再依组织需求及员工个人能力及兴趣，提供训练发展的机会，并作为员工职业生涯发展规划的重要参考资料。

（七）培训

工作分析的说明列出所需职务、责任与资格，在指示训练工作上有相当的价值，有效的训练计划需要有关工作的详细资料，它可提供有关准备和培训所应安排的资料，诸如训练课程的内容、所需培训的时间及培训人员的遴选等。

（八）绩效评估

绩效评估是将员工的实际绩效与组织的期望做比较，而通过工作分析，可以决定出绩效标准及设定各项加权比重和绩效考核制度中的评量标准与公司经营总目标、员工个人调薪标准相结合。

三、工作分析的作用

工作分析的作用有3类：一是组织决策；二是工作和设备设计；三是人力资源管理。在组织决策中，工作分析可以为组织的结构开发、组织发展计划、组织策略制定提供信息。在工作和设备设计中，工作分析可以为工作设计、方法设计、安全设计、设备设计提供必要的信息。而在人力资源管理过程中，工作分析更是发挥着不可替代的作用。

（一）为编制人力资源规划提供科学依据

在工作分析的基础上，进行人员组合与调配，从工作内容、技术要求、责任和经验等出发，通过对企业人力资源需求和供给的预测，制定出合理的人员补充与晋升计划、人员配置与调整计划、培训计划和报酬计划等，合理分配企业人力资源，协调部门关系，以实现企业组织发展中“人”与工作的相互适应关系。

（二）为招聘录用员工提供客观标准

通过工作分析所获得的信息可以明确工作执行人员的任职资格，并且给求职者提供有关工作的信息。通过考试、心理测验与面试内容的设计、人员录用效度检验、个人职业发展展望等方式，管理者可以对进入企业的人员进行有效的质量控制。另一方面，根据工作的难易程度、职责要求、知识和技能等对从事该项工作的员工提出要求，从而在录用员工时有一个客观标准，员工可以根据不同职位的工作要求来找到自己合适的位置，扬长避短，发挥出最大的才能。

（三）为考核评价工作确定具体标准

工作分析的信息可以帮助企业确定每个工作的执行标准、评价标准、执行指导和执行控制等，因为它明确了干好每项工作的责、权、利，工作规范和职责要求等，这些都是企业进行绩效考核的依据，它使工作的执行考核及评价工作更加合理、准确、具体、客观，有利于调动员工的积极性。

（四）为制定员工薪资待遇提供客观依据

工作分析的信息可以帮助企业确定薪资标准，制定奖励制度，以及人工成本的控制等，根据工作分析中工作要求的技术熟练程度、复杂程度、教育程度以及责任大小，能更加合理地分配资源。

（五）为实施员工培训计划提供指导信息

工作分析的信息可以帮助我们进行培训需求分析、制定培训方针、确定培训内容和培训方法、受训人员的选择、培训效果评价以及个人职业发展指导。因为工作分析对员工各方面的要求就是员工努力的方向，同时也是培训工作的主要内容和任务，因此培训计划工作的进行都离不开工作分析的结果。

总之，工作分析的信息在管理中的作用是不可低估的，只有进行科学的工作分析，合理进行“人”、“事”配合，以“事”为中心，因“事”设“人”，才能做到“人尽其才”；否则，在职责权限、分配、升迁、培训等方面都可能出现问题和隐患。

西方国家很早就非常重视工作分析。20世纪20年代初期，美国人事协会就规定，工作分析应作为获取工作结构以及确定此项工作胜任者的必要手段。在20世纪40年代已经有75%的大公司采用了工作分析。目前世界各国的企业都已经把工作分析作为重要的人力资源管理职能工作，并把它运用于人员招聘、培训发展、绩效评估等工作中。工作分析已成为人力资源管理科学化、现代化的标志之一。

四、工作分析实施应遵循的原则

（一）目标明确的原则

在工作分析前，要明确工作分析的目的。工作分析的目的不同，其分析工作的侧重点也不同。这样才能保证工作分析具有明确的导向，提高分析工作的效率。

（二）系统原则

工作分析不是对各工作岗位的工作职责、业绩标准、任职资格等要素的简单罗列，而是在对这些要素充分分析的基础上，对其加以系统的理解和把握，包括系统把握该岗位在组织中的贡献程度、与其他岗位之间的关系、在组织中的位置等内容，从而完成对该岗位系统地分析。

（三）参与原则

工作分析需要组织的高层领导者的大力支持，需要组织内各级管理人员和员工的广泛参与，而绝不仅仅是人力资源部一个部门的工作，它需要全员积极参与和配合。

（四）动态原则

工作分析形成的工作说明书的内容并不是一成不变的，它需要根据组织战略、环境、管理等的变化适时进行调整，需要建立对工作分析结果动态管理机制。

第二节 工作分析的程序

工作分析是一项技术性很强的工作，也是一个细致和全面的评价过程，它需要做周密的准备，同时还需具有与组织人事管理活动相匹配的科学的、合理的操作程序。工作分析包括一系列的活动，主要分为准备阶段、调查阶段、分析阶段、描述阶段、运用阶段和控制评估阶段。

一、准备阶段

由于工作分析人员在进行分析时要与各工作现场或员工接触，所以分析人员应该事先在办公室内研究该工作的书面资料。同时要协调好与工厂主管人员之间的合作关系，以免导致摩擦或误解。在这一阶段，主要解决几个问题：

（1）建立工作分析小组。为保证工作分析顺利进行，要成立一个工作分析小组，小组成员通常由企业的高层领导、工作分析人员、外部的专家和顾问构成。外部的专家和顾问具有丰富的经验和专门的技术，可以对工作分析过程给予客观、公正、科学的评价。一旦小组成员确定之后，赋予他们进行分析活动的权限，以保证分析工作的协调和顺利进行。（2）明确工作分析的目的。有了明确的目的，才能正确确定分析的范围、对象和内容，规定分析的方式、方法，并弄清应当收集什么资料，到哪儿去收集，用什么方法去收集。对所分析的工作类型、基础资料和工作环境有一个初步的了解。（3）明确分析对象。明确分析对象就是要明确工作分析信息收集的类型和范围，确定调查和分析对象的样本，决定所要调查的人员类型、数量和工作任务的种类等。为保证工作分析结果的正确性，应该选择具有代表性、典型性的工作进行分析。（4）对工作分析人员进行培训。为保证工作分析的效果，还要由外部专家对本企业参加工作分析的小组成员进行业务上的培训，掌握专业的工作分析程序和方法，设计科学合理的调查问卷，编写正确的职位说明书。（5）建立良好的工作关系。为了做好工作分析，还需要向有关人员解释和宣传工作分析的目的、作用和意义，使他们对工作分析有良好的心理准备，与他们建立起友好的合作关系，保证工作分析过程中给予大力的支持。

二、调查阶段

这是对整个工作过程、工作内容和工作环境等方面所做的正式的研究和调查。在这一阶段，要灵活地运用各种工作分析收集信息的方法，广泛深入地收集有关工作职务特征工作人员要求的数据资料，具体工作为：

（1）问卷调查。问卷调查需要工作人员编制调查问卷和设计调查提纲，其主要内容包括：工作内容、工作职责、相关知识、工作经验、适岗年龄、所需教育程度、技能训练要求、学习要求、作业姿势、工作环境、作业对身体的影响、心理品质和劳动强度等。

（2）现场调查。工作分析人员到工作场地进行现场调查，观察员工的工作流程，记录关键的工作时间，了解员工工作过程中所需的工具与设备，考察工作的物理环境和社会环境等。若有必要，工作分析人员可以通过实验的方法直接参与调查工作，分析各种因素对工作的影响。

（3）面谈。在对员工进行广泛调查的基础上，工作分析人员要与各部门的主管人员和一些员工代表进行面谈，通过面谈进一步了解有关工作的特征和各种信息，并征求他们的意见，了解改进工作的方向。这一过程需要工作分析人员做好面谈记录。

三、分析阶段

分析阶段的主要任务是对有关工作特征和工作人员特征的调查结果进行深入全面的分析，具体工作为：（1）整理资料。将通过调查阶段收集到的各种信息按照工作说明书的各项要求进行整理归类，确保无遗漏的项目。（2）审查资料。资料进行整理归类后，工作分析小组的成员要对所收集到的信息的准确性进行仔细审查，保证资料内容详实准确。(3）分析资料。分析资料就是对如下资料进行深入地分析，它包括内容为：1）职务名称分析。2）职务规范分析。职务规范分析就是对工作任务、工作责任、工作关系和工作劳动强度的分析。3）工作环境分析。就是对工作的安全环境和社会心理环境等方面的分析。4）任职资格分析。任职资格分析就是对任职所具备的知识、经验、操作能力和心理素质等方面的分析。

在此基础上，归纳总结出工作分析的必需材料和要素，同时要创造性地分析和发现有关工作和工作人员的关键成分。

四、描述阶段

仅仅研究分析一组工作，并未完成工作分析，也就是说，工作分析在完成上述三个阶段后，还需要分析人员将所获得的信息加以整理并写出报告。通常要把工作分析所获得信息按几个方式进行整理：（1）文字说明。将工作分析所获得的资料以文字说明的方式表述和描述，列举工作名称、工作内容、工作设备与材料、工作环境及工作条件等。

（2）工作列表及问卷。工作列表是把工作加以分析，以工作的内容及活动分项排列，由实际从事工作的人员加以评判。或填写分析所需时间及发生次数，了解工作内容。列表或问卷只是处理形式不同而已。

（3）活动分析。该分析实质上就是作业分析。通常是把工作的活动按工作系统与作业顺序一一列举，然后根据每一作业进一步加以详细分析。活动分析多以观察及面谈的方法对现有工作加以分析，所得的资料作为教育及训练的参考。

（4）决定因素法。决定因素方法是把完成某项工作的几项最重要行为加以表列，该项“需要性”在积极方面说明工作本身特别需要的因素，在消极方面说明亟待排除的因素。至于工作分析的报告，其编排应该根据分析的目的加以选择，以精短清晰的字句，撰成说明式的报告初稿，送交有关主管和分管人员，获取补充建议后，再予以修正定稿。

五、运用阶段

此阶段是对工作分析的验证，只有通过实际的检验，工作分析才具有可行性和有效性，才能不断适应外部环境的变化，从而不断完善工作分析的运行程序。此阶段的工作主要有两部分：(1) 培训工作分析的运用人员。这些人员在很大程度上影响着分析程序运行的准确性、运行速度及费用，因此，培训运用人员可以增强管理活动的科学性和规范性。(2) 制定各种具体的应用文件。

六、控制评估阶段

控制活动贯穿着工作分析的始终，是一个不断调整的过程。随着时间的推移，任何事物都在变化，工作也不例外。组织的生产经营活动是不断变化的，这些变化会直接或间接的引起组织分工协作体制发生相应的调整，从而也相应的引起工作的变化。因此，一项工作要有成效，就必须因人制宜的作些改变，应该定期或不定期地对工作说明书进行适当地修改，通常一年至少要修改一次。

对工作分析的成本评估可以通过对工作分析的成本收益来说明。当然，工作分析工作越细致，所需花费的成本就越高。对工作分析的效果评估只有通过反馈才能得到确认，并根据反馈修改其中不适应的部分。所以控制评估活动是工作分析中的一项长期的重要活动。

第三节 工作分析的方法

工作分析是一项复杂而又重要的基础工作，它需要科学地运用相关方法与技术来进行。一般而言，问卷调查法收集到的信息中，可用信息占 20% ~ 30%，大量信息的获得还是要靠访谈中面对面地沟通与交流，下面介绍工作分析中常用的几种方法。

一、面谈法

面谈法是与担任有关工作职务的人员一起讨论工作的特点和要求，从而取得有关信息的调查研究方法。它主要有三种形式：个别员工面谈法、集体面谈法、主管领导面谈法。

在工作分析时，我们可以先查阅和整理有关工作职责的现有资料。在大致了解职务情况的基础上，访问担任这些工作职务的人员，一起讨论工作的特点和要求。同时，也可以访问有关的管理者和从事相应培训工作的教员。由于参与的对象是那些最熟悉这项工作的人，因此，认真的面谈可以获得很详细的工作分析资料。面谈法也给任职者提供了一个了解工作分析重要性的机会，使他们更容易接受工作分析的结果。面谈中的一些怨言，也可使管理者发觉原来未曾注意到的事项。同时，要使参与者充分了解面谈的缘由，不致使他们有被考核的感觉，以保证所收集资料的准确性。

面谈时还要注意修正偏差。这是因为，工作分析常常是职位评价、薪酬调整的前奏。因此，有时参与者会有意无意地歪曲其职位情况，比如，把一件容易的工作说得很难或把一件难的工作说得比较容易。这要靠和多个同职者面谈所搜集的资料对比加以校正。

二、问卷法

问卷法是让有关人员以书面形式回答有关职务问题的调查方法。运用问卷法，首先要确定问卷的结构性程度。结构性程度在这里是指问卷内容的细化程度。在结构性程度很高的问卷里，工作职责被细化为百个细小的职责，连完成每项职责所需的时间都填上。与此相反，结构性程度低的问卷所设计的问题大都比较笼统开放，由任职人员根据自己的判断来填写。这是两种极端化的问卷形式。而在实践操作中，多是两种形式结合，既有结构性较强的问题又有开放性的问题。其次，问卷法关键还在于确定问卷所应包含的问题。问题设计的如何，直接牵涉所收集资料、信息质量，从而影响工作分析的效果。问卷法主要可以分为两种。

（一）一般工作分析问卷法

这种方法适合于各种工作，问卷内容具有普遍性。表3-1是一份一般工作分析问卷。

表3-1　一般工作分析问卷（部分）

（1）职务名称：__________

（2）比较适合该岗位的性别：__________

A. 男性　B. 女性　C. 男、女均可

（3）最适合该岗位的年龄是__________

A. 20～30岁　B. 31～40岁　C. 41～50岁　D. 51～60岁

（4）能胜任该工作岗位的文化程度是__________

A. 高中　B. 大专　C. 本科　D. 研究生

（5）该岗位的工作地点主要在__________

A. 在室内　B. 在室外　C. 室内外各占一半

（6）该岗位工作信息的主要来源是__________

A. 书面材料　B. 数字材料　C. 图片材料　D. 模型装置

E. 测量装置　F. 消费者、客户、顾客等

（二）指定工作分析问卷法

这种方法适合于一种指定的工作，即一张问卷只适合于一种工作，问卷内容具有特殊性。表3-2是一份一般工作分析问卷。

表3-2　指定工作分析问卷（以推销员为例）

姓名：__________　工作名称：__________

所属部门：__________　直接上司：__________

请说明以下职责在你工作中的重要性（最重要的打10分，最不重要的打0分）：

（1）和客户保持联系__________

（2）接待好每一个顾客__________

（3）详细介绍产品的性能__________

（4）正确记住各种产品的价格__________

（5）掌握必要的销售知识__________

（6）善于微笑__________

（7）送产品上门__________

（8）参加在职培训__________

（9）每天锻炼身体__________

（10）每天拜访预定的客户__________

（11）在各种场合推销本企业产品__________

问卷法的最大优点是比较规范化、数量化，适合于用计算机对结果进行统计分析。

但它的设计比较费工，也不像访谈那样可以面对面地交流信息。因此，不容易了解被调查对象的态度和动机等较深层次的信息。问卷法还有两个缺陷：一是不易唤起被调查对象的兴趣；二是除非问卷很长，否则就不能获得足够详细的信息；三是不同的任职者对问卷中同样的问题可能理解不一致，这样所收集到的资料信息就可能偏离工作分析的主旨。由于此种原因问卷法一般不单独使用，它同其他方法结合使用效果会更佳。

三、核对法

这种方法是让员工在工作任务清单中找出与自己工作有关的项目，以便确定某一工作的特性。这种方法主要是让员工自己进行工作岗位性质的核对，分析过程不易管理，而且也不易对岗位做到透彻的分析。

四、观察法

观察法是指工作分析者通过感官或利用其他工具现场观察和记录工作者的实际工作情况，以收集工作信息的一种方法。问卷法、面谈法和核对法等工作分析方法都可以有效地采集工作职务方面的信息，但它们都有某些弱点。其中有一个较大的问题，即有经验的员工并不总是很了解自己完成工作的方式。许多工作行为已成习惯，干起工作来并未意识到工作程序的细节。因此，研究者们主张采用观察法对工作人员的工作过程进行观察，记录工作行为的各方面特点；同时，了解工作中所使用的工具设备；了解工作程序、工作环境和体力消耗。观察时，可以用笔录；也可以用事先预备好的观察项目表，一边观察，一边核对。在运用观察项目表时，须事先对该工作有所了解。这样，制定的观察项目表才比较实用。

观察前先进行访谈将有利于观察工作的进行。一方面，它有利于把握观察的大体框架；另一方面它使双方相互了解，建立一定的合作关系。这样，随后的观察就能更加自然、顺利地进行。但对于无从衡量的脑力劳动占主要成分的职位，现场观察法很难奏效。另外，对于处理突发事件的职位，运用观察法也比较困难，因为这些条件只是偶尔才会发生，并非是平常就可以观察到的。因此，运用观察法不可能得到全部所需资料，必须辅之以其他方法才可能尽善尽美。

五、工作日志法

工作日志是一天中工作活动的记录。这种方法要求员工在一段时间内对自己工作中所做的一切进行系统的活动记录，然后由工作分析人员根据工作日志的内容来对工作进行分析。该法的基本依据是：从事某项工作的人最了解该项工作的情况和要求。又称工作日写实法、工作者自我分析记录法。

这种方法所收集的材料一般较真实可靠，同时可以检验面谈法等所收集的资料信息的真实程度。如果这种记录记得很详细，那么经常会提示一些其他方法无法获得或者观察不到的细节。它对于高水平与复杂工作的分析，显得比较经济和有实效。但该法的缺点主要是工作者也许不能真实记录工作活动。因此，必须由该工作的上级主管对记录的内容进行必要的检查和矫正。

六、工作参与法

工作参与法是由工作分析人员亲自参加要分析的工作活动，体验工作的整个过程，从中获得工作分析的资料，又称为工作实践法。要想对某一工作有一个深刻的了解，最好的方法就是亲自去实践。通过实地考察，可以细致、深入地体验、了解和分析某种工作的心理因素及工作所需的各种心理品质和行为模型。所以，从获得工作分析资料的质量方面而言，这种方法比前几种方法效果好。

另外，工作参与法还具有其他两个优点：一是可以克服有些员工不善于表达的缺点，同时也可以克服即使是有经验的员工也不是很了解自己工作的缺点；二是可以弥补一些平时难以观察到的内容。但这种方法的缺点也很明显，因为现代组织中的许多工作高度专业化，分析者往往不具备从事某项工作的知识和技能，因此就无法参与；对于一些危险性工作的分析，也不适合使用该法。

七、关键事件法

关键事件是指使工作成功或失败的关键事件，或者是对工作特别有效或无效的工作行为。关键事件法是指通过对关键事件的收集、归纳、分析，从而达到对整个工作进行分析的目的的方法。它需要通过请管理人员和工作人员回忆、报告，对他们的工作绩效来说比较关键的工作特征和事件，从而获得工作分析资料。关键事件法也称为典型事例法，它是由第二次世界大战中军队开发出来的关键事件技术（Critical Incident Technique，CIT）发展而来的。该方法要求工作者、管理人员或熟悉该工作的人员记录工作行为中的关键事件，包括导致事件发生的原因和背景，工作者的特别有效或多余的行为，关键行为的一般后果，工作者自己能否支配或控制行为后果等。

一般而言，工作分析的方法可以分为职务定向方法和行为定向方法。前者相对静态地描述和分析职务的特征，收集各种有关“工作描述”一类的材料；后者集中于与“工作要求”相适应的工作行为，属于相对动态的分析。关键事件法就是一种常用的行为定向方法。这种方法要求管理人员、员工以及其他熟悉工作职务的人员，记录工作行为中的“关键事件”——使工作成功或者失败的行为特征或事件。在大量收集关键事件以后，可以对它们作分析，并总结出职务的关键特征和行为要求。关键事件法既能获得有关职务的静态信息，也可以了解职务的动态特点。

关键事件法的优点是能直接描述人们在工作中的具体活动，可以揭示工作的动态性，所以，这种方法收集的资料适用于大多数的工作分析。但该方法也具有明显的缺点：一是收集、归纳、分类要耗费大量的时间；二是关键事件所描述的是特别有效或无效的行为，很难对一般的工作行为形成总的概念，而这一点对于工作分析来说十分重要，因为它是工作分析的主要目的。

由上可见，工作分析的方法是很多的，它们各有优劣，没有一种方法是万能的。只有根据实际情况，将各种方法结合起来使用，才能对任职者的要求有一个详细、全面、准确的了解。当然，这些方法对于一个运行多年的组织是有效的，但对于一个新建组织，则需要先选择一些主要部门、关键岗位进行工作分析，做出一些“雏形”取得一些经验后再逐渐发展。

第四节　工作分析的结果

工作分析的结果就是形成工作说明书，工作说明书包括工作描述和工作规范两部分，它是以标准的格式对岗位的工作特征及任职则的资格条件进行规范化的描述性文件。利用工作说明书，员工可以了解他们的工作任务，明确其工作职责范围，清楚组织对他们的期望值，还可以为管理者的人事决策提供依据。

一、工作描述

工作描述又称为工作说明，是指一种提供某一工作的工作内容、工作条件等方面信息的文件。文件里的信息应该是切实、准确的，并能够具体说明这一工作的物质特点和环境特点，主要包括以下几个方面。

（一）工作标识

工作标识是用来区别组织中不同岗位之间的标志，包括工作名称、岗位编码、工作地位。

（1）工作名称。工作名称就是指所在工作岗位的名称，它是工作标识中最重要的项目。一个好的工作名称能够恰当地表现该工作岗位的主要内容，并可以把该岗位与其他工作岗位区别开，使阅读者一看就大概知道该岗位是干什么的。

（2）岗位编码。岗位编码又称为工作编码、岗位编号等。设置岗位编码便于迅速查找工作岗位的信息，能够区分各个岗位的所属部门和组织，反映岗位的上下级关系。例如：某职业编码为 HR－02－05，其中 HR 表示人力资源部，02 表示主管级，05 表示人力资源部员工的顺序号。

（3）工作地位。工作地位也称工作身份，主要包括内容：所属的工作部门、直接上级/下级的岗位名称、定员人数、工作等级、工资水平、工作地点和工作时间等。

（二）工作概要

工作概要也称为工作摘要，是指用简短的语言对工作内容进行高度概括和简要描述，主要是对所要完成的工作任务、工作责任、使用的原材料和机器设备、工作流程、与其他人的正式工作关系、接受监督以及进行监督的性质和内容等方面进行的描述。工作概要恰当与否，直接影响着一份职务说明书的质量。

撰写工作概要可以采用“工作行动＋工作对象＋工作目的”模式，常用的动词有：全面负责、主管、支持、提升、确保、实现、达到等。如：人力资源部经理的工作概要可以描述为“支持制定、实施公司的人力资源计划和人力资源管理制度，推动、提升公司的人员招聘、培训、绩效管理、薪酬管理等工作，力求塑造一支结构合理、高效的人力资源队伍，为实现公司的经营战略目标提高充裕的人力资源保障”。办公室主任的工作概要可以描述为“全面负责公司行政和党委的日常事务管理，协助公司领导处理各方面工作；主管公司会务、外事接待、信息工作，为领导决策提供依据，为企业创造良好的外部环境，保证公司北部管理体系的完整和平稳运行”。

（三）工作职责

工作职责是工作描述的主体，是指组织中存在的岗位需要承担哪些具体的工作责任和任务，以及需要达到什么样的效果。工作职责也是对工作概要的细化。

工作职责分析的具体步骤是：

（1）确定岗位目的。（2）根据岗位目的，确定工作任务，划分职责模块。（3）确定职责模块的目标。（4）确定达成职责目标的行动。（5）形成初步的职责描述。（6）确定最终的工作职责。

（四）工作权限

工作权限是根据权、责、利对等的原则，赋予工作岗位完成任务的权力，这个权力不是完全自由的，要有一定的限制，仅适用于履行工作职责的活动。工作权限的设定，可以帮助管理者明确工作职责的边界，防止工作中相互推诿现象的发生。通常工作权限可以分为三类：业务权限、人事权限和财务权限。

（五）业绩标准

业绩标准是在工作职责确定的基础上，对每项工作任务完成情况的规定。业绩标准有两种：一种是正向业绩标准，即从正面的角度考察该职责是否完成以及完成的效果，如目标完成率、计划执行质量、准确性、及时性等；另一种是反向业绩标准，即从反面的角度考察职责的完成效果，如差错率、失误率、客户投诉率等。

（六）工作关系

工作关系是指任职者与组织内部和外部其他人之间的关系，以确定岗位在组织中的位置，主要包括：该项工作监督谁、受谁监督；该项工作可晋升的岗位、可转换的岗位以及可迁移至此的岗位；该项工作与哪些部门或外部单位和个人发生联系等。

（七）工作条件和环境

工作条件一般是指执行工作的条件，主要包括任职者的工作场所、使用的办公设备和原材料、工具等；工作环境是指工作的物理环境和社会环境，其中物理环境主要包括对工作地点的温度、湿度、光线、噪声、安全条件、地理位置、室内或室外等。

工作的社会环境是指工作的人际因素，包括工作群体中的人数、完成工作所要求的人际交往的数量和程度、各部门之间的关系、工作地点内外的文化设施以及社会风俗的影响程度等。

工作描述范例见表3-3。

表3-3　某公司网站管理岗位工作描述

发布日期：2005年6月30日

工作名称	网站管理	岗位编号	02-05-007
直接上级	新闻中心主任	直接下级	无
分析人	李平	批准人	张一凡

续表 3-3

工作概述：在新闻中心主任的领导下，开展公司“思想政治工作超市”网站的信息发布、设计维护、升级改造和日常管理等工作	
工 作 职 责	考 核 指 标
（1）编制网站宣传工作计划	计划执行率
（2）开展网站的设计维护、版面更新以及硬件设备的升级改造等工作	新闻更新频率
（3）从事网站的信息发布管理，对有价值的相关信息进行反馈并督办处理	调查报告主管满意度
（4）按照公司规定与链接的二级单位网站的设计指导和信息沟通交流	沟通计划完成率
（5）开展对网站服务器、数据库的安全检查、杀毒维护和资料备份等工作	安全天数、故障率
（6）公司通讯员网络建设和通讯员队伍培训	培训计划执行率
（7）新闻各类稿件有发布权、核实权、审定权，对本部管理制度有建议权	出现不健康内容次数
工作关系图：	
工作环境： 工作地点：办公室占80%；出差占20%。 工作危险性：无；基本无危险；比较危险；非常危险。 职业病：无职业病的可能；有职业病的可能。	

二、工作规范

工作规范又称任职要求，是指任职者为了完成某种特定的工作所必须具备的知识、工作经验、工作技能、生理和心理、能力等方面应该具备的最低资格要求。工作规范与工作描述的内涵不同，工作描述是针对工作岗位的性质而言，而工作规范则是对人的要求。工作规范的主要内容如下：

（一）知识

工作规范的知识方面具体包括的内容如下：

（1）学历要求。学历要求是指胜任岗位所需要的最低学历要求，如高中、中专、大专、学士、硕士、博士等，学历代表任职者受教育的年限，也是从事该岗位所应具备的基础条件。

（2）基础知识。指与工作相关的基础性理论知识，一般为一级或二级学科。不同的工作性质需要不同的基础知识。例如，人力资源经理应该掌握的基础性理论知识有管理学、心理学、法学、经济学等。

（3）专业知识。这是岗位的核心知识，体现了岗位之间的本质区别。例如，人力资源部经理需要的专业知识是工作分析、人员测评、工作评价等，而财务部经理需要掌握的专业知识是财务核算、报表编制、资金预算等。

（4）相关法律法规知识。指胜任本岗位所应具备的相关政策、法律、法规、规章或条例等方面的知识。通过了解相关的法律知识，可以开阔任职者的眼界和工作思路，优化工作质量。

（二）工作经验

工作经验可以采用社会工作经验和组织内工作经历相结合来度量。社会工作经验是指任职者的所有工作经历，具体分为一般工作经验、相关工作经验、专业工作经验和管理经验等四类。组织内经历是用本组织内部的工作经历来表示岗位的工作经验要求，一般适合于从内部选拔中、高层管理者采用。

（三）工作技能

工作技能是指与工作相关的工具、技术和方法的运用，它包括两类：一类是通用技能，如公文处理技能、计算机操作技能、外语技能等；另一类是专业技能，如会计人员必须有会计证、医生要有相应级别的医师执照等。

（四）生理和心理特征要求

生理特征要求主要包括任职者的健康状况、身高、性别、体重、运动的灵活性、感觉器官的灵敏度等。例如，宾馆的门卫岗位一般要求性别是男性，且身高不低于1.75米，身体强壮等。

心理特征要求不仅包括任职者的观察能力、集中能力、记忆能力、理解能力、学习能力、解决问题的能力、创造能力、计算能力、语言表达能力、决策能力、沟通能力、领导能力、组织能力，还包括性格、气质、兴趣爱好、态度、事业心、合作性等。

工作规范范例见表3-4。

表3-4　某公司招聘专员岗位工作规范

岗位名称：招聘专员

编号：

部门：人力资源部

职务：人力资源部经理

分析人员：

分析日期：

（1）体格要求。

年龄：25～40岁，性别不限。

身高：女性1.55～1.70米，男性1.60～1.85米。

体重：与身高成比例，在合理的范围内即可。

视力：必须能够看清计算机屏幕、数据报告和其他文件。

听力：必须能够足以与同事、员工和顾客交流，参加各种会议和准备公司信息。

健康状况：无残疾、无传染病。

外貌：无畸形，出众更佳。

声音：普通话发音标准，语音和语速正常。

（2）知识和技能要求：

1）学历要求：人力资源专业、心理学专业或相关专业本科以上。

2）工作经验：3年以上国有大型企业工作经验。

3）专业背景要求：从事人力资源招聘工作2年以上。

4）英语水平：国家六级。

5）计算机：熟练使用OFFICE系列。

（3）特殊才能要求：1）语言表达能力：能够准确地与主管交流工作情况；能够提示人力资源的规划和预测；能够准确、清晰、生动地向应聘者介绍企业情况；能够准确、巧妙地解答应聘者提出的各种问题。2）文字表达能力：能够准确、快速地将希望表达的内容用文字表达出来，对文字描述很敏感。3）工作认真细心，能认真保管好各类招聘材料。4）有较强的公关能力，能准确地把握同行业的招聘情况。

（4）其他要求：1）能够随时出差。2）不可休一个月以上的假期。

三、工作说明书

工作说明书也称为职位说明书，在组织管理中的作用非常重要，不但可以帮助任职人员了解其工作，明确其责任范围，还可为管理者的决策提供参考。一般而言，工作说明书包括两部分，即工作描述和工作规范。工作描述是对岗位工作基本信息的界定，说明该岗位的性质、工作条件和环境等；工作规范则是说明要承担该岗位的工作职责必须具备的知识、技能和经验等资格条件。这两部分不是简单的信息罗列，而是通过客观的内在逻辑形成一个完整的工作岗位信息系统。

（一）工作说明书的编写要求

工作说明书是在工作分析的基础上，经过对工作分析所收集的资料信息进行精心筛选而形成的。工作说明书的编写要普通人能够理解的、最简练的语言完整地描述与工作有关的重要信息资料：（1）内容可依据工作分析的目的进行调整，可繁可简。（2）可以用表格形式表示，也可采用叙述型。（3）需个人填写的部分，应运用规范术语，字迹要清晰。（4）使用浅显易懂的文字，语言要明确，不要模棱两可。（5）运用统一的格式，注意整体的协调，做到美观大方。

（二）工作说明书的编写步骤

工作说明书必须按照严格的步骤来编写，才能保证其科学性和准确性，工作说明书的编写步骤如下：（1）信息收集。工作分析员要浏览并分析组织中现有的各种管理制度文件等资料信息，并和企业组织中的各个部门主要管理人员进行交谈，以便对组织中各个职位的岗位性质、主要任务、主要职责等有一个较为全面的了解。（2）工作分析调查。在收集信息的基础上，还要灵活运用各种工作分析方法来开展工作分析的调查活动，尽可能更为全面获取各个工作岗位的相关信息，丰富信息资料内容。（3）信息处理。无论是收集的信息还是调查得到的信息，都要借助统计、计算机等手段和工具对所获工作信息进行分类整理，并加以详细分析，使与工作相关的信息更加条理化、清晰化。（4）形成初稿。针对每个具体工作，根据工作分析所要收集信息的要求，逐条列出这一工作的相关内容，形成初步的工作说明书。（5）意见征询。召集整个工作分析过程中所涉及的人员，向他们分发工作说明书初稿，并对其完整性、准确性、合理性进行讨论，由工作分析人员详细记录每个人的意见。（6）审查初稿。根据讨论结果，对工作说明书初稿进行初步的审查与修改。（7）定稿。最终形成一份详细的、清晰的、准确的工作说明书。

（三）工作说明书范例（见表3-5）

表3-5　某公司客户经理工作说明书

岗位名称	客户经理	岗位代码	所属部门	销售部
直属上级	销售经理	管辖人数	职等职级	
晋升防线	销售经理	候选渠道	轮换岗位	
薪金标准		填写日期	核准人	

工作内容：
（1）策划、组织有关的市场活动。
（2）分析客户需求，保持与客户的良好关系，寻求机会发展新的业务。
（3）管理、参与和跟进咨询项目。
（4）与相关媒体保持良好的关系。
（5）协调咨询员的业务活动。
（6）建立管理数据库，跟踪分析相关信息。
（7）同客户所在公司各部门建立并保持良好的工作关系。
（8）获得并保持主管要求的最低总利润。
（9）为公司提供精确的市场信息，主要关注未来趋势

任职资格：
（1）教育背景：市场营销或相关专业本科以上学历。
（2）培训经历：受过市场营销、产品知识、产业经济、公共关系等方面的培训。
（3）经验：2年工作经验。
（4）技能：沟通协调能力强。优秀的沟通、演示技巧；扎实的分析技巧及策略规划的变通技巧。
（5）个性特征：积极主动、刻苦，忠于业务

工作环境：办公室，经常出差。
工作环境比较舒适，基本无职业病危险

思考题

3-1　简述工作分析的含义及其作用。

3-2　简述工作分析的方法。

3-3　工作分析的程序包括哪些内容？

3-4　请结合实际编写一份工作说明书。

案例分析：

A公司的工作分析

A公司是我国中部省份的一家房地产开发公司。近年来，随着当地经济的迅速增长，房产需求强劲，公司有了飞速的发展，规模持续扩大，逐步发展为一家中型房地产开发公司。随着公司的发展和壮大，员工人数大量增加，众多的组织和人力资源治理问题逐渐凸

显出来。

公司现有的组织机构是基于创业时的公司规划，随着业务扩张的需要逐渐扩充而形成的，在运行的过程中，组织与业务上的矛盾已经逐渐凸显出来。部门之间、职位之间的职责与权限缺乏明确的界定，扯皮推诿的现象不断发生；有的部门抱怨事情太多，人手不够，任务不能按时、按质、按量完成；有的部门又觉得人员冗杂，人浮于事，效率低下。

公司的人员招聘方面，用人部门给出的招聘标准往往含糊，招聘主管往往无法准确地加以理解，使得招来的人大多差强人意。同时目前的许多岗位不能做到人事匹配，员工的能力不能得以充分发挥，严重挫伤了士气，并影响了工作的效果。公司员工的晋升以前由总经理直接做出。现在公司规模大了，总经理已经几乎没有时间来与基层员工和部门主管打交道，基层员工和部门主管的晋升只能根据部门经理的意见来做出。而在晋升中，上级和下属之间的私人感情成为了决定性的因素，有才干的人往往却并不能获得提升。因此，许多优秀的员工由于看不到自己未来的前途，而另寻高就。在激励机制方面，公司缺乏科学的绩效考核和薪酬制度，考核中的主观性和随意性非常严重，员工的报酬不能体现其价值与能力，人力资源部经常可以听到大家对薪酬的抱怨和不满，这也是人才流失的重要原因。

面对这样严重的形势，人力资源部开始着手进行人力资源治理的变革。变革首先从进行职位分析、确定职位价值开始。职位分析、职位评价究竟如何开展、如何抓住职位分析、职位评价过程中的要害点，为公司本次组织变革提供有效的信息支持和基础保证，是摆在A公司面前的重要课题。

首先，他们开始寻找进行职位分析的工具与技术。在阅读了国内目前流行的基本职位分析书籍之后，他们从其中选取了一份职位分析问卷，作为收集职位信息的工具。然后，人力资源部将问卷发放到了各个部门经理手中，同时他们还在公司的内部网发了一份关于开展问卷调查的通知，要求各部门配合人力资源部的问卷调查。

据反映，问卷在下发到各部门之后，却一直搁置在各部门经理手中，而没有发下去。很多部门是直到人力部开始催收时才把问卷发放到每个人手中。同时，由于大家都很忙，很多人在拿到问卷之后，都没有时间仔细思考，草草填写完事。还有很多人在外地出差，或者任务缠身，自己无法填写，而由同事代笔。此外，据一些较为重视这次调查的员工反映，大家都不了解这次问卷调查的意图，也不理解问卷中那些生疏的治理术语，何为职责、何为工作目的，许多人对此并不理解。很多人想就疑难问题向人力资源部进行询问，可是也不知道具体该找谁。因此，在回答问卷时只能凭借自己个人的理解来进行填写，无法把握填写的规范和标准。

一个星期之后，人力资源部收回了问卷。但他们发现，问卷填写的效果不太理想，有一部分问卷填写不全，一部分问卷答非所问，还有一部分问卷根本没有收上来，调查的结果却没有发挥它应有的价值。

与此同时，人力资源部也着手选取一些职位进行访谈。但在试着谈了几个职位之后，发现访谈的效果也不好。因为在人力资源部，能够对部门经理访谈的人只有人力资源部经理一人，主管和一般员工都无法与其他部门经理进行沟通。同时，由于经理们都很忙，能够把双方凑在一块实在不容易。因此，两个星期时间过去之后，只访谈了两个部门经理。

人力资源部的几位主管负责对经理级以下的人员进行访谈中，出现的情况却出乎意料。大部分时间都是被访谈的人在发牢骚，指责公司的治理问题，抱怨自己的待遇不公等。而在谈到与职位分析相关的内容时，被访谈人往往又言辞闪烁，顾左右而言他，似乎对人力资源部这次访谈不太信任。访谈结束之后，访谈人都反映对该职位的熟悉还是停留在模糊的阶段。这样持续了两个星期，访谈了大概1/3的职位。王经理认为时间不能再拖延下去了，因此决定开始进入项目的下一个阶段——撰写职位说明书。

可这时各职位的信息收集却还不完全，怎么办呢？人力资源部在无奈之中，不得不另觅他途。于是，他们通过各种途径从其他公司中收集了许多职位说明书，试图以此作为参照，结合问卷和访谈收集到一些信息来撰写职位说明书。

在撰写阶段，人力资源部还成立了几个小组，每个小组专门负责起草某一部门的职位说明，并且还要求各组在两个星期内完成任务。在起草职位说明书的过程中，人力资源部的员工都颇感为难，一方面不了解别的部门的工作，问卷和访谈提供的信息又不准确；另一方面，大家又缺乏写职位说明书的经验，因此，写起来都感觉很费劲。规定的时间快到了，很多人为了交稿，不得不急忙东拼西凑一些材料，再结合自己的判定，最后成稿。

最后，职位说明书终于出台了。然后，人力资源部将成稿的职位说明书下发到了各部门，同时还下发了一份文件，要求各部门按照新的职位说明书来界定工作范围，并按照其中规定的任职条件来进行人员的招聘、选拔和任用。但这却引起了其他部门的强烈反对，很多直线部门的治理人员甚至公开指责人力资源部，说人力资源部的职位说明书是一堆垃圾文件，完全不符合实际情况。

于是，人力资源部专门与相关部门召开了一次会议来推动职位说明书的应用。人力资源部经理本来想通过这次会议来说服各部门支持这次项目，但结果却恰恰相反。在会上，人力资源部遭到了各部门的一致批评。同时，人力资源部由于对其他部门不了解，对于其他部门所提的很多问题，也无法进行解释和反驳。因此，会议的最终结论是让人力资源部重新编写职位说明书。后来，经过多次重写与修改，职位说明书始终无法令人满意。最后，职位分析项目不了了之。人力资源部的员工在经历了这次失败的项目后，对职位分析彻底丧失了信心。他们开始认为，职位分析只不过是“雾里看花，水中望月”的东西，说起来挺好，实际上却没有什么大用，而且认为职位分析只能针对西方国家那些治理先进的大公司，拿到我国的企业根本就行不通。原来雄心勃勃的人力资源部经理也变得灰心丧气，但他却一直对这次失败耿耿于怀，对项目失败的原因也是百思不得其解。

（1）问题：职位分析难道是他们认为的“雾里看花，水中望月”吗？该公司的职位分析项目为什么会失败呢？

（2）分析提示：在此案例中，A公司的工作分析失败，其原因主要是A公司在组织和实施工作分析过程中存在如下问题：

一、工作分析准备工作不充分

A公司在实施工作分析之前没有做充分的准备，具体表现为：

（1）缺乏目标导向。在工作分析实施前，要明确工作分析的目的，工作分析的目的不同其侧重点也不同，工作分析的目标决定了工作分析需要收集的信息类型、方法技术、工作说明书的结构和内容等。而案例中A公司的高等领导和工作分析小组成员对工作分析的目标不够明确，他们只是笼统地知道要通过实施工作分析来解决公司现存的问题，却没有明确工作分析的目标，因而可能导致收集的信息针对性不强。

（2）缺乏组织成员。工作分析绝不是人力资源部孤军奋战就能做好的工作，需要各部门管理人员和员工的积极配合，才能保障工作分析小组及时收集到有效、真实、全面的信息。而A公司的高等领导没有在公司内进行动员，没有宣传实施工作分析对公司的意义，只是由“人力资源部将问卷发放到各部门经理手中，同时，仅在公司内部网上发了一份关于开展问卷调查的通知，要求各部门配合人力资源部的工作。”因此，该公司各部门经理没有重视工作分析，造成“问卷下发到各部门之后，一直搁置在各部门经理手中，并没有发下去。很多部门直到人力资源部催收时，才把问卷发放到每个人手中”。因而也没有引起普通员工对工作分析的重视和配合。

（3）缺乏对相关背景信息的了解。A公司在收集工作分析信息之前，没有调查组织和职位的相关背景资料，例如，组织的战略、文化、各项制度和政策、组织机构、工作流程图、原有的工作说明书等。

（4）缺乏对工作分析中可能出现问题的预测。A公司在实施工作分析中遇到了许多预料之外的障碍，使工作分析小粗成员不知所措。如员工仓促填写问卷，敷衍了事；访谈受到员工的抵触等，导致工作分析小组收集不到准确、全面的职位信息，主要是由于在实施工作分析项目前缺乏对可能出现问题的预测。

（5）缺乏对工作分析员的培训。案例中，“在起草职位说明书的过程中，人力资源部的员工都颇感为难”，最后只能“东拼西凑了一些材料，再结合自己的判断，最后定稿”，导致说明书只是“一堆垃圾文件”，“完全不符合实际情况”，无法应用于工作实践。这是因为在实施工作分析项目前，缺乏对工作分析员关于A公司人力资源部员工的培训，导致他们在编写工作说明书的过程中不知道如何编写。

二、工作分析过程中缺乏沟通

工作分析实施过程中，工作分析小组没有向问卷填写者和被访谈者说明此次工作分析的目的、流程及意义，并且在问卷中缺乏填写说明，也没有对员工填写问卷进行指导，导致员工不明白问卷中的专业术语，不知道如何填写问卷，“很多人想就疑难问题向人力资源部进行询问，也不知道具体该找谁”。此外，接受访谈时不信任工作分析小组，对与职位信息闪烁其词，不能提供全面、准确的信息，也是由于沟通不够造成的。

工作分析结果出来后，人力资源部并没有与岗位任职者进行沟通，以修改完善工作说明书，更没有经过任职者及其部门经理的签字确认，便直接“将成稿的职位说明书下发到了各部门，同时，还下发了一份文件，要求各部门按照新的职位说明书来界定工作范围，并按照其中规定的任职条件来进行人员的招聘、选拔和任用。”这种主观的做法必然会遭到各部门的强烈反对，因此这样的工作说明书没有任何意义。

三、没有正确运用工作分析相关方法、技术

在收集职位信息的过程中，该小组运用了问卷调查法和访谈法，但在具体运用这两种方法时都存在一些错误。

（1）运用问卷调查法时的错误

1）只是简单照抄书上的问卷，没有设计个性化的调查问卷。

2）问卷中缺少填写指导和填写范例，也没有对人力资源专业术语进行解释。

3）缺乏问卷测试，忽视了分析该问卷是否适合本次工作分析。

（2）运用访谈法时的错误

1）缺乏对工作分析员的访谈技能培训，造成访谈失控。

2）没有建立轻松、舒适、互信的访谈气氛。

3）由于工作分析小组没有得到足够的授权，造成对部门经理的访谈只能是“平级访谈”，这样势必影响访谈计划的实施。

第四章　招聘与配置

学习目标：

（1）理解员工招聘的涵义、意义及原则。

（2）掌握员工招聘的基本程序。

（3）了解员工内部招聘和外部招聘的特点。

（4）掌握组织面试的程序和类型，以及面试过程中的一些技巧问题。

（5）掌握员工录用的程序。

（6）了解人力资源的空间和时间配置。

引例1：某公司情境面试招聘

某公司要招聘一位总经理助理，人事部的同事一起讨论了招聘标准、职责和要求后，有人提议，用情境面试的方式看招聘效果。

面试时间是早上9时，公司同事8:50左右到场。根据设计，办公室的小王在整理报纸；小张在整理工位；总监在看近期文件。

三位面试者A、B、C，都被通知面试时间是9时，他们的到达时间分别为8:55、9:04和9:10。

A到达后，小张忙于整理报纸，让他坐在沙发上等一下，并告诉他可以自己去倒水、看报纸。A说谢谢后，就坐在沙发上。

B来了，进来后先解释自己迟到的原因。小王还在整理报纸，解释总监有急事，让他等一等，面试9:20开始。告诉B可以自己倒水、看报纸。B说谢谢后，倒了两杯水，一杯给了A。看小王在整理报纸，B说："现在反正闲着，我来帮你一起整理吧。"小王说不用，B说："两个人一起做会快些。"然后就开始做。A仍坐在沙发上看报纸。

C 9:10到达。他是通过关系过来的，进来后，冲着办公室里面的人点点头，自己就找个位置坐下。从沙发边拿起一本杂志跷着腿，看起来。

9:15，有同事招呼打扫卫生的小张，把办公室的一张桌子搬出去。

A站起来，看到桌子必须从沙发边搬出去，知道碍事，把报纸放在边上；B赶紧上前帮忙；C仍然跷着腿看杂志。

最后，三个人都选了，A做了库房管理；B被办公室录用了；C被领导安排在销售部。

一年后，A、B、C收获了不同的命运：A规规矩矩；B得到了晋升；C离职了。

思考题：这次招聘给我们带来哪些启示？

引例2：英特尔公司招聘三部曲

我们最大的成就就是发现了人才，他们比绝大多数首席执行官都要优秀。英特尔领导如是说。基于这种理念，英特尔公司特别注重加强招聘工作。

英特尔公司在招聘工作之初会先确定公司所要招的人员标准，然后会在此基础上选择是招聘新人还是招聘有经验的人，是从内部招聘还是从外部招聘，接着就是如何进行选拔工作，保证所招收的人正是他所要求的人才。英特尔公司的选拔比较常规化，选拔工作基本上是按下面三个步骤进行的：

首先是初步面试。通常，初步面试由公司的人力资源部主管主持进行，通过双向沟通，使公司方面获得有关应聘者学业成绩、相关培训、相应工作经历、兴趣偏好、对有关职业的期望等直观信息，同时，也使应聘人员对公司的目前情况及公司对应聘者的未来期望有个大致了解。面试结束后，人力资源部要对每位应聘人员进行评估，以确定进入下一轮应试的人员名单。

接着是进行标准化的心理测试。通过测试进一步了解应聘人员的基本能力素质和个性特征，包括人的基本智力、认识的思维方式、内在驱动力等，也包括管理意识、管理技能技巧。

第三步是进行模拟测验。这是最终面试，也是决定应聘人员是否入选的关键。其具体做法是，应聘者以小组为单位，根据工作中常碰到的问题，由小组成员轮流担任不同的角色，以测试其处理实际问题的能力。模拟测试最大的优点是，应聘者的智商和情商都能集中表现出来，它能客观反映应聘者的综合能力，使公司避免在选择人才时感情用事。

思考题：英特尔公司招聘给我们带来哪些启示？

第一节　员工招聘概述

任何竞争归根到底是人才的竞争。随着经济的发展,人才的需求也越来越强烈,组织要发展就必须不断地吸纳人才。员工招聘已经成为组织对人力资源需求不可或缺的一个重要的途径。组织通过员工招聘挖掘到适合组织发展的人才,从而也实现了人力资源的有效配置。

一、员工招聘的涵义

员工招聘是指组织根据人力资源发展规划和工作分析所确定的对本组织人员数量和质量的需求情况，按照一定的程序和方法、募集、挑选并录用具备资格条件的求职者担任一定职位的过程。

员工招聘是一项较为复杂的活动过程，它需要确定人员需求的基本信息，通过各种渠道发布人员需求的信息，需要招聘者收集并筛选应聘者的详细资料，科学甄选不同岗位的候选人，对选中人员进行合理的安置和录用等。

（一）员工招聘任务的提出

（1）新公司的成立。（2）因原有人员调任、离职、退休、死伤而出现职位空缺。

（3）公司业务扩大，人手不够。（4）人员队伍结构不合理，在裁减多余人员的同时需要补充短缺人才。

（二）员工招聘应符合的要求

（1）符合国家的有关法律、政策和本国利益。（2）根据企业人力资源规划和职务说明书应聘人员的任职资格要求。（3）在招聘中应坚持平等就业。（4）确保录用人员的质量。（5）努力降低招聘成本，提高效率。

二、员工招聘的意义

员工招聘是企业获取人才的关键，对企业的生存和发展起着决定性的影响，组织的人力资源管理者必须高度重视，认真做好员工招聘工作，对组织内部人员的管理要作为一项日常性的工作去做。如果一个组织在“缺人”时才想到招聘，说明这个组织还没有树立人力资源管理的意识，还没有认识到员工招聘的意义。从组织的发展来看，员工招聘的意义主要体现在以下几个方面：

（一）员工招聘是企业生存发展的重要前提

美国钢铁大王安德鲁·卡耐基曾说过这样一句名言：“如果把我的厂房设备、材料全部烧毁，但只要保住我的全班人马，几年以后，我仍将是一个钢铁大王。”IBM公司总裁和微软总裁比尔·盖茨先生曾经强调过，只要有员工在，企业就可以再生或生存。对于企业来说，无论是新成立的企业还是正处于运营阶段的企业，员工是第一重要的，而员工是通过招聘渠道才能实现，员工招聘是企业生存发展的重要基础。

对于新成立的企业，即使企业的物质资源、经济资源乃至信息资源都不缺乏，但是如果不能招聘到合适的员工去经营和管理这些资源，那么这些资源也就不会产生任何价值，企业也就无法进入正常的运营。

对于正处于运营阶段的企业，无论是为了维持目前企业的发展状况还是为了拓展企业未来的发展，都需要适应不断变化的外部环境和内部环境，都需要与强有力的竞争对手进行较量，这些工作靠谁去做？当然是合适的员工，这些员工需要企业不断地从外部引进或从内部调配选拔。

（二）员工招聘能够为企业注入新的活力

通过招聘，为组织内部配置新的员工，新员工在新的工作岗位上能够给组织带来新的行动理念、新的管理思想和新的工作模式，有利于促进企业的制度创新、管理创新和技术创新。尤其是从外部招聘的人才，不但可以弥补企业内部人力资源数量的不足，还能够为企业带来新鲜的空气，从而增强企业的创新能力。

（三）有效的员工招聘可以减少企业培训的负担

管理经营的实践告诉我们：新招聘人员的素质高低决定着其本人今后工作的绩效好坏，新招聘人员的素质，犹如制造产品的原材料，将严重影响到今后的培训及使用效果。如果新招聘的员工素质较高，则后续的培训与开发工作就会少花精力、少花成本，经过培训效果会较好，并很可能成为优秀的人才，而相应的绩效管理工作也会进行的比较顺利，就会较少出现绩效考评方面的矛盾。如果新招聘的员工素质较低，在培训及思想教育方面要投入很多，还不一定能培训成优秀人才。

（四）员工招聘有利于宣传组织

从组织外部看，一次成功的招聘活动就是一次成功的公关活动，对企业形象是一次非常好的宣传机会。从招聘信息的发布到最终员工的录用，都为公众和应聘人员提供了一次了解组织和展示组织形象的机会。

三、员工招聘的原则

（一）遵守国家法律法规和社会公共道德的原则

企业在招聘过程中，要遵守国家、地区的相关法律法规和政策，要遵守社会公共道德。在招聘中，禁止雇佣童工，严格控制未成年人就业，要保护妇女儿童、少数民族和残疾人的合法权益，反对种族、性别、年龄、身高、党派、信仰等方面的歧视，坚持平等就业，双向选择。在录用中，应本着平等协商、共同发展的原则，不得收取押金扣押证件，不得录用还没有解除劳动合同关系的应聘者，要与应聘者签订劳动合同。

（二）坚持公平竞争的原则

只有通过公平竞争才能广泛吸引人才，使优秀人才脱颖而出，从而起到激励人才的作用。在招聘中，企业应该及时将招聘的详细信息公开发布，动员、吸引较多的人员报考，对所有报考者要一视同仁，不得人为地制造各种不平等的限制或条件（如性别歧视）和各种不平等的优先优惠政策，严格考核程序和手段，科学地录取人选，防止“拉关系”、“走后门”、“裙带风”、贪污受贿和徇私舞弊等现象的发生，通过考试竞争和考核鉴别确定人员的优劣和人选的取舍，并设立监督检举机制。

（三）坚持岗位匹配的原则

在招聘中，应该使所招聘人员的知识、经验、技能等方面与岗位相匹配，为企业引进或为各个岗位选择最合适的人员，尽量做到“量才录用、职得其才、人的其位、人尽其才”，避免出现“大才小用、小才大用”的现象。只有把合适的人放在合适的岗位上，才能充分发挥人员工作的积极性，为企业创造更好的业绩。

（四）坚持效率优先的原则

效率优先是指力争用尽可能少的费用，录用到高素质并适应企业发展需要的人员。当今社会，由于受各种因素的影响，企业都面临着人员高流动的压力，人员招聘工作任务繁重，如何保证企业能够在低成本、高效率的前提下完成大量的招聘工作，成为各企业人力资源管理工作者应该认真考虑的问题。企业在招聘中，应该尽量采用有针对性的渠道发布招募信息，选择科学合理的方法快速甄选应聘者，努力做到降低成本，提高效率。

（五）坚持德才兼备的原则

企业人才的选拔必须把品德和才能放在首要的位置，把“德才兼备”作为选人的根本依据，要优先考虑能够认同公司价值观和品德优良的人，对于那些工作能力很强，工作经验丰富，但价值观可塑性较差和投入程度不高的人员，企业在招聘中要慎重。

（六）坚持战略性原则

无论是从企业战略发展方面考虑，还是从员工职业生涯发展考虑，人才招聘工作都要具有战略性。因为对于一些稀缺人才、高科技人才、具有特殊技能的人才，企业可能目前不需要，但为企业未来着想，应当适当储备一些这样的人才。

第二节 招聘的基本程序

员工招聘可以按照确定招聘需求、制定招聘计划、发布招聘信息、甄选、录用、招聘工作的评估七个程序来完成。

一、确定招聘需求

这是整个招聘工作的起点。人力资源部根据人力资源规划、工作分析的内容以及各部门提出所缺岗位人员的信息，识别、认定是否存在岗位空缺，存在多少岗位空缺，这些空缺岗位需要什么样的人来填补。不仅要了解人力资源的现实需求，还要及时发现潜在人员的需求，明确这些潜在的和现实的需求量的大小，确定本次招聘工作的需求信息。

二、制定招聘计划

招聘计划是组织根据发展目标和岗位需求对某一阶段招聘工作所做的安排，包括招聘目标、信息发布的时间与渠道、招聘员工的类型及数量、甄选方案及时间安排等方面。

具体来讲，员工招聘计划包括以下内容：（1）招聘的岗位、要求及其所需人员数量。（2）招聘信息的发布。（3）招聘对象。（4）招聘方法。（5）招聘预算。（6）招聘时间安排。

三、发布招聘信息

发布招聘信息是一项十分重要的工作，直接关系到招聘任务完成的质量。组织要将招聘信息通过多种渠道（如报纸、网络等）向社会发布，向社会公众告知用人计划和要求，确保有更多符合要求的人员前来应聘。

发布招聘信息要注意3个方面的问题：

（1）信息发布面要广泛。发布的信息覆盖面越广，接收到该信息的人就越多，这样招聘到合适人选的概率就越大。（2）信息发布时机要及时。在条件许可的情况下，招聘信息应该尽早地向外界发布，这样可以使更多的人获得招聘信息，企业可以尽快发现所需人才，进而缩短招聘进程。（3）要有针对性。组织要根据招聘岗位的特点，有针对性地向特定层次的人群发布招聘信息。

四、甄选

甄选是组织运用适当的标准和方法从应聘者中挑选合适的人员。员工甄选直接关系到组织今后的人力资源的质量,因而它是整个招聘过程中最为重要的一环。甄选的过程一般包括对所有应聘者情况进行初步的审查、知识与心理素质测试、面试,以确定最终的录用者。

五、录用

人员录用过程一般可分为合同的签订、新员工的安置、岗前培训、试用、正式录用等几个阶段。

试用就是企业对新上岗员工的尝试性使用，这是对员工的能力与潜力、个人品质与心理素质的进一步考核。

员工的正式录用是指试用期满后，对表现良好、符合组织要求的新员工，使其成为组织正式成员的过程。一般由用人部门根据新员工在使用期间的具体表现对其进行考核，做出鉴定，并提交人力资源管理部门。人力资源管理部门对考核合格的员工正式录用，并代表组织与员工签订正式录用合同，正式明确双方的责任、义务与权利。

正式录用合同一般应包括以下内容：（1）当事人的姓名、性别、住址和法定社会身份。（2）签订劳动合同的法律依据，劳动合同期限。（3）工作内容，劳动保护和劳动条件。（4）劳动报酬，劳动纪律，变更和解除劳动合同的条件与程序。（5）违反劳动合同的责任与处置等。

六、评估招聘效果

一般在一次招聘工作结束之后，要对整个评估工作做一个总结和评价，目的是进一步提高下次招聘工作的效率。招聘效果评估主要是对招聘时间、招聘成本和录用人员等方面进行评估。

（一）招聘时间

在招聘计划中一般都有对招聘时间的评估。在招聘活动结束后要将招聘过程中各个阶段所用的时间与计划的时间进行比较，为今后更加准确地确定招聘时间奠定基础。

（二）招聘成本

招聘成本评估是指对招聘中的费用进行调查核实，对照预算进行评价的过程，它包括招聘成本评估和招聘核算两部分。

1. 招聘成本评估

招聘成本评估是评价招聘效果的一个重要指标，可以通过计算各种招聘方法的招聘单价进行评估，即其他条件相同时，招聘单价越低，招聘成本就越低。招聘单价可以通过公式计算：

招聘单价 = 招聘费用/应聘者人数。

2. 招聘核算

招聘核算是对实际发生的招聘使用费用与预算费用进行比较，就可以了解招聘中经费使用情况是否符合预算标准，如果不符合要分析哪个环节出现差异，以利于下次更准确地制定招聘预算。

（三）录用人员评估

录用人员评估就是根据组织招聘计划和招聘岗位的工作分析对所录用人员进行的数量、质量和结构等方面的评价过程。录用人员评估是一项十分重要的工作，只有在招聘成本较低，同时录用人员数量充足且质量较好时，才说明招聘工作的效率较高。录用人员的数量和质量可以通过以下几个数据来表示：

1. 应聘者比率

应聘者比率说明员工招聘的挑选余地和信息发布状况。其计算公式如下：

应聘者比率 = 应聘者总数/计划招聘员工数 × 100%

一般来说，应聘者比率越大，说明组织的招聘信息发布得越广、越有效，组织的挑选余地就越大；反之，该比率越小，说明组织的招聘信息发布得不适当或无效，组织的挑选余地就越小。应聘者比率至少应当在 200% 以上。

2. 员工录用比率

员工录用比率是对招聘质量方面的评估。其计算公式如下：

员工录用比率 = 实际录用员工数/应聘者总数 × 100%

员工录用比率越小，说明可供筛选者越多，实际录用员工的质量可能比较高；反之，该比率越大，说明可供筛选者越少，实际录用员工的质量可能比较低。

3. 招聘完成比率

招聘完成比率说明招聘员工数量的完成情况。其计算公式如下：

招聘完成比率 = 实际录用员工数/计划招聘员工数 × 100%

该比率越小，说明招聘员工数量越不足；如果为 100%，则意味着该组织按计划招聘到所有需要的员工。

第三节 招聘的主要方式

员工招聘需要通过一定的方式来完成，其主要方式包括内部招聘和外部招聘两种。这两种招聘方式在具体选择方面并不存在谁优谁劣，一般来说，把两种招聘方式相结合效果会更佳。

一、内部招聘

在运用内部招聘时，应该了解内部招聘的来源、方法，把握内部招聘的优缺点，这样才能有效地运用该种方法。

（一）内部招聘的来源

内部招聘主要是从组织内部进行人才的选拔，通常通过以下渠道来完成：

（1）内部提拔。内部提拔就是让企业内部符合条件的员工从一个级别较低的岗位晋升到一个级别较高的岗位。这种做法会给员工一个升职的机会，使他们感到自己有希望、有发展的机会，对于激励员工非常有利。

（2）工作轮换。工作轮换是指当企业中出现人员空缺的岗位时，将与空缺岗位同层次员工调去工作的过程。工作轮换往往是两人以上有计划地进行的，一般只在同级之间进行工作轮换。

（3）重新聘用。重新聘用是对由于某些原因企业有一些不在位的员工，例如，对下岗人员、长期休假人员的重聘，这些人员虽已在其他地方工作，但关系还在本企业。对这些人员的重聘会使他们有再为企业尽力的机会，同时可以减少企业培训等方面的费用。

（4）内部公开招募。内部公开招募是面向企业全体人员的，其做法是通常企业在内部公开空缺岗位，吸引员工来应聘。

（二）内部招聘的方法

在进行人员内部招聘时，一般采用以下几种方法：

（1）推荐法。推荐是由本企业内部员工根据企业的需要而推荐其熟悉的合适人员，供用人部门和人力资源部门进行选择和考核。由于推荐人对用人部门及被推荐者的情况都比较了解，使双方很容易了解对方的信息，便于企业的决策，此方法成功概率很大。缺点就是在推荐时比较主观，很容易受到个人因素的影响，进而可能影响到企业内部的员工团结。

（2）布告法。布告法是在确定了空缺岗位的性质、职责、要求的情况下，将这些信息以布告的形式，公布在企业内部的墙报、布告栏、内部刊物、企业网站等企业内部信息交换或发布媒介上，尽可能使全体员工都能获得信息。一般来讲，该方法常用于非管理层人员的招聘，特别适用于普通员工的招聘。缺点就是时间周期长，可能导致岗位长期空缺，影响企业正常运行。

（3）档案法。人力资源部门都有员工的档案，从中可以了解到员工在教育、培训、经验、技能、业绩等方面的信息，帮助用人部门与人力资源部门寻找合适的人员补充岗位空缺。需要注意的是，人力资源部门在档案管理上要及时而且真实，在使用该方法时，发现有合适人员时，一定要做好与员工的沟通，了解其对空缺岗位的认知。

（三）内部招聘的优点

内部招聘具有很多的优点，其主要表现在如下几个方面：

（1）有利于鼓舞士气，提高工作热情，调动内部员工的积极性。内部提升制度给每个人带来希望。每个员工都知道，只要在工作中不断提高能力，丰富知识，就有可能被分配担任更重要的工作，这种职业生涯中的个人发展对每个人都是非常重要的。得到升迁的员工会认为自己的才干得到组织的承认，因此，他的积极性和绩效都会进一步提高。

（2）有利于保证选聘工作的正确性。由于对机构中的人员有较充实可靠的资料，可了解候选人的优缺点，以判断其是否适合于新的工作。候选人在企业中工作的经历越长，企业越有可能对其做全面深入地考察和评估，从而保证选拔工作的正确性。

（3）有利于使被聘者迅速展开工作。组织内成员对组织的历史和现状比较了解，能较快地胜任工作，工作起来要比外聘者显得得心应手，从而能迅速打开局面。用环球学习资源公司总裁凯文·惠勒的话来说，通过内部流动二次招聘到的人才“像黄金一样珍贵。内部员工对企业的忠诚度和满意度更高，他们能在量短时间内熟悉业务，并且能为企业节省一笔招聘和培训费用”。

（4）有利于内部资源的充分利用。内部招聘使组织对人才的使用在动态组合中得到锻炼和成长。在组织内部，员工的使用不是一次性的结果。而应该根据组织的需要和个人的成长不断地进行动态组合。在这个过程中，工作变动使员工在不同的岗位上得到锻炼，而竞争的压力促使员工重视自身知识的丰富和能力的加强，最终使组织的整体人才素质得到提高。

（四）内部招聘的缺点

内部招聘具有上述优点的同时，我们也必须看到其缺点的存在，内部招聘的缺点主要表现在如下几个方面：

（1）容易引起同事的不满。因为提升的人员数量毕竟有限，若有些人条件大体相当，但有的被提升，而有的仍在原来的岗位，可能会使落选者产生不满的情绪，从而不利于被提拔者开展工作。

（2）容易造成“近亲繁殖”，抑制创新。由于组织成员习惯了组织内部的一些既定做法，不易带来新观念，可能会产生“团体思维”现象，抑制了个体创新和组织创新，而不断创新则是组织生存与发展的不可缺少的因素。

（3）人、岗并非是最佳的匹配。从内部招聘到的人可能只是组织中最合适的人，却并非一定是最适合职位的人。如组织中存在较多的主管空缺职位，而组织内部的主管人才储备或者在量上不能满足需要，或者是在质上不符合职务要求时，如果仍然坚持从内部提升，就将会使组织既失去得到一流人才的机会，又使不称职的人占据主管职位，这对组织活动的正常进行以及组织的发展是极为不利的。

二、外部招聘

与内部招聘相对应的就是外部招聘，外部招聘与内部招聘一样，具备一定的招聘来源和方法，同时也具有本身的优、缺点。

（一）外部招聘的来源

1. 高等和中等院校

学校通常被分为中等院校和高等院校两类。中等院校是许多单位招聘办事员和其他初级操作性员工的主要渠道，而高等院校则是发现大批年轻的、具有较高素质的、潜在的专业人员以及技术人员和管理人员的主要场所。

2. 竞争对手和其他单位

对于需要相关专业工作经验的岗位来说，用人单位可以考虑通过正常合法的途径，从同一行业或同一地区的其他单位招聘人才，有时甚至从竞争单位“挖人”，这种方式也构成了外部招聘的来源。

3. 其他人员

包括下岗失业者、退伍军人、退休人员，企业也可以从这些人员中招聘所需人才。

（二）外部招聘的方法

外部招聘可以采用多种招聘形式，下面介绍几种较为普遍采用的外部招聘方法。

1. 广告招聘

广告招聘是应用很广泛的一种方法，它可以比较容易的从劳动力市场中招聘到所需的人才。其传播媒体可以是大学校园里的布告栏、专业技术杂志、报纸和电视等。广告的作用一方面是可将有关工作的性质、要求，雇员应该具备的资格等信息提供给潜在的申请人；另一个作用是向申请人“兜售”公司或企业的优势。广告的内容应该真实，虚假的广告会引起雇用时的不满和日后的跳槽。

随着现代社会对人才竞争的愈演愈烈，为了吸引更多的高素质的应聘人员，招聘广告的设计是很重要的。一份优秀的广告要充分显示出组织对人才的吸引和组织自然的魅力。一份好的广告应有：(1) 要有依据使人过目不忘的广告词。(2) 应突出企业徽志。(3) 应使用鼓励性、刺激性用语。（4）应说明招聘的岗位、人数、所需的资格条件，并注明待遇。

2. 职工引荐

职工引荐时将有关工作空缺的信息告诉现有人员，请他们向企业或组织推荐潜在的申请人。一些组织优势提供少量报酬以激励雇员推荐合适的申请人，尤其是在劳动力短缺条件下，往往采用这种方法。

职工引荐省时、省钱并能取得较好的效果，所以在很多企业获得广泛的应用。研究表明，通过这种方法招聘的人员比用其他方法招聘的人员跳槽率更低。但是，在我国目前的情况下，人员推荐可能给那些搞不正之风或裙带关系的人打开方便之门。因此，需要认真加以鉴别并经过严格的选择。

3. 校园招聘

大学的本科生、专科生和研究生是大多数专业管理人员和工程技术人员的主要来源。校园招聘的一种方法是管理人员或者其他代表访问学校并发表演讲；另一种方法是与学生签约并参观企业。一些大公司可以雇用专职招聘人员去校园招聘。

选择学校要靠几个因素。其中，第一个因素是要明确补充人员岗位的类型。如果一个企业需要控制水污染专家，那么招聘人员必须去那些设有环境研究专业的学校；企业或组织的规模是选择学校的另一个因素，大的公司可能到全国各地的大学去招聘，而小的组织则主要在本地的大学招聘；影响学校选择的第三个因素与过去招聘的经历和结果有关。

当然，做这种决策的时候，应该考虑劳动力市场条件是否发生了较大的变化，如对该大学毕业生的社会需求是否已经明显减少等。

4. 委托各种劳动就业中介机构招聘

企业可以利用各种人才市场、劳务市场、各种职业介绍所进行招聘，也可以委托各类学校的毕业生分配部门推荐。这种招聘方法具有选择面大、可信性大、工作量少的特点。

5. 网络招聘

网络招聘是利用互联网技术进行的招聘活动。随着互联网时代的到来，网络招聘受到越来越多的用人单位和求职者的欢迎。大多数企业都是在人才网站进行注册，成为会员，由人才网站为他们提供服务，例如，发布人才招聘信息、查询人才简历、提供中介服务等。这种招聘方式费用较低，一般每月 300～2000 元。企业如果有自己的网站，也可以在自己的网站上发布需求信息，这种方式的直接成本更低，但影响力有限。

（三）外部招聘的优点

外部招聘对企业来说，具有优点为：（1）有利于企业的发展和创新。新员工会带来不同的价值观和新观点、新思路、新方法，使得企业在管理和技术方面都能够得到完善和改进，避免了企业内部的近亲繁殖，为企业的发展注入新的动力。（2）有利于了解外部信息，树立企业形象。外部招聘是一种有效的与外部信息交流的方式，通过与候选人的面试沟通，可以了解外部市场的行情、企业的动态、招聘岗位的市场薪资状况等；同时，外部招聘会起到广告的作用，树立企业良好形象，从而形成良好的口碑。（3）有利于激发内部员工的斗志和潜能。通过从外部招聘优秀的人员，无形中给组织原有的员工施加压力，他们会形成危机意识，以那些优秀的人员为榜样，激发他们的斗志和潜力，使组织形成一种良好的竞争氛围，促使大家的共同进步。（4）有利于缓和内部竞争者之间的紧张关系。内部同事之间为了竞争某一个工作岗位，他们之间难免会互相竞争，进而产生矛盾，不利于企业的运作和管理。如果从外部引入员工，他们之间的竞争会因此而消失，原来那种紧张关系会得到缓和，从而有效地避免了组织成员之间的不团结。

（四）外部招聘的缺点

外部招聘在具备上述优点的同时，也有其自身的缺点，主要包括以下几个方面：（1）甄选时间较长，决策难度大。从确定招聘岗位需求到最终录用新员工并入职，这中间要耗费较长的时间；况且通过若干次面试或者各种素质的测评就必须判断候选人是否符合本组织空缺岗位的要求，有一定的难度，会增加决策风险。（2）成本较高。外部招聘需要通过不同的渠道来发布招聘信息或者通过中介机构、猎头招募时，需要支付一定的费用，若是利用招聘洽谈会或猎头公司开展招聘工作，企业支付的成本会更大。再加上后续的选拔过程，需要很多招聘人员参与，这就需要花费较多的人力、财力，还占用大量的时间。（3）新员工角色进入慢。外聘员工需要花费较长的时间来进行磨合和定位，需要较长时间才能熟悉组织的内部员工、内部工作流程、管理规章制度等，其学习和培训的成本较高，而且还很可能会出现“水土不服”的现象，很难融入到企业文化氛围之中，影响工作的开展和创造力的发挥。（4）影响内部员工的积极性。如果组织中有员工具备胜任空缺岗位的素质和愿望，但是却没有被选拔或提拔，而是从外部招聘的人员中填补该岗位的空缺，就可能会挫伤有上进心、有事业心的内部员工的积极性和自信心，或者引发内部人才之间的冲突和矛盾。

第四节 面试的组织与实施

运用一定的招聘方式完成人员的招聘后，要对这些人员进行系统的选拔，面试是用人单位招聘时最常用、也是必不可少的选拔人才的手段。在现代社会，越来越多的用人单位都选用这种方法。

一、面试的涵义

面试是指组织和应聘者直接见面，通过对话、提问等方式让应聘者当面回答问题，了解应聘者的业务知识水平、工作经验、求职动机、沟通能力等素质活动过程。

面试可以比较全面地考察应聘者的综合素质，加强双方的交流，提高招聘的匹配率。但如果面试者的经验不足，所掌握的信息不充分，面试的结果就会有很大的偏差。因此面试能否成功，主要取决于面试者，面试者应该准确地把握面试的内容，做好面试的准备工作。

二、面试的内容

一般地，企业面试时可选择以下内容：

（1）仪表风度。（2）专业知识。（3）工作实践经验。（4）口头表达能力、综合分析能力、人际交往能力、应变能力、自我控制能力。（5）工作态度。（6）求职动机。（7）上进心。（8）业余兴趣与爱好。

三、面试的类型

由于面试很复杂，人们对面试按照一定的标准进行分类。根据面试的内容、方式等的不同，可以将面试划分为不同的类型，具体划分内容如下。

（一）结构化面试与非结构化面试

根据面试的标准化程度，面试可以分为结构化面试与非结构化面试。

1. 结构化面试

结构化面试是指面试题目、评分方法和评分标准、实施程序、考官构成等方面都有统一明确的规定。结构化面试由于应聘者的客观条件相同，因此具有一定的客观公正性。但是不够灵活，不能充分调整提问，以了解应聘者某些方面的信息。

2. 非结构化面试

非结构化面试是对与面试有关的因素不做任何限定，可以由面试者根据情况随时提问，鼓励应聘者多谈，再根据应聘者对问题的反应进一步提问，以考察应聘者是否具备某一职务的任职条件。由于非结构化面试类似于人们日常的非正式交谈，因此除非结构化面试考官的个人素质极高，否则很难保证非结构化面试的效果。

（二）压力性面试与非压力性面试

根据面试时应聘者是否会承担一定的压力，可以将面试分为压力性面试与非压力性面试。

1. 压力性面试

压力性面试就是让应聘者接受一定的刺激，如挑衅性的、刁难性的等问题，将应聘者置于一种人为的紧张气氛中，以考察应聘者的应变能力、自我控制能力等。典型的压力性面试是以考官穷追不舍的方式连续就某事向应聘者提问。

2. 非压力性面试

非压力性面试是在没有压力的情景下考察应聘者有关方面的素质，主要是询问应聘者过去工作方面的情况。

（三）单独面试与集体面试

根据面试实施的方式，面试可以分为单独面试与集体面试。

1. 单独面试

单独面试是指考官与应聘者一对一的单独面谈，这是最普遍的一种面试方式，该种方式能够让面试双方较深入地交流。单独面试分为两种类型：一是由一个考官负责整个面试过程，这种面试大多用在较小规模的单位录用较低职位的人员；二是由多位考官分工负责面试的整个过程，但每次也只有一位考官与一位应聘者面谈。

2. 集体面试

集体面试是由多位考官对应聘者进行面试。这种面试中并非每一位考官都要提问，但是每一位考官都要根据面试情况对应聘者进行打分。这种方法主要用于考察应聘者的人际沟通能力、口头表达能力等。

四、面试的基本程序

面试是考官与应聘者之间进行相互交流的过程，因此，面试的随意性较大。为了保证面试效果，提高面试的质量，一般情况下，在面试的实施过程中，应按照以下五个阶段来组织实施。

（一）准备阶段

面试前的准备阶段主要包括确定面试的目的、科学地设计面试问题、选择合适的面试类型、确定面试的时间和地点等。面试考官要明确此次面试要达到什么招聘目的，根据目的设计面试的事项和范围，并要写出面试的提纲。同时在面试前要详细了解应聘者的资料，了解应聘者的个性、社会背景等。在此基础上，选择合适的面试类型，确定面试的时间和地点，并通知面试者本人。

（二）开始阶段

面试开始阶段主要是让应聘者放松心情，慢慢进入面试状态。这个阶段要做好两个方面的工作：

（1）创造友好氛围，让应聘者放松心情。为了避免应聘者面试开始前的紧张，面试考官可以问一些简单的问题。例如，可以问一些类似的问题：路上堵车吗？从哪过来的啊？等等。

（2）提问基本问题，导入面试。紧张的氛围消除之后，面试考官应提问一些应聘者比较熟悉的问题，例如，让应聘者介绍一下自己的文化程度、工作经历等，以进一步缓和应聘者的紧张情绪。

（三）实施阶段

面试的实施阶段是正式面试阶段，是通过谈话与观察对应聘者能否胜任拟聘岗位的综合素质进行探询与判断的关键阶段。可以采用灵活的提问方式，交流时还应该注意应聘者的行为与反应。当然，所提问题要先易后难，尽量营造和谐的面试环境。

在这个阶段，面试考官要着重收集关于应聘者是否具有胜任应聘该岗位的信息，主要包括应聘者过去的工作能力、工作业绩和工作经验。

（四）结束阶段

在这个阶段，考官还需要做好以下两个方面的工作：一是检查确认，指考官要进一步检查自己是否遗漏某些有关应聘者必须具备的素质和能力方面的问题；二是给予应聘者机会，指考官给应聘者一个机会，询问应聘者是否有问题要问，是否有要加以补充和修正之处。需要注意的是，不管录用与否，均应在友好的气氛中结束面试。

（五）评估阶段

面试结束后，对应聘者根据面试的记录表进行评估。评估可采用评语式和评分式两种评估方式。评语式评估可对应聘者的不同侧面进行深入地评价，能够反映出每个应聘者的特征，但应聘者之间不能进行横向比较。而评分式评估是对每个应聘者相同的方面进行比较而进行的评估。一般情况下，将评语式评估和评分式评估结合起来做出正确的录用决策。

五、面试问题设计技巧

面试问题的设计对于面试的组织来说也是非常重要的。这些基本问题主要来源于所要招聘岗位的工作说明书和应聘者的个人资料。

1. 招聘岗位的工作说明书

根据招聘岗位的工作说明书，了解岗位的职责和任职要求，以此为出发点，设计一些能够反应应聘者是否具备该岗位所要求的能力的问题，这是面试问题设计中最为重要的内容。面试考官只有把握好招聘岗位的工作说明书，才能为组织招聘到优秀的人才。

2. 应聘者的个人资料

面试问题的设计还可以依据应聘者的个人资料信息，设计一些有关应聘者过去经历的问题。通过这些问题的提问，考官也能捕捉到应聘者所具备的能力。

六、面试提问的技巧

面试过程中，有效的提问能够提高面试的效率，因此，面试主考官必须掌握一定的面试技巧。

（一）开放式提问

开放式提问是让应聘者自由地发表自己的意见，考官以此获取信息，同时还避免被动。这种提问方式一般在面试开始时运用，用于缓解面试的紧张气氛，消除应聘者的心理压力，使应聘者充分发挥自己的水平。

（二）封闭式提问

封闭式提问是让应聘者对某一问题做出明确的答复。这种提问方式表示面试考官不想让应聘者就某一问题继续谈论下去，不想让对方多发表意见。例如：你曾做过办公室文秘工作吗？一般用“是”或“否”回答。

（三）假设式提问

假设式提问是鼓励应聘者从不同角度思考问题，发挥应聘者的想象能力，以探求应聘者的态度或观点。在这种提问中，考官为应聘者假设一种情况，让应聘者在这种情况下作出反应，回答提出的问题，进而来考察应聘者的工作经验、应变能力、解决问题的能力等。例如：如果你是办公室主任，办公室秘书模仿你的字迹签字，单位出车将其父母送到医院，你将如何处理这件事情？

（四）连串式提问

连串式提问就是考官向应聘者提出一连串的问题，要求应聘者逐个回答。这种提问方式主要是考察应聘者的记忆能力、归纳能力、反应能力等。

（五）举例式提问

举例式提问就是让应聘者列举符合应聘职务要求的、与其过去从事的工作相关的事例，从中总结和评价应聘者的相应能力。

七、面试环境的布置

面试环境的布置对能否收到较好的面试效果也会产生重要的影响。握手、微笑、简单的寒暄、轻松的开场、合理舒适的座位等都是较为理想的面试环境，这样有利于营造宽松的氛围。

在面试环境方面，要做到：（1）面试的环境必须是安静的。面试地点最好不要选择考官平时的办公室，这样会有一些人员、电话的干扰。同时也要注意周边环境，不要有太大的噪声。（2）面试考官和应聘者的位置必须是适宜的。面试中常见的位置安排有两种：一种是圆桌会议的形式，多个面试考官面对一个应聘者；另一种是一对一形式，桌子按一定方式排列，面试考官与应聘者相对而坐，距离较近，这样可以缓和紧张。（3）要注意面试环境中的颜色布置。颜色也会影响人的情绪和行为。因此，在面试过程中，要注意周围物品的颜色应当相互协调，让人产生一种舒适感。（4）适宜的光线和温度。

八、面试中应该注意的问题

在面试过程中，提问的技巧、环境是必须考虑的内容，除此之外，还应该注意以下几个问题：（1）面谈要有计划性。在进行面试前，面试考官应系统地思考整个面试的过程，避免面谈过程杂乱无章、内容重复、沟通不充分、面谈控制失败等，要有计划性和目的性。即面试考官要考虑一些具体的问题：例如，我要达到什么目的？我要向应聘者介绍我们单位吗？允许应聘者在这段时间里提问吗？这些问题要在面试前作好准备。（2）选择合适的场所。面试者要注意营造整个面谈过程的良好气氛，选择合适的场所，保持与应聘者进行轻松自如的交流，不要给应聘者造成心理压力。（3）问题设计要合理。面试中，诸如让应聘者描述自己的能力、特点、个性的问题尽量少提，因为这种类型问题的答案难以为面试考官提供有价值的信息。应该提问应聘者一些行为性的问题，让他们举出一些具体事例来说明。(4) 面试评价要客观。面试评价是由考官根据应聘者在面试中的表现做出的，因此该评价一定会受考官主观因素的影响。在实践中，我们要尽量控制这种主观因素的影响，使面试评价具有客观性。但在现实招聘和选拔中，我们经常会看到有的考官在面试评价时主观随意，这是不可取的，这样的结果不论对于考官自己所在的单位，还是对应聘者来说都是不利的。(5) 了解应聘者的求职动机。有的面试考官将大量的精力放在测试应聘者的专业知识和专业技能上，而忽略了应聘者的求职动机。如果应聘者对应聘的工作持消极的态度，或者他对工作本身没有任何的兴趣，这种求职动机必然会影响到工作，甚至会带来严重的负面影响，所以，面试考官在面试中一定要注意考察应聘者的求职动机。

第五节　员工录用与评估

招聘工作结束后，就要根据招聘结果做出录用的决策，即如何通知被录用者以及让被录用者尽快上岗工作，这就是员工的录用。员工的录用就是企业根据工作的需要聘用新员工的管理活动，通过这种活动，企业内部进入新鲜的空气，使人员得到补充。

一、员工录用的一般程序

员工的录用并不是简单地将员工安排到所需要的岗位，而必须遵循一定的程序来完成。

（一）筛选

在员工招聘过程中，从应聘者递交申请表开始，人力资源管理部门就对求职申请表进行筛选，从中选出面试候选人，再安排这些候选人参加面试或测试；面试或测试结束之后，对这些候选人再进一步进行筛选，初步定出录用者名单。

员工的录用首先就要对这些录用者名单进行筛选，这个程序亦被称为“粗筛”，以便迅速地排除明显不合格的求职者，提高录用工作的效率。但是由于求职者所提供信息的种类和数量不尽相同，因此对求职申请表的审查筛选的难度也很大。为了保证筛选程序的可靠性，应要求所有参加筛选工作的人员使用同样的标准审查求职者的个人信息，客观地筛选出所要聘用的人员。

（二）笔试和测试

对筛选合格的人员要进行相应的笔试和测试，它是人员录用过程中最为关键的一步。

1. 笔试

笔试主要用于测试求职者的基本知识、专业知识、管理知识以及综合分析能力、文字表达能力等方面的差异。笔试是使用频率非常高的一种人才选拔方法，它不但省时、成本低、效率高，而且对求职者的知识、技术、能力的考察可信度和有效度也较高。但是笔试不能全面考察求职者的工作态度、品德修养和其他一些隐性能力，许多组织都把它作为进入面试阶段的第一道关口。

2. 测试

组织在录用员工过程中有时会采用一些测试方法对应聘者的知识技能进行测试，这对于某些工作岗位和某些技能来说是一种有效的评估方法。测试的方法有很多种，常见的测试方法有以下几种：

（1）能力测试。能力测试通常包括认知能力测试、运动和身体能力测试。认知能力测试是对人的智力能力进行的测试，包括智力测试和特殊认知能力测试。

智力测试要测量求职者的学习和适应环境的能力，这种能力包括观察能力、记忆能力、思维能力和想象能力等。智力的高低在某种意义上代表了人的能力的高低，而人的能力的高低又意味着他们能够担任的职位的高低，智力的高低通常以智商（IQ）来表示。平常人的智商为90%～109%，优秀者的智商为120%～139%，非常优秀者的智商为140%以上，智力缺陷者的智商为69%以下。在录用过程中运用智力测试，能够测出应聘者的智商水平，可以为组织适人适位地招聘配置员工打下科学的基础。特殊认知能力测试主要包括逻辑归纳能力测试、语言能力测试、运算能力测试、推理判断能力测试，能够反映应聘者对工作的能力倾向。

运动和身体能力测试包括运动测试和身体能力测试，运动测试测量一个人的力量、灵活性及协调性，包括手指灵活度、手腕的运动速度、手臂的运动速度。身体能力测试包括力量和耐力测验。身体能力测试常用来衡量日常生产活动和某些办公室工作。

（2）个性和兴趣测试。个性测试是评估求职者的各种个性特点，如独立性、果断性、自信心等，它对于申请某些工作的求职者很重要，如销售人员需要果断、外向及有较强的人际交往技能，而管理者需要有自信心和开放的思想等。个性测试一般分为两类：一是自己陈述式测试。就是向求职者提出一组关于个人行为、态度方面的问题，求职者根据自己的实际情况回答，从而判断他们的个性特征。这种方法最大的缺点在于求职者的诚信，即求职者是否美化自己的个性特征，尤其在问卷的答案倾向性过于明显时；二是投射法测试。就是向求职者提供一些刺激物或设置一些刺激情景，让他们在不受限制的条件下自由地做出反应，测试者通过分析反应的结果，从而判断求职者的个性特征。这种方法可以探究到个体更多尚处于潜意识中的欲望、需求和动机。

兴趣测试主要指职业兴趣测试，是人们对具有不同特点的各种职业的偏好以及从事这种职业的愿望。一个人职业上的成功，不仅受到能力的制约，而且与其兴趣和爱好有密切的关系，职业兴趣作为职业素质的一个方面，往往是一个人职业成功的重要条件。职业兴趣测试的主要途径就是采用职业兴趣测验量表或问卷来进行。现在较常用的测试有美国心理学家库德的《职业兴趣量表》、霍兰德的《职业倾向量表》和《自我职业选择量表》等，其中以霍兰德的《职业倾向量表》应用最为广泛。

（3）工作样本测试。工作样本测试就是要求应聘者完成职位中的一项或若干项任务，根据任务的完成情况来做出评价，这种方法强调直接衡量工作的绩效，具有较高预测效度。在事实工作样本测试时，首先应挑选几项对应聘人员的职位十分关键的任务，然后就每一项被选任务对应聘者进行施测，同时由一名测试者对应聘者的表现进行监测，并记录下应聘者执行该任务的情况，最后由测试者对应聘者的表现和工作的完成情况做出评价。

工作样本测试的优点在于由于它测量的是实际工作任务，应聘者很难进行伪装或做出虚假的答案，而且工作样本与实际工作的相关度很高，能够保证组织不违背公平就业的原则。缺点在于该测试需要对每个应聘者进行单独测试，实施成本较高，不适用于那些完成周期较长的任务。

(4) 评价中心测试。评价中心测试是当代管理中识别有才能的管理者的最有效的测试方法，它是通过把应聘者置于相对隔离的一系列模拟工作情景中，以团队作业的方式，并采用多种测评技术和方法，观察和分析应聘者在模拟的各种情景压力下的心理表现和工作绩效，以测量应聘者的管理能力的一个综合性全面性的测评系统。评价中心测试所采用的多种测评技术和方法包括无领导小组讨论、公文筐测验、演讲辩论、角色扮演等。

(5) 情商测试。情商（EQ）是20世纪90年代由美国心理学家提出的新概念，经研究发现，人的情商对成功起到了关键性的作用。在现实生活中，很多智商很高的人不一定很有成就，而智商不高的人却有很多取得了成功。情商测试主要是衡量一个人对自己情绪的认知和调控能力，主要包括自我意识、控制情绪、自我激励、认知他人的情绪和社会适应性五个方面的内容。

(三) 面试

一般由企业的人力资源部门主管、用人部门主管和有关专家共同主持。

(四) 背景调查

背景调查是为了证实个人简历中的细节，例如，身份证明、教育背景、各种证书的真实性、先前的工作表现、离职的原因等。通过背景调查能够甄选出更好的人员，特别是对于职责水平比较高的工作职位，背景调查就显得更加重要。

背景调查的内容应以简明、实用为原则，调查的内容分为两类：一是通用项目，例如，毕业学位的真实性、任职资格证书的有效性；二是与工作说明书要求相关的工作经验、技能和业绩。

(五) 体检

体检一般是在应聘者所有测试都通过后，在其正式就职之前进行的。其目的一是要确定应聘者的身体状况是否适合该职位及环境的要求，减少事故的发生，保证企业工作任务的完成，同时间接节省用人成本；二是为后续的健康检查提供基础，也为未来保险或雇员赔偿提供服务；三是及时发现应聘者本人可能不知道的传染疾病。由于特定行业从业人员与人群密切接触，有可能传播传染病，因此对该职业或工种需要进行强制性体检。当然，体检要特别注意合法性，不能对应聘者有疾病歧视。

一般企业的体检内容可以分成两类：

(1) 普通入职体检。指临床物理检查：内、外、耳鼻喉、眼、口腔科、体重；血压；胸部X光透视。

(2) 标准入职体检。指临床物理检查：内、外、耳鼻喉、眼、口腔科、体重；血压；化验（肝功能11项、乙肝两对半（酶标））；其他（胸部X光透视）。

(六) 录用决策

录用决策是依照人员录用的原则，避免主观判断和不正之风的干扰，把选择阶段多种考核和测验结果组合起来，进行综合评价，从中择优确定录用名单，实现人适其岗、岗得其人的合理匹配过程。

录用决策就是对应聘者进行判断，做出对应聘者的录用或拒绝的决定。首先要确定录用决策主体，就是最后决定录用的人或机构。由于企业的需要和雇佣职位的不同，录用决策的主体也会不同。然后要根据不同的类型做出录用决策，录用决策的类型包括：一是以人为标准，就是指将人员安置到最合适的岗位上，实现人尽其才、才尽其用；二是以职位为标准，就是按照岗位要求选择最合适的人选；三是以双向选择为标准，就是由于单纯以人为标准和单纯以职位为标准均有欠缺，因此从人和职位双向选择的角度出发，合理配置人员。最后由录用决策主体根据这三种类型并运用正确的决策方法做出录用决定。

（七）录用手续的办理

在以上程序的基础上，一旦做出录用决定，就要为被录用者办理相关的录用手续。

1. 录用通知

录用决定做出后，应马上通知录用者。录用通知的主要内容包括：（1）对新雇员的加入表示欢迎。（2）明确员工报到的相关内容。（3）报到的时间和地点。（4）如何到达及其他应该说明的信息。

录用通知范例：

××股份有限公司录用通知书

日期：____年____月____日

______先生/女士：

我代表××公司很高兴地通知您，欢迎您加入我们公司__________部，任__________职位，级别为__________。

经与您协商，入职日期定于______年______月______日，试用期为三个月，根据工作表现可以提前，但不能短于一个月。您的职责与待遇如下：

（1）工作时间：公司的工作时间为早晨8:30至下午17:00。中午11:30至13:00为午餐及休息时间。

（2）待遇说明：

1）月薪为________元，其中：__________。公司将在您的月工资中按劳动法规定代扣出您的个人所得税的个人缴纳部分及其他国家规定的有关保险等费用。

2）年终根据公司业绩及制度发放奖金。

3）公司提供工作午餐或午餐补助。

4）手机费报销额度为________元。

5）档案调入公司后，可享受社会养老保险与住房公积金，公司将从工资中代扣个人应缴部分。

6）此外，公司还额外为您提供补充养老保险和商业医疗保险。

（3）您有义务对您的薪资内容保密，不将其告知第三方。

（4）聘用解除：试用期间，无论您还是公司（经总经理签字）都可以在任何时间、以任何理由解除聘用关系，但需提前30日通知对方。

（5）办公地点。公司可根据业务要求安排您在公司的其他办公地点或公司下属机构工作。

（6）如您接受本聘书，请签字后送交人力资源部。

我们非常高兴您能加盟××公司，若有任何疑问，请随时向人力资源部提出。

员工签字：＿＿＿＿＿＿　　××股份有限公司

日　　期：＿＿＿＿＿＿　　人力资源总监：×××

2. 签订劳动合同

新员工进入企业前，应与企业签订劳动合同。劳动合同是劳动者与用人单位为确立劳动关系，明确双方责任、权利和义务的协议。合同中应对试用期、合同期限、生产工作任务、劳动安全卫生条件、报酬和福利、双方承担的义务和享受的权利、变更解除和终止合同的条件、违约责任、劳动争议处理等内容进行约定。合同签订后即具有法律效力，劳动者和用人单位都要严格遵守。

3. 新员工的安排与试用

新员工进入企业后，企业要为其安排合适的职位。一般来说，新员工的职位都是按照招聘要求和应聘者意愿来安排的，人员安排即是试用的开始，试用是对新员工的能力和潜能、个人品质、心理健康程度的进一步考察。

4. 正式录用

即通常所说的“转正”，是新员工试用期满，被组织正式接纳成为企业成员的过程。新员工能否被正式录用的关键在于试用部门对其考核的结果如何，企业对试用员工应坚持公平、择优的原则进行录用。

正式录用过程中，用人部门与人力资源部门应完成以下主要工作：员工试用期考察鉴定、依据考核结果进行正式录用决策、提供合理必要的待遇、制定员工发展计划、为员工提供必要的帮助和咨询等。

二、员工录用的基本模式

员工录用的基本模式有两种，即逐步筛选淘汰模式和信息累计综合评价选拔模式。

（一）逐步筛选淘汰模式

在这种模式中，每个步骤均为一关，通过这一关的人方能进入下一关。在整个筛选过程中，求职者人数逐渐减少，选择目标逐步集中。在人员征选工作量较大的情况下通常可采用这种工作模式，缺点是可能在某个或某些步骤中淘汰了最终不应该淘汰的人才。甄选过程中每一步骤的设计可能出于收集不同信息的目的而不同，在某一步骤中表现不及他人的人选可能在后面的步骤中有突出的表现，但逐步淘汰的方式使其失去表现其特长的机会，而组织则可能失去获得在某方面极有特长及潜能的人才的机会。为弥补这一缺陷，在设计人员评价维度和甄选步骤时，必须明确哪些是最重要的维度和步骤。

（二）信息累积综合评价选拔模式

这种模式在招聘录用过程中的每个步骤都是为了解求职者情况、积累有关信息，在对每个求职者在各步骤的表现或成绩进行综合评价和比较之后，再做出取舍决定。采用这种模式可以避免在甄选过程中淘汰不应该淘汰的人，但甄选工作量比采取逐步筛选淘汰方式要大。

三、招聘录用的评估

在招聘录用的过程中，由于招聘对象不同、职位不同，决定了招聘渠道和录用方式也不相同，而不同的招聘和选拔方式其成本也不相同。人员招聘选拔的任务就是用最低的成本将最能满足组织需要的人员吸引到组织中。对招聘选拔效果进行评估，可以使人力资源工作者了解不同招聘录用方式的效果和效益，为有效招聘提供依据。

（一）招聘录用的效率评估

招聘录用的效率是指组织吸引人们前来求职和获得合适员工的速度和数量，它在某种程度上反映了组织对人才的吸引力。招聘录用的效率可以通过对吸引人员应聘的数量、最终录用人员的数量、某职位平均的接受率、某职位平均的填补时间等指标来考核。

（二）招聘录用的质量评估

人员招聘录用的质量可以通过用户满意度、某职位平均流动率或招聘重复率进行考核，也可以通过所招聘录用人员的类型、职位、薪金等对人员招聘录用工作的难度进行考核。

（三）招聘录用的成本评估

招聘录用成本是招聘录用评价的一个重要指标。招聘录用成本评估是指对聘用中的费用进行调查、核实，并对照预算进行评价的过程，它是鉴定招聘效率的一个重要指标。

聘用单价＝总经费（元）/录用人数（人）

做招聘录用成本评估之前，应该制定聘用预算。每年的聘用预算应该是全年人力资源开发与管理的总预算的一部分，主要包括聘用广告预算、聘用测试预算、体检预算、其他预算。其中，聘用广告预算占据相当大的比例，一般来说按4∶3∶2∶1的比例分配预算较为合理。

（四）撰写聘用小结

聘用小结主要包括招聘计划、招聘过程、聘用结果、聘用经费、聘用评定。

第六节　人力资源的有效配置

组织在完成所有招聘程序之后，有一项非常重要的工作就是把招聘进来的人员实现有效地配置，这是员工招聘完成后必不可少的一项工作。只有完成人员的有效配置，才能充分发挥每个员工的能力，实现组织效益最大化。

一、人力资源配置的原理

人力资源的有效配置要从空间和时间两个方面来完成，而无论是空间配置还是时间配置都要遵循一定的配置原理。

（一）能级对应原理

组织要根据面试过程中人员所具备的能力进行配置。根据他们的不同能力特点，把他们安排在相应特点和水平的职位上，并赋予该职位应有的权力和责任，使每个人的能力水平与岗位要求相适应。

（二）互补增值原理

组织要根据新招聘的员工和原有员工的不同特点，合理的进行工作分工，有效地进行安排，保证他们在工作中均能发挥出个人的所长，同时，还能够互相弥补不足。这种互补关系的建立不但能够发挥个体成员的优势，而且对于组织的整体来说，其群体功能会放大，使组织达到增值的效果。

（三）弹性冗余原理

弹性冗余原理要求组织在人员配置过程中，既要达到工作的满负荷，又要符合劳动者的生理和心理要求，保证工作的安排要留有余地。

二、人力资源的空间配置

人力资源空间配置具体来说有 3 种配置方法：以人为标准进行配置；以岗位为标准进行配置和以双向选择为标准进行配置。

假设在一次招聘中测定出 10 位应聘者在 5 种岗位上的综合测试得分（见表 4-1），从这 10 个人中选出 5 个人来担任不同的岗位，具体配置方法如下。

表 4-1　10 位应聘者在 5 种岗位上的综合测试得分

岗位＼应聘者	A	B	C	D	E	F	G	H	I	J
1	4.5	3.5	2.0	2.0	1.5	1.5	4.0	2.5	2.0	1.0
2	3.5	3.0	2.5	2.5	2.5	2.0	3.5	2.0	2.5	0.5
3	4.0	2.0	3.5	3.0	0.5	2.5	3.0	3.0	1.0	1.5
4	3.0	2.0	2.5	1.5	2.0	2.0	3.5	2.0	0.5	0.5
5	3.5	4.5	2.5	1.0	2.0	2.0	1.5	1.5	1.0	0.5

（一）以人为标准进行配置

该种配置方法就是按每人得分最高的一项给其安排岗位，具体配置方法如下（见表 4-2）。

表 4-2　员工配置表一

岗位＼应聘者	A	B	C	D	E	F	G	H	I	J
1	4.5	3.5	2.0	2.0	1.5	1.5	4.0	2.5	2.0	1.0
2	3.5	3.0	2.5	2.5	2.5	2.0	3.5	2.0	2.5	0.5
3	4.0	2.0	3.5	3.0	0.5	2.5	3.0	3.0	1.0	1.5
4	3.0	2.0	2.5	1.5	2.0	2.0	3.5	2.0	0.5	0.5
5	3.5	4.5	2.5	1.0	2.0	2.0	1.5	1.5	1.0	0.5

根据表 4-2 中的数据，员工配置结果是：A（4.5）从事岗位 1 的工作，B（4.5）从事岗位 5 的工作，C（3.5）从事岗位 3 的工作，E（2.5）或 I（2.5）从事岗位 2 的工作，岗位 4 为空缺。

（二）以岗位为标准进行配置

该种配置方法就是按岗位得分最高的一项给其安排岗位，具体配置方法如下（见表 4-3）。

表 4-3　员工配置表二

岗位＼应聘者	A	B	C	D	E	F	G	H	I	J
1	4.5	3.5	2.0	2.0	1.5	1.5	4.0	2.5	2.0	1.0
2	3.5	3.0	2.5	2.5	2.5	2.0	3.5	2.0	2.5	0.5
3	4.0	2.0	3.5	3.0	0.5	2.5	3.0	3.0	1.0	1.5
4	3.0	2.0	2.5	1.5	2.0	2.0	3.5	2.0	0.5	0.5
5	3.5	4.5	2.5	1.0	2.0	2.0	1.5	1.5	1.0	0.5

根据表 4-3 中的数据，员工配置结果是：A（4.5）从事岗位 1 的工作（岗位 3 上 A 的得分也最高，但一人不能做两份工作，因此岗位 3 出现空缺），B（4.5）从事岗位 5 的工作，C（3.5）从事岗位 3 的工作，G（3.5）从事岗位 2 或岗位 4 的工作。

（三）以双向选择为标准进行配置

由于以人为标准或以岗位为标准进行配置均有缺欠，因此，可采用以双向选择为标准进行配置，即把人和岗位两者结合起来进行配置。具体配置方法如下（见表 4-4）。

表 4-4　员工配置表三

岗位＼应聘者	A	B	C	D	E	F	G	H	I	J
1	4.5	3.5	2.0	2.0	1.5	1.5	4.0	2.5	2.0	1.0
2	3.5	3.0	2.5	2.5	2.5	2.0	3.5	2.0	2.5	0.5
3	4.0	2.0	3.5	3.0	0.5	2.5	3.0	3.0	1.0	1.5
4	3.0	2.0	2.5	1.5	2.0	2.0	3.5	2.0	0.5	0.5
5	3.5	4.5	2.5	1.0	2.0	2.0	1.5	1.5	1.0	0.5

根据表4-4中的数据，员工配置结果是：A（4.5）从事岗位1的工作，B（4.5）从事岗位5的工作，C（3.5）从事岗位3的工作，E（2.5）或I（2.5）从事岗位2的工作，G（3.5）从事岗位4的工作。

三、人力资源的时间配置

人力资源的时间配置就是组织对员工的工作时间如何组织安排。对于企业来说，工作时间的组织包括建立工作班制、组织好工作轮班和合理安排工时制度。

（一）建立工作班制

企业里的工作班制包括单班制和多班制两种。单班制是指每天组织一个班生产，多班制是指每天组织两班或两班以上的员工轮流生产。实行单班制还是多班制，主要取决于企业生产工艺的特点。一般来说，实行单班制不利于厂房、机器设备的充分利用，但有利于员工的身体健康。实行多班制有利于充分利用机器设备，但需要组织工作轮班。

（二）组织工作轮班

工作轮班是指实行多班制生产条件下，组织各班人员按规定的时间间隔和班次顺序轮流进行生产活动的一种劳动组织形式。工作轮班除了要组织好多班制的解决轮休、倒班方法外，还要注意平衡各个轮班人员的配备，建立健全交接班制度等问题。

（三）合理安排工时制度

合理安排工时制度是工作时间组织的一项重要内容。我国已经把每周制度工时从48h缩短到40h，企业可以根据实际情况采取灵活的工作时间制度。

思考题

4-1 企业一般应在什么情况下进行员工招聘？

4-2 简述员工招聘的基本程序。

4-3 试比较内部招聘与外部招聘两者之间的差异。

4-4 什么是结构化面试？试举例加以说明。

4-5 简述员工录用的一般程序。

4-6 简述内部招聘与外部招聘的优缺点。

4-7 人力资源的空间配置包括哪些方法？

案例分析：

这样的面试环境行吗？

张婧是青岛某高校的学生，即将应届毕业。3月14日，她收到来自广州某日化企业的面试通知。面试通知上写着：

面试时间：2004 年 3 月 15 日，15:30。

面试地点：青岛市××宾馆 306 房。

广州××有限公司。

2004 年 3 月 14 日。

收到这份通知后，张婧欣喜不已，因为该公司算是国内比较知名的一家企业，平时生活中使用的许多物品就是该公司生产的。

第二天，经过一番精心准备后，张婧准时出现在××宾馆 306 房的门口。按过门铃后，里边传来很有礼貌的声音："请进!"

想到即将接受该知名企业的面试，张婧心里有点激动，但更多的是紧张。她深吸了口气，推开虚掩的房门走了进去。刚走进房间，一阵热得有点烤人的暖气就扑面而来。可能是该主考官有点怕冷吧，加上青岛的 3 月份气温还是很低的，张婧心里不以为意。走过短短的房廊后，张婧看到：正对门的窗户上拉着厚厚的窗帘；窗户下面放了张桌子，桌子上摆着一台处于开机状态的笔记本电脑，桌子旁边的椅子上放着一个打开的旅行包；椅子旁边的落地灯是开着的，发出黄色的灯光。房间里摆放着两张床，主考官坐在靠窗的那张床上，看见张婧进来，他起身微笑着和张婧打招呼，并示意张婧坐在另外一张床上。

此时，不仅张婧心里刚才的紧张没有消退，反而更感觉到有些微微的不自在。

面试考官很亲切地问张婧说，"需不需要来杯水?"张婧很有礼貌地婉言谢绝了。

"那我们就开始吧。"面试考官给自己水杯加了些水后，坐在张婧对面的那张床上说。

可能由于房间里空气流动不畅，暖气又开得太大的缘故，张婧明显感觉到床褥发出一种难闻的气味。房间内昏黄的光线，远处笔记本电脑的闪屏，以及与面试考官过近距离的对视，张婧感到更加的紧张和不自在，甚至开始感到一种不安。

后来，这次面试不到 15min 就草草结束了。

这次面试经历给张婧留下了深刻的印象。回来之后，张婧把面试的过程告诉了自己的同学，同时在学校 BBS 上把这一面试经过公布在找工作板块上……

（一）问题

这样的面试环境为什么会使张婧感到紧张和不自在?

（二）分析提示

从面试环境准备的角度看，案例中企业的面试环境存在很大的问题：首先，面试的场所选在面试考官的起居客房，作为应聘者尤其是异性的应聘者在这样的私人空间会感到局促不安；其次，面试考官没有考虑到应聘者的感受，未对面试考场加以任何的布置，这种随意性不仅让应聘者感觉自己没有得到应有的尊重，而且加剧了应聘者的情绪波动；再者，面试考官忽略了面试环境中外界干扰源的存在，过高的温度、流动不畅的空气、不适的难闻气味、昏暗的光线、闪动的电脑屏幕都加重了应聘者的焦虑感，使之无法集中精力投入到面试中来。由于这一面试环境给应聘者心理上带来不适之感，应聘者无法正常地将其能力和素质表现出来，更严重的是留给这个应聘者不适的印象，甚至还可能影响到企业未来的招聘活动。

第五章 员 工 培 训

学习目标：

(1) 了解员工培训的涵义及其重要意义。

(2) 认识员工培训与人力资源管理及其他环节的关系。

(3) 了解培训需求分析的涵义及意义。

(4) 掌握培训需求分析的步骤和应注意的问题。

(5) 了解员工培训常见的种类和方法。

(6) 掌握员工培训效果评估指标。

引例1：忽视员工培训引发的不良后果

目前企业对新员工培训，一个常见的误解是：“不就是报到上班嘛！慢慢来，员工自然会熟悉一切、适应一切的。何必大事声张?”据统计，国内的近80%企业没有对新进员工进行有效培训，就安排他们上岗工作。有的企业即便进行了新员工培训，也不太重视，仅把它当作简单的“行政步骤”，草草而过。殊不知，这样做会埋下人才流失的风险。

由于新产品上市，一家民营企业的总经理开始在全国“招兵买马”，很快便招聘50名刚毕业的大学生。为了使新员工尽快适应新工作，他只要求人力资源部对新员工进行了一天的入职培训，主要是“任务与要求”、“权利与义务”等，培训结束后发给每人一本员工手册。本想靠这些“初生牛犊”来打开新产品的市场，意想不到的是，不到一个月，50名新员工走了36名。原因是公司没有人情味，将他们作为赚钱的机器，薪酬虽高但是压力太大，对新的工作心中没底，又没有老员工带，什么都靠自己摸索……“无关紧要”的新员工培训给公司埋下了危机。

初入新环境，一切都是新的，不同的业务流程、不同的行业、客户群；部门间沟通途径不一样，甚至电邮传发的权限性规定也不同……很多老员工都已习以为常、看似很小的细节，但对新员工而言都是需要了解和适应的，而且在陌生的环境下，容易出现不知所措、失望、沮丧等负面情绪的苗头，人才流失的风险同时提高了。

引例2：IBM的员工培训体系

IBM的员工培训体系有如一台巨大的“染色机”，无论你进IBM前是什么颜色，经过培训，最后都会变成蓝色。IBM有着极其出色和完善的员工培训体系，这一体系保证了培养员工领导力的工作能够落到实处。从对新进员工的培训，到对专业人员的培训和管理人才的主业培训，到对初级主管和资深专业人员的管理培训，再到针对中级主管和资深专业人员接班人计划，IBM公司一向致力于员工的学习和成长，以此推动企业的快速发展。

IBM的培训投资力度相当大，占到每年营业额的1%~2%，每名员工每年至少会有

15～20 天的培训时间。IBM 根据新员工的不同职属，将培训分为两类：一类是针对业务支持的员工，主要指行政管理人员，即 Back Office；另一类则是针对销售、市场和服务人员，称为 Front Office，此类员工占公司员工的大多数。

新员工进入 IBM 后，要先进行 4 个月的入门培训，再经过 1 年的实习，通过师徒帮学，帮助新员工学习新技能、接受新观念、适应性环境的能力。例如，IBM 公司的销售人员和系统工程师要接受为期 12 个月的初步培训，主要采取现场实习和课堂讲授相结合的教学方法。IBM 公司决不让一名未经过培训或者未经全面培训的人到销售第一线去，因为他们认为，销售人员们说些什么、做些什么以及怎样说和怎样做，都对公司的形象和信用影响极大；如果准备不足就仓促上阵，会使一个很有潜力的销售人员夭折。

实习结束后，IBM 提供了“自助餐式培训”，由员工自选培训项目。年初，员工要做工作计划和个人发展计划，提出继续从事现有岗位工作或是变换岗位的计划和职业生涯发展计划。如果决定继续做现有岗位，员工可以提出自己还需要参加哪些内容的培训，想参与哪个项目；也可以要求继续请一个师傅带自己。如果提出变换岗位，则要对现有素质能力及如何适应新的岗位加以说明。

IBM 向员工提供了管理和专业两种成长渠道，让员工有多种机会和广阔的空间发展自己的职业生涯，实现个人的职业理想。员工在自己的职业生涯发展规划中，如果提出想做经理，在管理方面发展，公司则要考察该员工是否有这个潜力，考察结果认为有发展潜力的，则把该员工存入经理人才储备库，并列入经理培训计划中，在适当时候接受 3 个月的经理人员培训。经理人员培训的内容包括学习管理技巧、训练领导才能、扩大视野、熟悉跨部门的关系网络。另外，还会给学员一个具体项目，让其体会作为团队领导的责任和义务。课程合格者，遇有经理职位空缺时，可以立即上岗。

如果员工想做技术人员，在专业方面发展，IBM 也提供了广阔的发展空间，让其一级一级的向上发展。当发展到一定级别并且具备以下三个条件，即做过一定项目、带过新员工、在公司培训中教过一定的课程时，就可以参加公司专门组织的考试，并进行答辩。答辩合格者，给予相当于高级职称的级别，这个级别和管理职位的总监平级。

第一节　员工培训概述

企业招聘到合格的员工并不等于拥有了优秀的人才，为了使招聘到的员工尽快适应企业的发展环境，让员工以较高的技能服务于企业，因此，企业必须对这些员工以及原有的员工进行培训，充分发掘他们的潜能，将他们培养成为更适合企业发展所需的人才。

一、员工培训的涵义

员工培训是指组织在将其发展目标和员工个人发展目标相结合的基础上，有计划地组织员工从事学习和训练，提高员工的知识技能，改善员工的工作态度，激发员工的创新意识，使员工能胜任本职工作的人力资源管理活动。

企业要在市场竞争中始终立于不败之地，就必须进行员工培训。员工培训应是一个持续不断的过程，决不能一劳永逸。当然，培训需要付出一定的成本，但是，如果培训收到较好的效果，其获得的收益要远远大于付出的成本，会给企业带来更大的产出。因此，企业要保证培训获得成功，尽量避免培训过程中带来的各种不良的因素影响，保证培训在企业发展中的重要地位。

二、员工培训的意义

目前，企业越来越重视员工培训，究其原因主要是员工培训对企业的发展具有重要的意义，主要表现在以下几个方面。

（一）有利于增强员工对企业的归属感

无论是新员工培训还是在职员工培训，这些员工都会感觉到企业对他们的温暖，感觉到企业对他们个人职业生涯发展的重视，从而增强员工对企业的归属感和强烈的责任感。这些员工会下定决心，努力使自己成为企业大家庭中的一员，严格遵守企业的各项规章制度，以较高的生产效率进行生产，真诚服务于企业。

就企业而言，对员工培训得越充分，对员工越具有吸引力。有资料显示，百事可乐公司对深圳270名员工中的100名进行一次调查，这些人几乎全部参加过培训。其中80%的员工对自己从事的工作表示满意，87%的员工愿意继续留在公司工作。可见，培训不但能够提高员工的工作技能，而且还能提高员工对自身价值的认识以及对工作目标更好的理解。

（二）有利于提高员工综合素质

企业为了更好的生存和发展，要运用新的生产工艺，不断地开发新产品，扩大生产规模，开拓产品市场，降低企业生产成本等，这些都离不开高素质的员工，而高素质的员工又在很大程度上需要进行培训提高。企业对员工进行培训，不但能够提高员工的生产效率和服务水平，使他们更好地胜任工作，而且还能树立企业良好的形象，增强企业盈利能力。

美国权威机构监测，培训的投资回报率一般在33%左右。在对美国大型制造业公司的分析中，公司从培训中得到的回报率大约可达20%～30%。摩托罗拉公司向全体雇员提供每年至少40小时的培训。调查表明：摩托罗拉公司每1美元培训费可以在3年以内实现40美元的生产效益。可见，培训在提高员工综合素质的同时，给企业所带来的巨大收益。

（三）有利于增强企业竞争优势

越来越多的企业家清醒地认识到培训是企业发展不可忽视的“人本投资”，是提高企业“造血功能”的根本途径。企业要适应市场的变化，增强其竞争优势，保持企业的生命力，就必须加大对人力资本的投资。发达国家在推进技术创新中，不但注意引进、更新改造机械设备等方面的硬件投入，而且更注重以提高人的素质为主要目标的软技术投入。

通过培训，可以使员工及时掌握新知识、新技能，较快地适应外部市场环境的变化，增强企业的竞争优势。

（四）有利于塑造优秀的企业文化

企业文化是企业的灵魂，它是一种以价值观为核心对全体职工进行企业意识教育的微观文化体系。通过对员工的培训，员工能够逐步理解并接受企业的文化，在培训中还能不断加深对企业文化的深刻认识，使自己的行为有利于企业的发展，逐渐地和企业融为一体，进而会增强主人翁意识、质量意识和创新意识。

通过培训，能促进企业与员工、管理层与员工层的双向沟通，增强企业向心力和凝聚力，塑造优秀的企业文化。不少企业采取自己培训和委托培训的办法，这样做容易将培训融入企业文化，因为企业管理人员和员工认同企业文化，不仅会自觉学习掌握科技知识和技能，而且会培养大家的敬业精神和社会责任感，创造良好的文化氛围。

三、员工培训与人力资源管理其他环节的关系

员工培训不仅是人力资源管理工作中的重要环节，它与人力资源管理的其他环节也紧密相关。

（一）员工培训与人力资源需求的关系

人力资源需求是组织对各种不同类型、不同层次人员需求的具体体现，为满足组织对这些人员的需要，组织可以通过人员培训来实现一部分人员的需要。这种培训是在组织内部进行的，是对组织内原有的员工进行培训，而不需要进行外部招聘。

（二）员工培训与员工招聘的关系

员工培训是员工招聘工作完成后的第一项需要做的工作。对于从组织外部招聘进来的员工，首先要对他们进行各种培训，包括岗前培训、专业培训等，使他们尽快地了解组织的发展历史状况，了解自己所从事岗位的具体要求，这些都离不开培训，都需要培训来实现。

（三）员工培训与职业生涯的关系

目前，组织对人员的需求已经不仅仅局限于单一型的专业人才，而是需要复合型的人才，这就需要组织内的员工要根据组织对他的要求，不断地接受各种知识和技能的培训，将自己培养成为适合组织发展需要的复合型人才。同时，有些员工为了获得更大的发展，实现自己的人生价值，通过参加培训来提高自己的综合素质，进而实现自己的职业生涯发展目标。

（四）员工培训与绩效考核的关系

组织中，绩效考核工作也在不断的开展，时间基本上都是每年一次。通过绩效考核，员工会发现自己工作中的不足，某些员工就会提出愿意参加培训来改善自己，提高自己。因此，组织要分析并满足这些意愿，通过培训提高员工的工作知识技能，改善其下一阶段的工作绩效。

第二节　培训需求的分析

企业在生产经营活动中会遇到各种问题，当这些问题只有通过培训才能解决时，培训需求就应运而生。组织要采用科学的方法，认真分析各种培训需求的具体情况，保障培训工作有效进行。

一、培训需求分析的涵义

培训需求分析是指企业在规划与设计每项培训活动之前，由培训部门、主管人员、工作人员根据组织绩效现状，对现有组织成员的知识、技能及态度等方面进行系统的鉴别分析与比较，以确定是否需要培训及所需培训内容的一种活动过程。

简单地说，培训需求分析就是确保让合适的人在适当的时候得到有效的培训。它具有很强的指导性，是组织确定培训目标、设计培训计划、有效实施培训的前提，是现代培训活动的首要环节。

二、培训需求分析的意义

有效的培训需求分析不但对组织，而且对个人都具有重要的意义。

（一）通过培训需求分析，能够确立培训目标

企业培训工作并不是盲目的开展的，每一项培训工作的进行首先都需要做好培训需求分析。培训需求分析具有很强的指导性。通过培训需求分析，企业的管理者和员工能够充分地认识到员工工作的现状与目标要求之间的差距，明确培训的目标与方向，制定多样性的培训策略。

（二）通过培训需求分析，使培训具有针对性

通过培训需求分析，能够进一步找出工作中出现的问题的症状所在，认识到这些问题存在的根本原因，才能有的放矢地做好相应的培训工作，才能避免培训的盲目性、笼统性。培训工作针对性强，员工在培训中才能找到解决问题的办法，才能有效地化解工作中的各种矛盾，这样，培训工作就会收到预期的效果。

（三）通过培训需求分析，可以进行培训成本的预算

培训需求分析确定企业的培训目标和内容后，还可以进行培训成本的预算，保证培训资金使用的有效性。否则，容易造成培训成本的浪费，给企业带来经济上的损失。因此，从经济的角度分析，培训需求分析也是企业培训成功的保证。

三、培训需求分析的内容

早在20世纪60年代，McGehee和Thayer等人提出了培训需求分析这一概念，它是一种通过系统分析确定培训目标、培训内容及其相互关系的方法。80年代，I. L. Goldstein、E. P. Braverman、H. Goldstein三人经过长期研究，将培训需求分析方法构建了应用最广泛的

Goldstein 分析模型,该模型从组织、个体、战略三个层面来进行分析得出培训评估结果。

（一）组织层面分析

培训需求的组织层面分析是指确定组织范围内培训需求，以保证培训计划符合组织的整体目标和战略要求。组织层面分析主要是通过对影响培训规划设计和组织绩效的组织目标、资源、环境等因素的系统分析，准确找出组织存在的问题，并确定培训是否是解决此类问题的最有效的方法及组织最需要的培训类型等。

（二）个体层面分析

个体层面分析是以企业员工个体作为分析的对象，将员工现有的工作水平和未来预期对员工的技能水平需求进行相互比较，来分析员工目前的实际工作绩效和企业对员工的技能要求之间是否存在差距。在此基础上确定什么样的员工需要接受培训，以及应该接受培训的具体内容，为将来培训效果和新一轮培训需求的评估提供依据。

（三）战略层面分析

随着企业变革的快速发展，很多企业不仅对过去和现在进行相应的培训需求分析，而且还对未来的培训需求分析不断加以重视，这就是企业的战略层次分析。战略层次分析就是对企业未来进行的培训需求进行分析，该分析一般由企业的人力资源部门发起，需要企业的执行层或咨询小组密切加以配合。通过调查了解员工的工作态度和对企业的满意度，找出对培训不利的影响因素和可能对培训有利的辅助方法。

四、培训需求分析的步骤

组织要重视培训需求分析，在掌握培训需求分析的重要意义以及内容的同时，也要熟知培训需求分析的步骤。

（一）做好培训前期的准备工作

培训活动开展之前，培训者要做好培训前期的准备工作，收集有关人员的资料信息，以便随时查阅使用。

（1）建立员工背景档案。培训部门要建立员工背景档案，档案的内容主要应关注员工的素质、工作变动情况以及培训经历。

（2）同各部门人员保持密切联系。培训工作是否需要，应适当听取各部门对培训需求的分析，各部门更了解企业的发展需要，使培训工作收到理想的效果。

（3）向主管领导反映情况。培训需求分析除了要听取各部门的意见外，还要听取员工本人的意见，把员工对培训的需求意见及时反映给主管领导。在全面听取各方面意见的基础上，使培训工作具有针对性和时效性。

（4）准备培训需求调查。在上述培训需求的基础上，培训部门还要组织专门人员进行培训需求调查，进一步确认培训需求的科学性。

（二）制定培训需求调查计划

在准备培训需求调查的同时，要制定详细的培训需求调查计划，其具体内容包括：

（1）培训需求调查工作的行动计划。培训需求调查工作的行动计划，就是对培训调查过程中的时间进行妥善的安排，同时要提出各项调查工作应该注意的一些问题。这有利于调查工作的顺利开展。

（2）确定培训需求调查工作的目标。确定培训需求调查工作的目标是培训需求调查工作的核心内容。在培训需求调查计划中必须明确本次调查工作应达到什么目标。

（3）选择适合的培训需求调查方法。在培训需求调查过程中，需要采取一定的调查方法，例如，面谈法、观察法、调查问卷法等等。采取何种调查方法需要根据企业的实际情况以及培训中可利用的资源来选择。对于大型培训活动可以采取多种培训方法相结合。

（4）确定培训需求调查的内容。确定培训需求调查的内容，首先要分析本次培训调查需要得到哪些资料，然后筛选手中已有的资料，获取需要调查的资料内容。需要注意的是，培训需求调查的内容不宜过多，对某一项内容的调查可以从不同的角度进行，这样易于取证。

（三）实施培训需求调查工作

制定培训需求调查计划完成后，接下来就是按照制定的计划进行实施。实施培训需求调查主要包括以下几个步骤：

（1）提出培训需求的动议。培训需求的动议是指培训的动态，首先由培训部门发出计划培训的通知，各部门的负责人根据本部门内不同岗位的需求情况提出培训动议，并把该培训动议加以整理，上交企业培训部门。

（2）调查、汇总、申报需求动议。企业培训部门根据各部门提出培训动议的情况开展调查，调查的主要内容是要了解各部门的理想需求与现实需求、预测需求与现实需求的差距，这一调查内容的信息来源主要是各部门的不同员工的意见。调查后对各部门的培训动议进行整理汇总，上报企业负责培训管理工作的主管。

（3）分析培训需求。企业负责培训管理工作的主管对上报的培训动议要从企业的整体工作计划来考虑，会同培训部门共同分析哪些部门、哪些岗位、哪些人员需要进行培训。

（4）汇总培训需求意见，确认培训需求。在全面考虑的基础上，培训管理工作的主管最终会根据培训需求的重要程度和迫切程度排列培训需求，确定培训计划和预算方案。

（四）分析与输出培训需求结果

分析与输出培训需求结果是对培训需求调查信息进行归类、整理以及分析、总结的过程。

（1）对培训需求调查信息进行归类、整理。在培训需求调查过程中，信息资料杂乱无章，因此，要对收集到的各种信息进行归类并进行归档，有利于下一步培训工作的开展。

（2）对培训需求进行分析、总结。通过上述工作的完成，最终确定哪些工作需要进行培训。培训部门的负责人要对这一工作加以总结，详细说明本次培训需求分析工作的进展情况，及时总结经验，发现不足。

（3）撰写培训需求分析报告。培训需求总结最终要形成一份书面报告，不但作为某一培训项目开发前的培训需求分析预测工作的总结材料，而且还是企业总体培训计划制定前的调研报告。培训需求分析报告的基本内容包括：1）标题。2）培训需求分析的工作概况。3）培训需求分析的主要内容。4）具体成果。5）其他相关建议和说明。6）报告撰写时间及负责人等。

五、培训需求分析应注意的问题

组织在进行培训需求分析时，也要处理好各个方面的问题，具体要求如下：

（1）培训前必须做好培训需求分析。从许多企业培训失败的原因看，任何一项培训工作都需要事先做好培训需求分析。培训需求分析直接决定培训工作能否具有较强的针对性，能否设计并提供有针对性的培训课程和培训内容。同时，它还能使人力资源管理与员工培训工作有效的结合起来，能够预算出培训的成本和所产生的价值，使培训工作得以顺利开展，保证培训取得预期的效果。

（2）要做到全员参与。企业在确定培训需求分析后，首先要做到让全体员工共同参与培训需求分析，要充分地尊重每个人的培训需求，让员工感受到是他们有培训需求，企业才满足他们的愿望，而不是由企业的管理者主观安排的。当然，企业管理者要做好全员参与的动员工作，让员工充分地认识到培训的必要性和重要性，让很多部门由于工作业绩落后的原因而导致培训的员工自发地形成培训意识。组织的存在需要你们，组织的发展更离不开你们，你们只有具备较为完善的技能和能力，才能促进组织更好地协调发展。只有让广大员工认识到这一点，才能促进培训工作的顺利开展。

（3）要与组织的发展战略相协调。企业管理者在做好全员参与培训需求分析的动员工作时，要结合组织的发展战略对员工进行引导、启发，使广大员工都能够从组织战略的高度认识到培训工作的重要性。同时，对于全员提出的培训需求，企业管理者要根据组织的发展战略加以协调，凡是符合组织发展目标的培训都要加以重视，并做好相应的培训计划。

（4）要注意分析员工培训的动机。有的企业在培训前也进行了培训需求分析，但员工接受培训后却离职或跳槽了，出现这种现象的原因就是企业在做好培训需求分析的同时，还要充分地考虑一个比较现实的问题：员工培训的动机是什么？这也是一个不容忽视的问题。有些员工接受培训后，自身素质得到很大的提高，工作所需的知识和技能也得到进一步地深化，他们重新回到岗位上，更好地从事工作；而有些员工却选择悄然离开，这对组织来说无疑是一个巨大的损失。这就需要企业在做培训需求分析时，一定要注意分析员工培训的动机，必要情况下可以从组织外部聘请心理专家对员工的培训动机进行测试。同时，为了减少培训的风险，企业可以与员工签订培训协议，以文件的形式对此类员工加以约束。

第三节　培训的种类

员工的培训要根据企业的实际情况和员工的具体要求采取适当的培训类型。培训的种类有很多种，具体来说，主要包括以下几个方面。

一、新员工入职培训

组织在录用新员工后对他们进行的管理就是培训，即入职培训，它实际上是招聘过程的延续。新员工经过这一步的培训后，才能完成在组织中的社会化，从而真正成为组织的一员。

开始一项新的工作对于新员工来说是充满压力的，为了使新员工在新的工作岗位上取得成功，企业必须让新员工了解新的工作方法，了解新的做事程序，了解企业对他们的期望以及公司的价值观，组织新员工进行入职培训。

（一）入职培训的目的

组织之所以对新进来的员工进行入职培训，其主要的目的是：(1) 降低员工流失率。(2) 让员工尽快适应工作，减少错误，节省时间。(3) 展现清晰的岗位职责及组织对个人的期望。(4) 帮助新员工更快地胜任本职工作。(5) 增强企业的稳定程度。(6) 减少员工的抱怨。(7) 使新员工融入企业的文化。

（二）入职培训的内容

入职培训对新员工来说具有重要的意义，他能够通过培训了解组织各方面的信息，使自己很快地融入到组织的环境之中。入职培训的内容包括常规内容和专业内容。

1. 入职培训的常规内容

一般来说，入职培训包括的常规内容如下：(1) 组织的设置。向新员工介绍包括公司的历史、背景、组织结构、经营理念、公司环境的展示图和组织结构图等，标出新员工在组织中的位置，并明确地告诉他们上面是谁、下面是谁，以便让新员工很快对组织有清晰的了解。(2) 本行业的概况、公司的行业地位、市场表现、发展前景。(3) 基本的产品服务知识、制造与销售情况。(4) 企业的规章制度及政策。(5) 公司的礼仪、行业规范、商业机密、职业规则。(6) 薪酬和晋升制度。(7) 员工福利。告诉新员工公司发薪的日期、假期、培训及教育等福利，所享有的社会保险及公司所能提供的特殊待遇。

2. 入职培训的专业内容

入职培训的专业内容包括以下几个方面：(1) 工作场所、办公设施设备的熟悉。(2) 内部人员的熟悉，包括本部门上级、下属、同事；其他部门的负责人、主要合作的同事。(3) 了解业务、流程、职责、权限，包括客户、产品、市场、行业、对外联络方；有时需实地进行，例如，参观生产、仓库、研发实验室等。(4) 专业性的技术、业务、财务等管理方法训练。

（三）入职培训的流程

入职培训还需要经过一定的程序，主要包括以下几个环节：

(1) 培训资料准备。员工入职培训的资料准备包括与培训相关的各项通知、说明、统计表格、教学计划和培训提纲等。具体有：1) 员工入职培训计划。2) 员工入职培训通知。3) 受训员工基本情况表。4) 受训员工入职培训安排表。5) 受训员工入职培训提纲。

6）培训内容资料。7）员工手册。（2）入职培训的会务准备。具体包括：1）会议时间。2）会议场地。3）会议内容。4）参加人员。5）会议资料。6）会议设备。7）后勤保障。（3）实施培训。实施培训就是根据培训内容选择相应的培训方法和方式进行培训。（4）考核考试。考试适用于对知识、技能的考察。如果想知道新员工对管理实务是否掌握以及学习是否有收获，应进行考核。考核有两种形式：一种利用考核表；另一种用报告形式。（5）颁发上岗证或上岗通知书。上岗证或上岗通知书是员工取得上岗资格的证明。

（四）入职培训方式

入职培训的方式方法灵活多样，可以是授课式、研讨会形式，也可以是在岗实地培训，甚至可以是户外训练等方式。

美国惠而浦公司对新加入的销售人员采用实地培训。以7个人为一组，安排在公司密歇根总部附近的房子里，为期2个月，只有2个周末允许回家度假。除了普通的讲授方式，还让新销售员工每天用公司的产品洗衣、做饭、洗碗；他们也会在当地的商店购买家用电器，把惠而浦的产品和竞争者的产品做比较等。这个培训使新加入的销售人员快速熟悉产品和业务，参加了该项目的员工通过试用期留在惠而浦的比率也比较高，而且还吸引了不少人前来应聘销售的职位。

还有些公司采用“伙伴制”培训，就是给每个新员工指定安排一名工作职责相近、热诚负责的老员工作为“结对子”的“伙伴”，事无巨细，随时可给予新员工必要的协助和指点；而被选上做“伙伴”也是企业对优秀员工的一种认可和荣誉，对其额外的付出，企业也给予一定的奖励。这种一对一的“贴身全程服务”很能显示企业的亲和力和凝聚力，也是将企业文化得以传播和加强的可靠途径。

也有的企业会请第三方的培训公司，采用更新颖的户外拓展训练作为入职培训的一部分。这种拓展训练沿用了体验式培训的基础理论，结合新人融入方面的心理学和组织行为学研究成果，通过科学的情境设计，让课程兼顾新人的个体行为感受、团队角色观念的树立和企业价值认同的推动，从而促进新员工融入企业，加强新员工对企业的认同感和归属感；同时，也使新员工在体验中理解和认同企业文化。

二、岗前培训

员工的岗前培训是指向员工传授岗位操作的基本知识和技能，帮助他们了解岗位的性质、特点和要求，让新员工能够较顺利地正式上岗。

岗前培训的主要内容包括：

（1）公司教育。1）公司发展简史。2）公司组织机构。3）公司各项规章制度。4）公司质量方针、目标、企业宗旨、敬业精神。5）安全质量要求。6）职业道德。

（2）车间（科室）教育。1）车间概况。2）车间（科室）岗位职责、有关规定。3）工作（生产）特点、内容、要求。4）有关设备、工艺操作规程。5）有关安全、质量注意事项。

（3）班组（岗位）教育。1）班组（岗位）情况、工作性质、特点。2）班组管理要求。3）设备、工艺操作规程。4）爱岗敬业精神。5）安全、质量要求。

三、员工上岗后的培训

员工上岗后的培训是使在岗的员工不断适应工作的要求而进行的日常性的培训，这种培训需要组织在做好培训需求分析的基础上进行。它包括两个方面的内容。(1) 适应性的培训。根据工作分析和岗位的任职要求，对任职者进行岗位知识和技能，以及工作态度和职业道德等方面的培训，使任职者更好地适应岗位的要求。这种适应性的培训可以定期，也可以不定期地举行。(2) 岗位知识技能的培训。这种培训主要是使员工掌握本岗位的新知识和新技能，转变观念，利用新的工作方法，提高本岗位的工作效率而进行的一种创新型的培训。它对任职者的要求较高，只有具备一定工作经验的员工才能接受这种培训。

四、转岗培训

员工转岗培训是指为转换工作岗位，使转岗人员掌握新岗位的业务知识和技能，取得新岗位上岗资格所进行的一种专门的培训。

(一) 转岗培训的目的

员工转岗不仅是组织的需要，同时也是个人发展的需要。而有效地转岗培训无论对组织还是个人都是必需的。

(1) 通过转岗培训，使人员结构优化，合理使用组织内人力资源，实现岗位与人力资源的最佳匹配，提高员工的工作满意度和工作绩效。

(2) 通过转岗培训，使转岗人员熟悉新岗位的基本工作情况，掌握新岗位的基本工作技能和工作方法，为上岗后顺利工作鉴定基础。

(3) 通过转岗培训，能够规范企业员工培训管理程序，使员工培训工作有章可循，逐步实现人力资源管理的制度化。

(二) 转岗培训的内容

员工转岗培训通常有3种情况：

(1) 当企业生产经营状况发生变化时，需要员工转岗，进而对这些员工要进行转岗培训。例如，企业引进新的机器设备，扩展生产，开拓新的生产经营渠道等，要求员工转岗才能较好地完成工作，转岗后必然要求员工掌握新岗位的生产知识和技能，就要对他们进行培训。

(2) 员工本身的知识技能老化。随着企业的不断发展，如果员工本身由于知识结构的老化，难以适应原岗位的要求，就需要对他们进行转岗，从而进行转岗培训。

(3) 员工职位晋升。员工职位晋升是员工进行转岗培训最根本的要求。职位晋升者必须具备晋升职位所需要的各种能力，例如，管理能力、沟通能力、决策能力等，需要对晋升者进行特定的转岗培训，提高他们的综合素质，更好地适应新岗位的工作要求。

五、专业技术培训

在组织中，各类专业技术人员通常都需要进行定期的培训。因为在经济快速发展的今天，各类专业技术知识的更新在不断加速，为了适应组织的发展需要，要特别重视对专业技术人员的不断培训，使他们不断提高自己的工作能力，将新知识运用于企业的生产经营过程，为企业的发展多做贡献。

六、管理培训

管理培训是指对管理人员进行培训，它包括高层管理人员的培训、中层管理人员的培训和后备管理人员的培训。

（一）高层管理人员的培训

高层管理人员是组织的决策者和经营管理者，处于组织的关键岗位，对组织的发展影响是非常重要的，因此，组织对高层管理人员的素质要求也特别高。对高层管理人员的培训主要包括：提高各种能力的培训、创新精神的培训、高新技术的培训、决策管理的培训等。

（二）中层管理人员的培训

中层管理人员是组织发展的中坚力量，担负着承上启下的管理责任。对他们的培训主要包括：（1）专业知识技能的培训。中层管理人员都担负着自己独立的部门，每一个部门都具有其相应的专业特点，例如，人力资源部门的管理人员必须具备人力资源管理的专业知识，广告部门的管理者必须具备广告业务的专业知识，财务部门的经理必须具备财务方面的专业知识等，为提高中层管理者的管理效率，需要对中层管理人员进行专业知识的强化训练。（2）相关的新知识技能的培训。企业的发展需要复合型专业知识的员工，同时对管理者也提出较高的要求。企业要求中层管理人员不但熟练掌握本管理专业的知识和技能，而且还要求他们具备相关专业的知识技能，要对他们进行相关专业的新知识、新技能的培训，提高解决问题的能力。（3）提高性培训。中层管理人员并不是都具备较高的学历，并不是都受过较为正规的专业训练。因此，要让他们参加各种高级短训班的培训，攻读高一级的学位，提高他们的素质，开发他们的潜能。

（三）后备管理人员的培训

后备管理人员虽然还没有正式从事管理工作，但组织也必须注重对后备管理人员的培养，而培养的主要途径就是培训。

对后备管理人员培训的内容广泛，包括专业技术知识的培训、管理知识的培训、领导理论的培训、职业道德素质的培训等。培训方法也比较灵活，包括挂职锻炼、离职培训等等。对后备管理人员的培训也要进行考核，对考核不合格人员要进行淘汰。

第四节 培训的方法

在培训中，培训方法的选择也是一项十分重要的工作。培训方法选择是否恰当对培训的实施以及培训效果的提高具有非常重要的影响。因此，企业在培训时要特别重视培训方法的选择。

培训方法按照不同的适用条件可以分为不同的类型，这里主要介绍以下六种培训方法。

一、讲授法

讲授法就是指讲授者通过语言表达，系统地向受训者传授知识，期望这些受训者能记住其中的重要观念与特定知识。讲授法是最基本的培训方法，适用于各类学员对不同学科知识的了解和掌握。

（一）讲授法的要求

讲授法用于教学时要求是：（1）讲授内容要有科学性，它是保证讲授质量的首要条件。（2）讲授要有系统性，条理清楚，重点突出。（3）讲授时语言要清晰，生动准确。（4）必要时应用板书。

（二）讲授法的优点

讲授法是培训中应用最普及的一种方法，它具有显而易见的优点，讲授法的优点主要是：（1）传授内容多，知识比较系统、全面，有利于受训者系统地接受新知识。（2）容易掌握和控制学习的进度。（3）对培训环境要求不高，学员可以利用教室环境相互沟通。（4）能够向教师请教疑难问题，有利于加深理解难度大的内容。（5）可以同时对许多人进行教育培训，员工平均培训费用较低。

（三）讲授法的缺点

讲授法在具有优点的同时，也有许多不足之处，其缺点主要表现为：（1）讲授内容具有强制性，受训者无权自主选择学习内容，不能满足学员的个性需求。（2）学习效果易受教师讲授水平影响，容易导致理论和实践相脱节。（3）只是教师讲授，没有反馈，传授方式较为单一。（4）由于传授内容较多，学员难以完全消化、吸收，导致学过的知识不易被巩固。

二、研讨法

研讨法是指在教师的组织下，学员围绕某一个或几个主题进行相互交流、相互研讨的一种培训方法。

（一）研讨法的类型

根据研讨的主体和内容的不同，可以将其分为两种类型：一种是以教师或受训者为中心的研讨；另一种是以受训者为中心的研讨。

1. 以教师或受训者为中心的研讨

以教师或受训者为中心的研讨包括2个方面：（1）以教师为中心的研讨。以教师为中心的研讨就是由教师指定阅读材料，然后围绕材料教师提出问题，并要求受训者做出回答。研讨的问题除教师指定的主题外，有时也可以由受训者的回答引出问题。整个讨论过程教师起着活跃气氛、使讨论不断深入的作用。研讨结束后，由教师进行总结。

（2）以受训者为中心的研讨。以受训者为中心的研讨常采用分组讨论的形式来进行。一般是不规定研讨的任务，主要由受训者就某个议题进行自由讨论。

2. 以任务或过程为取向的研讨

以任务或过程为取向的研讨包括 2 个方面：（1）以任务为取向的研讨。以任务为取向的研讨是让受训者带着某项实现确定的任务进行研讨。要求受训者在研讨结束后必须得出关于这项任务的措施。这种研讨需要设计能够引起受训者感兴趣并具有探索价值的题目。

（2）以过程为取向的研讨。以过程为取向的研讨重点解决的是通过研讨，使受训者之间能够增进相互的了解，加深彼此的感情。

（二）研讨法的优点

研讨法具有以下 3 方面的优点：（1）多向式的信息交流。在讨论过程中，教师和学员之间、学员与学员之间都能够相互交流，及时反馈，有利于思路的开阔，促进各种能力的提高。

（2）能够加深学员对知识的理解。通过对一些实际问题的研讨，能够加深学员对所学知识的理解，提高他们理论转化实践的能力，并进一步激发学习的热情。

（3）适应性强。研讨法可以针对不同的培训目的进行培训，该方法的适应性较强。

（三）研讨法的难点

研讨法尽管具备其优点，但在实施过程中却有一定的难度：（1）对研讨题目、内容的准备要求较高。研讨的内容如果没有足以激发学员的讨论兴趣，且与受训者所学的知识和技能相差悬殊，则起不到该方法应有的效果。因此，要求研讨题目的选择应具有代表性和启发性，题目的难度也要适中。（2）对指导教师的要求较高。研讨法主要是在教师的组织下完成，因此，该方法要求教师具备较高的知识水平和职业素质，否则，难以收到预期的培训效果。

三、案例教学法

案例是指运用一定的视听媒介，例如，运用文字、录音、录像等，来描述客观存在的真实情景。它作为一种研究工具早就广泛应用于社会科学的调研工作中，20 世纪 20 年代起，哈佛商学院首先把案例用于管理教学，称为案例教学法。

（一）案例教学法的基本要求

案例教学法主要从以下几个方面入手：（1）内容应该是真实的，不允许虚构。（2）教学中应包含一定的管理问题，有利于学习与研究的价值。（3）案例的运用必须有明确的教学目的，否则收不到理想的效果。

（二）案例教学法的优点

案例教学法具有其自身的优点，主要包括：（1）能够提供一个系统的思考模式。（2）受训者可以学到管理方面的知识。（3）有利于受训者参与实际问题的解决。

（三）案例教学法的缺点

案例教学法在具备优点的同时，还有一定的缺点：(1) 每一个案例都是为既定的教学目的服务的，缺乏普遍适用性，不一定能与培训目的很好吻合。(2) 案例的数量有限，并不能满足每个问题都有相应案例的需求。(3) 案例不管多么真实，但它毕竟是使受训者以当事人的角度去考虑，不必承担任何责任，因此，不可避免地存在一定的失真性。

四、工作轮换法

工作轮换法是让受训者在规定的时期内，变换工作岗位，使其获得不同岗位的工作经验的培训方法。

（一）工作轮换法的优点

工作轮换法的优点主要包括：(1) 能丰富受训者的工作经验，增加对企业工作的整体了解。(2) 能够使受训者找到适合自己工作的最佳位置。(3) 如果是对管理者进行工作轮换，能够增加管理者对不同部门的理解，改善部门之间的关系。

（二）工作轮换法的缺点

工作轮换法仅适合于一般直线管理人员的培训。

五、模拟训练法

模拟训练法是将实际工作中可利用的资源、约束条件和工作过程模型化，学员在假定的工作情境中参与活动，学习从事特定工作的行为和技能。模拟训练法的主要目的是提高学员处理问题的能力。(1) 模拟训练法的优点。1) 学员在培训中工作技能将会获得提高。2) 有利于加强学员的竞争意识。3) 可以带动培训中的学习气氛。(2) 模拟训练法的缺点。1) 模拟情景准备时间较长，而且要求质量较高。2) 对组织者要求也较高，要求其熟悉培训中的各项技能。

模拟训练法仅适用于对操作技能要求较高的员工的培训。

六、角色扮演法

角色扮演法是让受训者在一个模拟真实的工作情境中，按照他所扮演的角色，模拟性地处理工作事务，提高处理各种问题的能力。角色扮演法是目前常用的一种管理人员的培训方法。(1) 具体步骤。角色扮演法主要按照如下步骤来进行：1) 把一组主管人员集合在一起。2) 选取某种情境，如与直接主管存在冲突的雇员要求调动工作的情境。3) 从主管人员中选出几个人，即兴模仿上述情境，其他成员在一旁观摩、思考和进行评论。4) 组织全体讨论。(2) 角色扮演法的优点。1) 受训者能够身临其境，在模拟实践中加深对管理原理的理解。2) 能够提高学员的各种业务能力。3) 具有高度的灵活性。(3) 角色扮演法的缺点。1) 场景是人为设计的，如果设计的场景过于简单，则受不到真正的锻炼目的，影响受训效果。2) 模拟情景是静态的，而实际工作是复杂多变的。3) 模拟问题有限，不具有普遍性。

第五节　培训效果的评估

组织进行培训之后，是否收到预期的培训效果，要对培训效果进行评估。通过培训效果的评估，组织能够了解培训效果的好坏以及培训过程中所存在的问题，能够及时总结经验教训，为下次培训工作做准备。

一、培训效果评估的内容

培训效果评估就是根据培训计划实施效果的反馈信息，对培训的价值做出的评价。一般来说，应从以下几个方面来考虑是否收到预期的培训效果。

(1) 培训目的。本次培训是否达到了预期的培训目的？(2)培训成本。本次培训所花费的费用如何？是否超过了预期的费用预算？(3)培训效率。本次培训是否以最有效的培训方法达到预期的目的？(4)资源的利用。用于培训的资源是否得到了最佳的分配和利用？

二、培训效果评估的指标

组织对培训效果进行评估可采用的指标有：(1) 认知成果。认知成果用于衡量受训者从培训中学到了什么，主要衡量受训者对培训项目中强调的原理、事实、技术、程序或过程的熟悉程度，一般应采取笔试的形式来评估认知成果。(2) 技能成果。技能成果是用来评估受训者的技术或运动技能，以及行为方式的水平，它主要包括两个方面：一是技能的获得；二是学习及技能在工作中的应用。技能成果的评估是通过观察法来实现的。(3) 情感成果。情感成果是评估受训者对培训项目的反应，主要衡量受训者的态度和动机。通常是在课程结束时评估的。情感成果主要是评估受训者对培训项目的感性认识，包括对设施、培训教师和培训内容的感觉。可以通过调查来衡量。(4)绩效成果。绩效成果包括由于员工流动率或事故发生率的下降导致的成本降低、产量的提高以及产品质量或顾客服务水平的改善等，它是用来为企业培训计划所支付的费用做决策的。(5)投资回报率。投资回报率是培训的货币收益和培训成本的比较。如果培训的货币收益高于培训成本，则企业培训效果是明显的；如果培训的货币收益低于培训成本，则说明此次培训是不成功的。

三、培训效果的跟踪与监控

为保证培训取得预期的效果，必须对培训进行全程的跟踪与监控。但培训监控涉及面广，影响因素也很多，所以，这一工作必须从多方面来进行。

(一) 培训前对培训效果的跟踪与监控

培训前的跟踪与监控，只要是了解受训者在培训前所具备的知识和技能水平，对知识和技能的监控，只需与其培训内容相关的方面即可。目的是了解受训者在接受培训后所获得的效果与培训前进行比较，从而测定是否达到培训的预期效果。

(二) 培训中对培训效果的跟踪与监控

培训过程中，很多企业都没有做到对培训效果的跟踪与监控，导致培训效果不是很明显。因此，企业要特别重视培训中的监控，主要从以下几个方面着手进行：（1）受训者对培训项目的认知程度。培训中要监测受训者对培训的参与热情和持久性，如果受训者的参与热情较高，则在培训中表现为出勤率较好，反之，就会出现在培训中逐渐掉队的现象。培训管理者要根据这一情况采取相应的措施，及时弥补培训中的不足，保证收到预期的培训效果。（2）培训内容。对培训内容的监测主要是针对培训教师在培训中是否按照培训计划所规定的内容进行教学。如果培训教师严格按照培训计划所规定的内容授课，则会得到受训者的认同，反之，会影响受训者的培训受训态度，使受训者不能达到提高相应知识技能水平的目的，对培训效果会产生不良影响。（3）培训进度和中间效果。监控培训进度是保证培训项目在时间和资源方面是否与计划相一致。监控中间效果是对受训者在培训中要进行评估，及时发现受训者的进步与培训计划的差异，以便采取及时的措施，避免因培训结束后才发现问题，而培训已经结束，没有办法再弥补。（4）管理人员。对管理人员的监控主要是监测管理人员的工作积极性、合作精神、领导能力和沟通能力，是否能够保证培训工作的正常运行。

（三）培训效果评估

培训效果评估是培训评估的重点，主要是评估培训给企业和受训者发生多大程度的改变，可以从以下3个方面进行评估：（1）评估受训者知识技能的掌握程度。这项评估内容主要是把受训者在培训前的知识技能的掌握程度和受训后的情况进行对比分析，来了解培训效果。可以通过笔试或实际操作测试来检验。（2）评估受训者的工作发生多大的改变。这项评估内容是通过培训后受训者工作成果的分析，了解受训者是否把学到的知识和技能有效地运用到工作中去。可以通过观察法或样本测试法来进行检测。（3）评估企业的经营效益改变程度。受训者的知识技能如果发生改变，并能够把学到的知识和技能有效地运用到工作中去，企业的经营效益就会相应地发生改变，这也是企业投资培训的真正目的。

（四）培训效率评估

整个的培训工作要进行最后的收尾工作，就是对此次培训的培训效率进行评估。培训效率评估可以与以前的培训效率进行对比，还可以与不同企业之间的培训效率进行对比，从而找出差距，制定改进的措施，有利于下次培训工作效率的提高。

思考题

5-1　简述员工培训的意义。

5-2　培训需求分析的步骤包括哪些内容？

5-3　培训需求分析应注意的问题有哪些？

5-4　培训的种类包括哪些内容？

5-5　简述员工培训的方法。

5-6　培训效果评估的指标有哪些？

5-7　培训中对培训效果如何进行跟踪与监控？

案例分析：

RB 制造公司的培训

RB 制造公司是一家位于华中某省的皮鞋制造公司，拥有近 400 名工人。大约在一年前，公司因产品有过多的缺陷而失去了两个较大的客户。RB 制造公司的领导研究了这个问题之后，一致认为：公司的基本工程技术方面还是很可靠的，问题出在生产线上的工人，质量检查员以及管理部门的疏忽大意、缺乏质量管理意识。于是公司决定通过开设一套质量管理课程来解决这个问题。

质量管理课程的授课时间被安排在公司下班时间之后，每周五晚上 7:00～9:00，历时 10 周。公司不付给来听课的员工的额外薪水，员工可以自愿听课，但是公司的主管表示，如果一名员工积极地参加培训，那么这个事实将被记录在他的个人档案里，以后在涉及加薪或提职时，公司将予以考虑。

课程由质量监控部门李工程师主讲。主要包括各种讲座，有时还会放映质量管理的录像片，并进行一些专题讲座，内容包括质量管理的必要性，影响质量的客观条件、质量检验标准、检查的程序和方法、抽样检查以及程序控制等。公司所有对此感兴趣的员工，包括监管人员都可以去听课。

课程刚开始时，听课人数 60 人左右，在课程快要结束时，听课人数已经下降到 30 人左右。而且因为课程是安排在周五的晚上，所以听课的人员都显得心不在焉，有一部分离家远的人员课听到一半就提前回家了。

在总结这一课程培训的时候，人力资源部经理评论说：“李工程师的课讲得不错，内容充实，知识系统，而且他很幽默，使得培训引人入胜。听课人数的减少并不是他的过错。”

（一）问题

（1）您认为这次培训在组织和管理上有哪些不合理的地方？

（2）如果您是 RB 制造公司人力资源部的经理，您会怎么安排这个培训项目？

（二）分析提示

（1）RB 制造公司培训不合理之处：

1）没有对员工进行培训需求调查与分析，使得培训工作的目标不明确，也不了解员工对培训项目的认知情况。

2）培训时间安排不合理，在周五晚上进行培训，学员心不在焉，影响培训效果。

3）没有对培训进行过程的监控，不能及时发现问题，解决问题。

4）对培训工作的总结程度不够，没有对培训的效果进行评估。

5）没有详细的培训计划，具体表现在：对受训员工的对待问题上，没有制度性的规定，不利于提高受训员工的学习积极性。

（2）作为 RB 制造公司的人力资源部经理，在此次培训工作中应该做到：

1）首先进行培训需求分析，了解员工对质量监管培训的认识，了解员工的要求。

2）对培训做总体的规划，包括合理的培训时间、地点，培训经费预算，培训讲师的安排甚至对讲师的培训等。

3）选派合适的人对培训的全过程进行监控，及时发现问题、解决问题。

4）培训结束时，对受训人员进行培训考核，以了解培训工作的效果。

5）对培训总过程及培训结果进行总结，保留优点，剔除缺点，为下次培训积累经验。

第六章　职业生涯管理

学习目标：

（1）掌握职业生涯的涵义及其特征。

（2）了解职业生涯的发展阶段。

（3）了解职业生涯的影响因素。

（4）掌握职业生涯规划的含义及其意义。

（5）掌握职业生涯规划的方法和步骤。

（6）掌握职业生涯管理的含义、原则和措施。

（7）掌握组织如何为员工提供的职业生涯管理活动。

引例1：火车上的乘客在上下流动中蕴藏空座位机遇

有人出差很少能买到有座位的车票。可是有一个经常出差的人他每次都有办法找到座位，无论长途短途，无论车上多挤，他每次都有座位坐。其实他的办法很简单，那就是耐心地一节车厢、一节车厢的寻找座位。这个办法看上去似乎并体现不出他的高明，但却很实用。每次上车前他都做好了从第一节车厢找到最后一节车厢的准备。但每次他都会很快地找到座位，用不着走到最后一节车厢。

有人问起他为什么有这种想法时，他说很多人缺少像他这样锲而不舍的精神，没有耐心去找座位。通常是在他落座的车厢里有若干空座位，而在两节车厢的接头处都是人满为患。这是因为多数乘客被一两节车厢拥挤的表面现象迷惑了，不去想在火车数次停靠之后，火车乘客上、下流动中蕴藏着不少空座位的机遇；有的即使想到了，人的惰性使他们安于现状，缺少寻找的耐心。眼前一方小小立足之地很容易让大部分人满足，为了一个座位背着行囊挤来挤去不值得。他们还会有万一找不到座位，回头连这个站着的地方都没有了的想法。

生活中不思进取、安于现状、害怕失败的人，永远只能停留在没有成功的起点，那些不愿主动找座位的乘客，只能在上车时的落脚处一直站到下车。

在职业生涯中也是如此，设计不同的目标会带来不同的结果，你的目标是永远站着吗？

引例2：堵塞了员工发展通道的APP公司

APP公司是一家生产电脑芯片的美国公司，自1972年成立以来，该公司发展迅速，销售及赢利业绩骄人，股票价格翻了几番。但是，该公司人力资源管理体系却远远落后于公司业务发展，而且未受到应有的重视。最近，曾任一家知名大型IT企业助理人事总监的史威尼先生受聘于该公司担任人力资源总监一职，他决心对该公司的人力资源管理体制加以改进。

经过4个月对公司现状的考察，史威尼发现了一个十分突出的问题：研发部技术人员的离职率居高不下。研发部是从事研究的核心部门，最近3年，该部门的平均离职率竟高达30%。为了找出造成这一局面的原因，史威尼首先进行了薪酬调查，并发现该公司支付给技术人员的工资比市场平均水平高出5%～8%。但由于该公司从不进行离职面谈，史威尼无法了解已离职者的想法。通过与大量员工包括技术人员的非正式交谈，史威尼了解到，很多人都感到在公司里没有发展前途。尤其令人担忧的是，一些被该公司认为很有前途的年轻技术人员都被竞争对手挖走。

海伦是一位给史威尼留下深刻印象的研发部员工。29岁的海伦毕业于一家名校，目前正在攻读在职MBA课程。海伦加入该公司已达7年之久，3年前任普通技术人员，而后4年出任部门主管。她的绩效评估一直十分出色。在研发部，该职位仅在研发部总监之下。在海伦看来，公司根本不关心优秀员工。她认为，现任研发部总监布朗先生不愿意本部门的优秀员工在公司内部得到晋升，而宁可把他们留在本部门，这样他既可以完成本部门的研发而又不必费力培训新人。海伦说，她的上司和前任人事总监都曾告诉她，她在公司前途无量，然而，时至今日，她仍然是一位普通的部门主管。

此外，海伦对公司的人力资源管理制度也颇有微词。她认为，绩效评估没有考虑到员工的潜力和远景目标，对于帮助下属发展的主管也没有任何激励，人力资源规划没有确定未来的职位空缺，公司内部没有职位公告体系，没有为员工设计职业阶梯，对女性加入管理层有歧视。因此，她建议公司应针对这些问题采取相应的措施。

从史威尼了解的情况来看，海伦说的都是事实。而且他从其他渠道也听说一家对手公司正在与海伦接洽，打算让她担任一个高级职位。

很显然，史威尼所面临的挑战比他预计的更大。他很清楚，目前的当务之急是解决关键人员的流失问题。此外，一系列与员工职业生涯发展相关的问题也亟待解决。

第一节 职业生涯概述

职业生涯是人的一生中最为漫长、最为重要的阶段，从个人角度而言，人生的价值和意义是在职业生涯中得以体现的，从组织角度而言，帮助员工制定正确的职业生涯发展规划是组织获得人力资源方面竞争优势的重要途径，因此，职业生涯已成为人力资源管理中不可或缺的组成部分。

一、职业生涯的含义

职业生涯就是员工个人职业的发展历程，它包括一个人一生中所有与职业相联系的行为与活动，以及相关的态度、价值观、愿望等连续性经历的过程，也包括一个人一生中职业、职位的变迁及工作、理想的实现过程。它并不包含在职业上成功与否、进步快慢，也就是说，不论职位高低，不论成功与否，每个工作着的人都有自己的职业生涯。

职业生涯（Career）这个概念的含义曾随着时间的推移发生过很多变化。在20世纪70年代，职业生涯专指个人生活中和工作相关的各个方面。随后，又有很多新的意义被纳入到“职业生涯”的概念中，其中甚至包含了生活中关于个人、集体以及经济生活的方方面面。

职业生涯是一个动态的过程，是人一生中最重要的历程，特别是职业、职位的变动及工作理想实现的整个过程，是追求自我实现的重要人生阶段，对人生价值起着决定性作用。

二、职业生涯的特点

职业生涯有它自身的规律和特点，具体特点为：（1）发展性。职业生涯是一个人一生连续不断的发展过程。随着时间的推移，每个人都会以不同的程度在这个过程中成熟起来。发展性在职业生涯中的表现是多方面的。人们通过持续不断地个人修养来全面提升自己，使自己一步步地成长起来；通过人生追求的实现来促进个人价值的提升，去承担越来越重要的社会角色；通过有效的技能训练来提高自己的职业化水平，使自己成为某一方面的专家。（2）阶段性。职业生涯的发展具有阶段性，可以分为不同的发展时期。各阶段之间并不是并列关系，前一阶段的状态是后一阶段的基础，后一阶段的状态是前一阶段的进步和提高，注意职业生涯发展的阶段性，顺利地完成各阶段的任务对职业生涯的持续发展就显得非常重要。（3）差异性。人们所从事的职业不同，个体状态不同，职业生涯就会有很大的差异性。每个人无论在生理、心理还是习惯方面都会存在很大的不同，从而也会形成不同的职业生涯状态。特别是一个人由于心态、思想和价值观的不同，支配职业生涯方向的发展也会不同，而且随着时间的推移，这种职业生涯的差异性就会越来越大。（4）可规划性。职业生涯的发展过程中实际上充满了偶然因素，因此人们往往以为是偶然因素在左右他们的前程，但是从长远来看，职业生涯的发展是可以规划的。职业生涯的可规划性正是表现在对职业生涯发展过程中许多偶然因素的把握上，以克服在职业生涯发展中因偶然因素而导致的盲目性。

三、职业生涯的分类

职业生涯是指与工作相关的整个人生历程，它几乎贯穿于每个人的一生，并且处于不断发展变化的状态。职业生涯可分为内职业生涯和外职业生涯。

（一）内职业生涯

内职业生涯是对个人而言的，是指在职业生涯发展中通过提升自身素质与职业技能而获取的个人综合能力、社会地位及荣誉的总和，它是别人无法替代和窃取的人生财富。

（二）外职业生涯

外职业生涯是对组织而言的，是指在职业生涯过程中所经历的职业角色及获取的物质财富的总和，它是依赖内职业生涯的发展而增长的。

四、职业生涯发展的阶段

一般而言，员工职业生涯的发展都要经历几个阶段，不同的发展阶段对员工的知识水平、工作能力、职业偏好等都有不同的要求，对工作会产生不同的影响。员工职业生涯发展要经历六个阶段：(1) 职业准备期。职业准备期接触社会初步形成职业意向，从事职业技能学习以及等待就业的时期。这一时期员工在不断地学习和积累知识、技能，为下一个时期的职业选择做好准备。(2) 职业选择期。职业选择是个人对于自己就业的种类、方向的挑选和确定。它是人们真正进入社会生活领域的重要行为，是人生的关键环节。通过职业选择，有利于人和劳动岗位的较好结合，使个人顺利进入社会劳动岗位。这一时期个人将接触分析有关职业信息，探索各种可能的职业选择，并试图把自己的职业选择与个人的兴趣和能力匹配起来。经过这个时期，个人已经有了择业的意向，并做好了就业的准备。(3) 职业适应期。职业适应期是指员工走上职业岗位，逐步适应职业岗位要求的时期。这一时期个人已经做出了职业选择，并正式成为组织中的成员。由于刚刚开始自己的职业生涯，这个阶段还在逐步适应组织各个方面的环境，力图使自己更快更好地融入到组织中，较好地完成自己所从事的工作。同时，员工还会力争发挥出自己的专长，更好地适应组织的发展。(4) 职业稳定期。职业稳定期是指员工稳定于某种职业，它占据人们职业生涯的绝大部分。这一时期员工已经完成了与职业的适应和调整，成为组织中较为稳定的成员，而且还会根据组织的需要，实现纵向提升、横向流动的情况，最终成为组织中成熟的员工。这一时期也是员工对组织贡献最大、时间最长的时期。(5) 职业能力衰退期。该时期是一个人职业生涯发展的后期阶段，这一时期员工的工作经验非常丰富，但是体力和精力却会明显下降。因此，处于这一时期的很多员工都会选择接受一种新的角色，把位置留给年轻人，成为年轻人的良师益友。(6) 职业结束期。职业结束期是员工退休、结束自己职业生涯的阶段。这一时期员工已经离开了自己的工作岗位，开始考虑退休后的一些问题。

五、影响员工职业生涯的因素

(一) 个人因素

个人因素在每个人的职业生涯中起着重要的基础作用，它决定着一个人职业的发展方向和前景，具体包含健康、性别、年龄、教育、价值观等要素。

1. 健康

健康的身体是任何人职业生涯开始的首要条件，几乎所有的职业都需要有健康的身体。凡是积极追求健康的人大多满意他们过去的职业经历。他们关心自己身体的健康，执著追求着事业的成功。但是紧张忙碌的职业会导致压力增加。因此，采取一些技巧，保持适度的压力激励自己是十分重要的。

2. 性别

性别问题一直是职业生涯发展的敏感话题。受传统观念的影响，男人对事业的追求和渴望始终占有重要的地位，他们把大部分时间都安排到工作方面，对家庭的付出是相当少的。适应时代的发展，女性也更渴求有一份安稳的工作，而与此同时还必须兼顾家庭，这对女性来说是相当不公平的。

3. 教育

大多数的人都认为，教育是改变社会阶层的主要动力，显然，教育程度是事业成功中不可缺少的因素，但对大多数的职业而言，也未必尽然。现在很多企业对录用者的受教育程度并不是很关注，而更注重的是他们能做什么。一般来说，企业要找的是既受过正规教育，又具备某些没有固定规范的个人发展潜力的人。

4. 年龄

大部分的事业是与人的年龄密切联系在一起的。事实上，有少数人在一般认定的年龄之后才开始事业的重要阶段，被称为“大器晚成”。但是不能拿大多数人的事业与这极少数的例外者相提并论。要正确认识自己所处的年龄阶段，做好年龄与职业生涯的匹配。

5. 心理因素

个人在人格与冲动的引导下，通过升华作用，选择可以满足其需要和冲动的职业。这种职业着重强调的是“自我功能”的增强。一旦这种心理因素遇到挫折，则会对职业的质量造成影响。因此，保持正常的心理状态去选择自己所从事的职业还是尤为重要的。

6. 价值观

一个人生活在社会环境中，必然会受到个人价值观念的影响，大多数人的价值取向，在很大程度上都是为社会主体价值取向所左右的。一个人的思想发展、成熟的过程，其实就是认可、接受社会主体价值观念的过程，进而影响个人的职业选择。

（二）社会因素

社会因素对每个人的职业生涯乃至发展都有重大的影响。通过对社会环境的分析，了解所在国家或地区的经济发展方向，寻求不同的发展机会。以下是影响职业生涯的社会因素。

1. 社会阶层

社会阶层的划分仍然存在，社会上所存在的不平等现象都会影响个人的职业生涯。现在企业尽管就社会阶层来挑选员工的时代正在逐渐改变，但是，社会阶层在目前仍是个人影响职业生涯一大束缚。

2. 经济发展水平

在经济发展水平高的地区，企业相对集中，优秀企业也就比较多，个人职业选择的机会就比较多，因而有利于个人职业的发展：反之，在经济落后的地区，个人职业选择的机会就比较少，个人职业生涯也会受到限制。

3. 社会文化环境

社会文化是影响人们行为、欲望的基本因素。它主要包括教育水平、教育条件和社会文化设施等。在良好的社会文化环境中，个人能力受到良好的教育和熏陶，从而为职业生涯打下更好的基础。

（三）环境因素

环境对个人的职业影响有着直接或间接的影响，它左右着人所从事的行业、改变着人生的发展轨迹。而环境又有着地理环境、行业环境、企业内部环境之分。

1. 地理环境

地理因素对事业的影响常常被大家低估，住在符合环境需要的人，比在不利环境中尝试推销其能力的人，毕竟有比较多的机会。所以，事业人应该选择能提供其所寻找之机会的地点居住。

2. 行业环境

行业环境将直接影响着企业的发展状况，进而也影响到个人的职业生涯发展。这也有利于个人选择有发展的行业和职业，有助于个人职业目标的更好实现。

3. 企业内部环境

企业内部环境对个人的职业生涯有直接的影响，所有的人都处于企业的小环境之中，个体的发展与企业的发展息息相关，把个体的发展与企业的发展联系在一起，有利于个人做出合适的职业生涯规划。

第二节 职业生涯规划

职业生涯规划是在对一个人职业生涯的主观条件和客观条件进行测定、分析、总结的基础上，对自己的兴趣、爱好、能力、特点进行综合分析与权衡，结合时代特点，根据主、客观条件设计出合理且可行的职业生涯发展方向。

一、职业生涯规划的含义和意义

（一）职业生涯规划的含义

职业生涯规划（Career Planning）又称为职业生涯设计，是指员工在充分了解自己的个性、价值观、知识技能以及组织环境的基础上，确定其最佳的职业奋斗目标，并为实现这一目标作出行之有效的安排。

职业生涯设计的目的绝不仅是帮助个人按照自己的资历条件找到一份合适的工作，达到与实现个人目标，更重要的是帮助个人真正了解自己，为自己定下事业大计，筹划未来，拟定一生的发展方向。

（二）职业生涯规划的意义

职业生涯活动将伴随我们的一生中的大部分时间，拥有成功的职业生涯才能实现自己完美的人生。因此，职业生涯规划具有特别重要的意义。

1. 可以有效发掘自我潜能

一份行之有效的职业生涯规划将会：(1) 引导你正确认识自身的个性特质、现有与潜在的能力，帮助你重新对自己的价值进行定位并使其持续增值。(2) 引导你对自己的优势与劣势进行对比分析。(3) 使你树立明确的职业发展目标与职业理想。(4) 引导你评估个人目标与现实之间的差距。(5) 引导你发现新的或有潜力的职业机会。(6) 使你学会如何运用科学的方法采取可行的步骤与措施，不断增强你的职业竞争力，实现自己的职业目标与理想。

2. 可以增强发展的目的性与计划性

职业生涯发展要有计划、有目的，切不可盲目地“撞大运”，很多时候我们的职业生涯受挫就是由于职业生涯规划没有做好。要重视职业生涯规划，掌握好的规划方法，为自己设计具有发展意义的职业目标。好的计划是成功的开始，凡事“预则立，不预则废”就是这个道理。

3. 可以提升应对竞争的能力

当今社会正处在变革的时代，到处充满着激烈的竞争。尤其是我国加入 WTO 后，这种竞争表现的更加明显。每个人要想在这场激烈的竞争中脱颖而出并保持立于不败之地，必须设计好自己的职业生涯。这样才能做到心中有数，不打无准备之仗。而不少应届大学毕业生不是首先坐下来做好自己的职业生涯规划，而是拿着简历与求职书到处乱跑，总想会撞到好运气找到好工作。结果是浪费了大量的时间、精力与资金，到头来感叹招聘单位是不能“慧眼识英雄”，叹息自己英雄无用武之地。出现这种情况的原因就是这部分大学毕业生没有充分认识到职业生涯规划的意义与重要性，认为找到理想工作的条件是学识、业绩、耐心、关系、口才等，而忽略了职业生涯规划。还有的大学生认为职业生涯规划纯属是纸上谈兵，简直是耽误时间，还不如多去两家招聘单位。这是一种错误的理念，实际上只有有了清晰的认识与明确的目标之后再把求职活动付诸实践，这样的效果要好得多，也更经济、更科学。

二、职业生涯规划的期限

职业生涯规划的期限，可以划分为短期规划、中期规划和长期规划。

（一）短期规划

职业生涯短期规划一般为 5 年以内的规划，主要是确定近期目标，规划近期完成的任务。

（二）中期规划

职业生涯的中期规划一般为 5 ~ 10 年，主要是规划员工个人 3 ~ 5 年内的工作目标与任务。

（三）长期规划

职业生涯的长期规划时间是 10 ~ 20 年以上，主要设定个人较长远的发展目标。

这 3 种规划期限员工要根据自己的实际情况进行设计，但无论是短期、中期还是长期规划，每个员工都应该根据环境的改变不断地做出调整。

三、职业生涯规划的特性

（1）可行性。职业生涯规划要有事实依据，并非是美好幻想或不着边的梦想，是自己力所能及的事情，具有一定的可行性，否则将会延误个人职业生涯发展的良机。

（2）适时性。职业生涯规划是预测未来的行动，确定将来的职业发展目标，因此各项主要活动何时实施、何时完成，都应有时间和时序上的妥善安排，以作为检查行动的依据。

（3）适应性。职业生涯规划未来的职业生涯目标，牵涉多种可变因素，因此规划应有弹性，以增加其适应性。

（4）连续性。职业生涯规划是对人生每个发展阶段的设计，因此要保持其持续连贯性的衔接。而不能出现前一个阶段任务完成后，下一个阶段的职业发展目标还处于茫然阶段。

四、职业生涯规划应遵循的原则

(1) 实事求是。职业生涯规划首先要做到实事求是。也就是说，员工必须全面、准确地认识自己，了解自己的优势和不足，正所谓“自知之明”说的就是这个道理。只有客观地认识自己，才能设计科学合理的职业生涯规划。

(2) 择己所爱。在设计自己的职业生涯时，务必注意：考虑自己的特点，珍惜自己的兴趣，选择自己所喜欢的职业。调查表明：兴趣与成功几率有着明显的正相关性。从事一项你所喜欢的工作，工作本身就会收到较好的效果。

(3) 择己所长。任何职业都要求从业者掌握一定的技能，具备一定的能力条件。而一个人一生中不可能将所有技能都全部掌握。所以你必须在进行职业选择时择己所长，从而有利于发挥自己的优势。

(4) 择世所需。社会的需求不断演化着，旧的需求不断消失，新的需求不断产生。所以在设计你自己的职业生涯时，也一定要分析社会需求。

(5) 择己所利。职业是个人谋生的手段，其目的在于追求个人幸福。所以你在择业时，首先考虑的是自己的预期收益——个人幸福最大化。这就是你在选择职业生涯中的收益最大化原则。

五、职业生涯规划的方法

咨询机构和心理学专家进行职业咨询和职业规划时常常采用的一种方法就是 5W 的思考的模式。即从问自己是谁开始，然后顺着问下去，共有 5 个问题。

(一) Who are you (你是谁)?

“你是谁”，应该对自己进行一次深刻地反思，有一个比较清醒地认识，优点和缺点，都应该一一列出来。

(二) What you want (你想干什么)?

“你想干什么”，是对自己职业发展的一个心理趋向的检查。每个人在不同阶段的兴趣和目标并不完全一致，有时甚至是完全对立的。但随着年龄和经历的增长而逐渐固定，并最终锁定自己的终身理想。

(三) What can you do (你能干什么)?

“你能干什么”，则是对自己能力与潜力的全面总结。一个人职业的定位最根本的还要归结于他的能力，而他职业发展空间的大小则取决于自己的潜力。对于一个人潜力的了解应该从几个方面着手去认识，如对事的兴趣、做事的韧力、临事的判断力以及知识结构是否全面、是否及时更新等。

(四) What can support you (环境支持或允许你干什么)?

这种环境支持在客观方面包括本地的各种状态比如经济发展、人事政策、企业制度、职业空间等；人为主观方面包括同事关系、领导态度、亲戚关系等，两方面的因素应该综合起来看。有时我们在职业选择时常常忽视主观方面的东西，没有将一切有利于自己发展的因素调动起来，从而影响了自己的职业切入点。而在国外通过同事、熟人的引进找到工作是最正常也是最容易的。当然我们应该知道这和一些不正常的“走后门”等歪门邪道有着本质的区别。这种区别就是这里的环境支持是建立在自己的能力之上的。

（五）What you can be in the end（最终的职业目标是什么）？

将自我职业生涯计划列出来，建立形成个人发展计划书档案，通过系统的学习、培训，实现就业理想目标：选择一个什么样的单位，预测自我在单位内的职务提升步骤，个人如何从低到高逐级而上。例如，从技术员做起，在此基础上努力熟悉业务领域、提高能力，最终达到技术工程师的理想生涯目标；预测工作范围的变化情况，不同工作对自己的要求及应对措施；预测可能出现的竞争，如何相处与应对，分析自我提高的可靠途径；如果发展过程中出现偏差，如果工作不适应或被解聘，如何改变职业方向。

六、职业生涯规划的步骤

职业生涯设计基本上可以分为确立目标、自我与环境的评估、职业的选择、职业生涯策略、评估与反馈等5个步骤。

（一）确立目标

确立目标可以成为追求成功的驱动力，俗话说：“志不立，天下无可成之事。”志向是事业成功的基本前提，没有志向，事业成功也就无从谈起；没有目标，如同驶入大海的孤舟，不知该走向何方。所以在进行职业生涯设计时，首先要确立志向，确定目标，这是制定职业生涯规划的关键，也是职业生涯设计中最重要的一点。

在制订就业目标时，应根据社会经济发展的趋势，在考虑国有企业单位的同时，也应该考虑非国有企业、欠发达地区和艰苦行业，用发展的眼光、长远的观点来指导自己的择业。

（二）自我与环境的评估

1. 自我评估

每位设计者，都无法避免对自我和外在环境的了解，自我评估的目的是认识自己、了解自己。只有认识了自己，才能对自己的职业做出正确的选择，才能选定适合自己发展的职业生涯路线，才能对自己的职业生涯目标做出最佳选择。自我评估包括自己的性格、兴趣、特长、学识、技能、思维、道德水准以及社会中的自我等。

2. 环境评估

环境评估主要是评估各种环境因素对自己职业生涯发展的影响，每一个人都处在一定的环境之中，离开这一环境便无法生存与成长。所以，在制定个人的职业生涯规划时，要分析环境条件的特点、环境的发展变化情况、自己在这个环境中地位、环境对自己提出的要求以及环境对自己有利的条件和不利因素等。只有对这些环境因素充分了解，才能做到在复杂的环境中趋利避害，使你的职业生涯设计具有实际意义。

（三）职业的选择

据统计，在选错职业的人当中，有80%以上的人在事业上是失败者。因此职业选择的正确与否，直接关系到人生事业的成功与失败。在选择职业的过程中要考虑性格与职业的匹配，兴趣与职业的匹配，特长与职业的匹配，内外环境与职业的相适应。

社会上的职业多种多样，不同的职业，对从业人员的知识、技能、素质等要求不同，不同的个体所具有的素质也是有差异的，所以，对职业的选择，一方面要从社会需要出发，同时也要考虑自身的实际情况，扬长避短，只有这样才能做到人尽其才，才尽其用。

爱因斯坦是世界著名的科学家，以色列国会曾邀请他回国当总统，被他婉言谢绝。爱因斯坦认为：自己的性格适合当科学家，搞研究，不适合当总统，搞政治。如果一定要让他当总统，那可就总统当不好，科学研究也搞不成，因为谁也做不到又当总统又搞科研，两边都能干出成绩来。我们设想一下，如果爱因斯坦真的去当总统，结果会怎样？极有可能是以色列多了一位无足轻重的总统，而人类却少了一个伟大的科学家。

（四）职业生涯策略

职业生涯策略是指为实现职业生涯目标的行动计划，一般都是具体的、可行性较强的。在确定具体的职业选择目标后，就要采取相应的行动。这里所指的行动主要是指落实目标的具体措施，主要包括教育、培训、实践等方面的措施。例如，在职业素质方面，你计划学习哪些知识，掌握哪些技能，开发哪些潜能等。

（五）评估与反馈

“计划不如变化快。”尤其在现代职业领域，因此不断对自己的设计进行评估和修订并调整自己的前进步伐。

七、大学生职业生涯规划的时机

有关教育专家指出，大学生应该尽早确立“职业生涯”的概念，进校就想出门事，就业难就早下手，让职业规划从大学入校读大学的第一天就开始，与大学学习生活同步。一年级了解自我，二年级锁定感兴趣的职业，三年级有目的地提升职业修养，四年级初步完成学生到职业者的角色转换。以便清楚地知道自己的优势和劣势，到了大学毕业才不会“临时抱佛脚”，出现就业恐慌。特别是面对当前的就业形式，不提前筹划，就要晚就业。

近年来高校毕业生人数连年上升，据调查也反映出，在一些工程类专业岗位上，毕业生甚至面临与下岗职工群的竞争。大学生以往的优势正在缩减。据统计：2001年全国大学本科毕业生待业率为30%，约34万人待业；2002年37万人待业；2003年52万人待业；2004年为69万人；2005年为79万人，为年年递增趋势。以上是教育部的估算数字，而实际上在2003年6月底，就已有100万毕业生去向未定。

职业生涯规划越早对今后毕业找工作就越主动，谁的规划作得早，谁毕业时就会最先拿到第一桶金。大一时就应做好“职业规划”，最迟大学三年级以前也一定要做完，否则，大四的时候就无法作出下步应聘职位的准备。目前，很多大学生拿着职业顾问为其做的职业生涯规划去应聘，得到招聘单位的认可。更有很多人，大四的时候就已定好下步职位，毕业后马上就可按照职业生涯规划去发展。

第三节　职业生涯管理

职业生涯管理是一项十分复杂的系统工程，也是人力资源管理中的重要环节，企业要根据实际情况加强对员工职业生涯的有效管理。

一、职业生涯管理的含义

(1) 职业生涯管理是指组织根据人力资源发展规划的需要，确定员工个人的发展计划，充分发挥个人的潜能，并将个人发展与组织发展结合起来的管理活动。

(2) 职业生涯管理与人力资源管理中其他职能的关系。

职业生涯管理是人力资源管理的重要组成部分，它和人力资源管理中的其他职能紧密相连。1) 职业生涯管理与人力资源规划。职业生涯规划应该建立在组织人力资源规划的基础上，例如，如果人力资源规划预测组织未来3年后将需要一定数量的高级技术人员，而现有的高级技术人员数量不能满足需求，在帮助员工进行职业生涯规划时，就可以有意识地对那些希望晋升为高级技术人员的普通技术人员做出相应的安排，使其在3年内达到高级技术人员的要求。2) 职业生涯管理与员工招聘。员工职业生涯的起点一般始于招聘，在这一阶段，组织应为应聘者提供关于职位及未来职业生涯发展的真实信息，同时，应聘者也要充分考虑这份工作对自己是否适合。3) 职业生涯管理与培训开发。组织在为员工进行职业生涯管理过程中，要考虑到员工个人职业发展的愿望，有针对性地进行培训，在提高员工技能的同时，更注重开发员工的潜力。4) 职业生涯管理与绩效管理。组织可以通过绩效考核，发现员工过去的工作表现，以及员工具备的发展潜力等，对照职业生涯设计，会发现不合理之处，这样，组织可以采取措施，对职业生涯的管理加以改进。5) 职业生涯管理与薪酬管理。薪酬管理对职业生涯管理起到强化和导向的作用。如果组织的薪酬管理体系与职业生涯管理体系配合得当，不仅可以对员工的职业生涯发展给予经济上的鼓励，还可以对那些没有职业生涯发展意识的员工产生引导作用。

二、影响组织职业生涯管理的因素

职业生涯管理受很多因素的影响，这些因素可以概括为外部环境因素、组织内部因素和员工个体因素。

(一) 外部环境因素

外部环境因素主要包括劳动力市场和竞争对手。如果劳动力市场上某类人才短缺，组织要付出更大的代价才能挽留住这些人才，例如，通过晋升、工作轮换等职业生涯发展途径来解决。同样，如果竞争对手的条件十分优越，组织也必须调整自己的条件。

(二) 组织内部因素

组织内部因素主要包括组织的使命、发展战略、文化等。职业生涯管理必须与组织的使命、战略和文化相吻合，让员工真正为组织的总体战略作出贡献，根据员工的贡献程度，作出职业生涯管理的对策。

(三) 员工个体因素

员工个体因素包括员工的知识、技能以及自身职业发展的需求和愿望。职业生涯管理应充分考虑到员工的主观意愿和自身条件。对于那些具有强烈进取心而又具备相应能力的员工，组织应多为其提供职业生涯发展的机会；对于那些希望自己有所发展，但目前尚不具备某些能力的员工，组织应考虑如何开发其潜力，以帮助其达到目标；而对于那些安于现状、不图发展的员工，组织既可以鼓励其安心工作，也可以激发其职业生涯发展的意愿。

三、职业生涯管理的原则和措施

(一) 职业生涯管理的原则

职业生涯管理的原则应该以协调员工个人和组织发展需要为基础，并坚持因人而异和动态管理的原则。由于每位员工的具体情况都存在差别，因此其职业生涯发展道路也各不相同，组织应该针对不同的员工进行差异化的职业生涯规划和管理。

(二) 职业生涯管理的措施

职业生涯管理的措施可以采取多样化，具体措施主要包括：

(1) 建立测评体系。通过建立测评体系，评估员工的性格特征、职业倾向、优势、弱势以及潜能等，帮助他们设定适当的职业目标。

(2) 提供咨询。组织要提供职业生涯发展咨询、建议和反馈，对员工在职业生涯管理方面遇到的具体问题进行有针对性的指导。

(3) 组织培训。组织与职业生涯发展相关的技术技能培训，帮助他们掌握职业生涯管理的技术技能。

(4) 建立内部职位公告制度。组织要支持员工在本部门或跨部门晋升，保持职业晋升渠道的畅通，为那些技术发展空间有限的技术人员提供更多的管理工作机会，消除女性进入管理层的障碍，提供人人平等的晋升机会。

(5) 安排富有挑战性的工作。鼓励员工自发组织项目组进行技术攻关，给予他们充分的信任和表现自我才干、自我实现价值的机会，调动员工的工作热情和积极性，增加其成就感。

四、组织为员工提供的职业生涯管理活动

组织只有认识到职业生涯管理的重要意义及自身所扮演的重要角色，才会努力为员工创造更多的机会，提供多种多样的职业生涯管理活动。

(一) 职业生涯咨询

职业生涯咨询是由组织内部的人力资源管理者或是外部的专业咨询师与员工进行的面对面地交流，其目的是帮助员工分析和解答关于职业生涯发展方面的问题与困惑。

（二）评价中心

评价中心是通过一系列科学的测评手段对员工的心理和行为特点及潜力进行评价的活动和方法。通过评价员工，员工对自己的心理、行为和潜力都有相当的了解，才有可能合理、科学地规划自己的职业生涯。

（三）导师制度

由那些德高望重、经验丰富的资深员工担任青年员工或新员工的导师，可以随时给予他们指导，这样会对员工职业生涯发展起到积极的作用。

（四）培训

培训是职业生涯管理中一个十分重要的环节。组织可以通过各种形式的培训来拓展员工的知识和技能，开发员工的潜力，帮助他们实现自我提升。而且，组织会对处于不同职业生涯发展阶段的员工给予不同形式的培训。

（五）工作轮换

工作轮换是指员工在薪酬和职位等级大致不变的情况下从一种工作换到另一种工作。通过工作轮换，员工可以对其他岗位有一定的了解，获取新的知识和技能，还可以发现自己到底适合从事什么工作。同时，企业也可以对员工进行较全面的观察，实现组织内部的人岗匹配。

（六）晋升

晋升意味着职务的升迁，并拥有更大的权力和更多的薪酬，是职业生涯发展中最直接、最具有激励性的途径。

一般而言，员工得到晋升的原因主要是工作绩效突出、知识技能提高、工作表现优异等。技术人员往往因工作绩效优异而被提拔到管理岗位，组织应慎重对他们的管理和评价。

思考题

6-1　简述职业生涯的含义及其发展阶段。

6-2　简述职业生涯发展的途径及其影响因素。

6-3　简述职业生涯规划的含义及意义。

6-4　简述职业生涯规划的方法及步骤。

6-5　大学生如何设计职业生涯规划？

6-6　简述职业生涯管理的含义及措施。

6-7　组织如何为员工提供职业生涯管理活动？

案例分析：

如何设计一份职业生涯规划

某高校女生，计算机专业，在临近毕业时对自己的职业动向难以选择。就现在来说计算机专业属于热门，找一份不错的工作并不难。但由于自己是女生，认为在就业时肯定又不如同班的男生有优势，同时自己对教师的职业比较喜欢。在这种多重矛盾的情况下，如何进行一次有关职业规划方面的认真思考，并通过对其职业前途的规划来确定其就业方向。

（一）问题

请你为该女生设计一份职业生涯规划。

（二）分析提示

（1）Who are you?

某重点高校计算机专业毕业生；优秀学生干部，学生成绩优秀，英语通过国家六级；辅修过心理学、管理学；参加过高校演讲比赛，拿过名次；家庭状况一般，既不属于有钱之类，也不是拮据。父母工作稳定、身体健康，暂时还不需要有人特别照顾。学生自己身体健康，性格虽不属内向，但也不是特别活跃，喜欢安静。

（2）What you want?

很想成为一名老师，这不仅是儿时的梦想，而且比较喜欢这种职业；其次，可以成为公司的一名技术人员；如果出国读管理方面的硕士，回国成为名企业管理人员也是可以接受。

（3）What can you do?

做过家教，虽然不是自己的专业，但与孩子交流有天生的优势，当学生成绩进步时很有成就感；当过学生干部，与大家相处比较好，组织过有影响的大型活动；实习时在公司做过一些开发工作，虽然没有大的成就，但感觉还行。

（4）What can support you?

家里亲戚推荐去一家公司做技术开发；GRE 考得还可以，已经申请了国外几所高校，但奖学金还很难说，况且现在签证比较困难。去年曾有几家学校来系里招聘，但不是当老师，而是要去学校做技术维护，今年不知会不会有学校再来招聘教师；有同学开了一家公司，希望自己能够加盟，但自己不了解这个公司的具体业务，也不知道它有多大的发展前途。

（5）What you can be in the end?

最后的选择可能有 4 种，分别如下：

1）到一所学校当老师，自己有这方面的兴趣和理想。

2）到公司做技术人员，收入上会好一些。但通过这几年的发展看，这种行业起伏较大，同时由于技术发展较快，需随时对自己进行知识更新，感到压力较大，信心不足，兴趣也不是很大。

3）到同学的公司要丢掉专业，从底层做起，风险较大，这与自己求稳的心理性格不符，同时家庭也会有阻力。

4）若如愿以偿获得奖学金出国读书，回国后去做一名企业管理人员。但不确定因素较多，且自己可把握的较少，自己始终处于被动状态。

第七章 员工激励

学习目标：

(1) 掌握员工激励的含义及作用。

(2) 理解激励的过程设计。

(3) 了解激励的五种方法。

引例1：不懂激励并冷漠的主管

一个员工出色地完成任务，兴奋地对主管说："告诉你一个好消息，我跟了半年的一个客户今天终于签约了，而且订单比预期的多10%，这是我们这个季度最大的单子。"但主管对此表现冷淡，他并不关心员工的业绩，却冷冷地说："是吗？有人举报你拿了公司财物。"员工说："我是看到放到库房没人要了，我拿回去用一下。"此时主管严厉地说："都像你这样公司的财物不都成私产了？"员工垂头丧气地说："那我明天还回来。"一脸沮丧的员工默默地离开了主管的办公室。

对于领导来说，失去了明确的标准，也就没有什么激励可言了。在员工希望主管激励时，不仅没有得到主管的表扬，反而因小事训斥本该受到表扬的员工，员工没有获得认可的心理满足，结果会导致员工的积极性受到挫伤。实际上，管理人员进行激励是件很容易的事情。对员工进行表扬认可、表情的传递，都可以满足员工的被重视、被认可的要求，从而收到激励的效果。

引例2：岗位说明书模糊致各部门相互躲避责任

东北某不锈钢制品公司，因为岗位说明书写得很模糊，遇到客户退货时就会出现各部门"踢皮球"、谁都不愿意负责的难题。

当公司经理找到质管部询问时，质管部说："质量是制造出来的，又不是检验出来的，我们质管部只负责检验。"而制造部说："我是严格按照研发部的图纸和工程部的工艺流程来设计制造的。"研发部却说："如果是我们的责任，前三批就有责任了，现在已经是第十批产品了。"大家说得似乎都有道理。但对于领导来说，失去了明确的标准，也就没有什么激励可言了。

第一节 激励概述

调动人的积极性是人力资源开发的永恒主题，也是提高效率和效益的关键环节。

一、员工激励的含义及作用

所谓人员激励就是创造满足员工的各种需要的条件，激发员工的动机，使之产生实现组织目标的特定行为的过程。激励的作用包括以下四个方面：

（一）激励是调动员工积极性的主要手段

通过激励机制的运作，一方面使已经就职的员工最充分地发挥技术和才能，变消极为积极，从而保持工作的有效性和高效性，另一方面又可以进一步激发员工的创造性和创新精神，从而大大提高工作绩效。特别是随着科学技术的不断进步和生产过程日趋复杂，单靠机器设备不能增加生产，对员工科学技术的素质要求越来越高，因而进一步激发员工的创造性和创新精神就越来越重要。

（二）激励是企业员工流动机制的动力

通过激励机制的运作，将有才能的、企业所需要的人才吸引进来，并长期为企业工作；同时，将不适应企业工作的人员逐渐分离出去。现代企业制度下的生产者在产权结构变迁及产权社会化条件下，已经形成了一个劳动力与企业分离的退出机制，即作为交易者的企业和生产者各自获得了充分界定，拥有了充分的转让和收益权，即劳动力供给者对自己所控制的资源的使用享有独立决策权。这是生产者追求自己效用最大化的前提条件。退出机制是在劳动力市场的基础上建立的，激励是退出机制的外在动力。

（三）激励是提高企业员工素质的有力杠杆

提高员工素质的途径主要有两个：一是培训，二是激励。任何值得奖励的行为都是员工素质优异的表现，也是员工素质提高的证明，奖励这种行为，相应地是进一步鼓励员工自觉地提高各方面的素质。反之，任何受到惩罚的行为都是员工素质低下的表现，或是员工素质下降的信号，惩罚这种行为，相应地是警告有关员工纠正自己的行为，提高自己的素质。

（四）激励是形成良好组织文化的有效途径

良好的组织文化是组织生存和发展的基础，而良好组织文化的培育，离不开正反两方面强化。奖励优异的行为，必然同时强化了良好的行为意识；批评和惩罚恶劣的行为，则是对行为意识的负强化。交替运用奖、惩手段，就可以有力地促进追求良好行为这种群体价值观的形成。

二、人员激励的基本原则

（一）目标设置原则

在激励机制中，设置目标是一个关键环节。目标设置必须体现组织目标的要求，否则激励将偏离实现组织目标的方向。目标设置还必须能满足员工个人的需要，否则无法提高员工的目标效价，达不到满意的激励强度。只有将组织目标与个人目标结合好，使组织目标包含较多的个人目标，使个人目标的实现离不开为实现组织目标所做的努力，这样才会收到良好的激励效果。

（二）物质激励与精神激励相结合的原则

员工存在着物质需要与精神需要，相应的激励方式也应该是物质激励与精神激励相结合。物质需要是人类基础的需要，但层次也最低，物质激励的作用是表面的，激励深度有限。因此，随着生产力水平和人员素质的提高，应该把激励中心转移到以满足较高层次需要，即社交、自尊、自我实现需要的精神激励上去。换句话说，物质激励是基础，精神激励是根本。应在两者结合的基础上，逐步过渡到以精神激励为主。在这个问题上应该避免走极端，即反对迷信物质激励的拜金主义，也反对迷信精神激励又引导唯意志论。

（三）引导性原则

社会实践意义上的激励，一般指的是外激励，即采取措施，强化组织成员的动机，调动人的积极性。外激励措施能否达到预期的效果，不仅取决于激励措施本身，而且取决于被激励者对激励措施的认识和接受的程度。在被激励者看来，激励不是强加的，而是自觉接受的；自我感受不是压抑、痛苦，而是愉快、兴奋。因此，引导性原则是激励过程的内在要求。此外，外激励的主要目的是要把个体成员的积极性集中到组织目标上来，实现这一要求同样不仅决定于激励措施，而且对不同价值观念的人实现的激励效果不一样。例如，在利益关系中如何处理个人、集体、国家利益关系，就是一个和价值观念密切相关的问题。因此，必须加强教育，积极引导，使被激励者确立正确的价值观念，才能取得预期的激励效果。

（四）合理性原则

激励的合理性原则包括2层含义：其一，激励的措施要适度。要根据所实现目标本身的价值大小确定适当的激励量，过大过小都会影响激励的效果；其二，奖、惩要公平。激励往往通过奖励和惩罚来实现。奖励就是对符合社会标准和组织目标的进步、积极地行为给予奖励；惩罚就是对与此相反的行为即落后、消极甚至越轨行为给予惩罚。奖、惩公平就是要坚持该奖则奖，该重奖则重奖，该重罚就重罚。合理要求公平，不公平也无不合理，公平合理才有说服力、号召力，被激励者才能心悦诚服，在稳定的情绪状态下强化动机，提高行为力度。

（五）明确性原则

激励的明确性原则包括3层含义：其一，明确。激励的目的是需要做什么和需要怎么做；其二，公开。特别是分配奖金是大量员工密切关注的问题，更为重要；其三，直观。实施物质奖励和精神奖励时都需要直观地表达它们的指标和方式。直观性与激励影响的心理效应成对比。

（六）时效性原则

要把握激励的时机，“雪中送炭”和“雨后送伞”的效果是不一样的。人们做出一番努力取得成绩后，对于自身价值有一种期望得到社会承认的心理。尤其是在做出特殊贡献之后，最大的愿望莫过于得到及时的肯定。激励越及时，越有利于将人们的激情推向高潮，使其创造力连续有效地发挥出来。

（七）正激励与负激励相结合的原则

所谓正激励就是对员工的符合组织目标的期望行为进行奖励，以使得这种行为更多的出现，即员工积极性更高。所谓负激励就是对员工违背组织目的的非期望行为进行惩罚，以使得这种行为不再发生，即犯错误员工弃恶从善，积极性向正确方向转移。显然正、负激励都是必要而有效的，不仅作用于当事人，而且会间接地影响周围其他人。通过树立正面的榜样和反面的典型，扶正祛邪，形成一种好的风气，产生无形的压力，使整个群体和组织的行为更积极、更富有生气。但鉴于负激励具有一定的消极作用，容易产生挫折心理和挫折行为，应该慎用。因此，领导者在激励时应该把正激励与负激励巧妙地结合起来，而坚持以正激励为主，负激励为辅。为了贯彻这一原则，领导者应该将严格管理（依法治理企业）与心理疏导、思想工作（文化管理）相结合，使员工外有压力，内有动力，焕发出巨大的劳动积极性。

（八）按需要激励原则

激励的起点是满足员工的需要，但员工的需要存在着个体差异性和动态性，因人而异，因时而异，并且只有满足最迫切需要（主导需要）的措施，其效价才高，其激励强度才大。因此，领导者在进行激励时，切不可搞十几年一贯制。管理者应该知道，在激励上不存在一劳永逸的解决办法，更没有放之四海而皆灵的法宝。领导者必须深入地进行调查研究，不断了解员工需要层次和需要结构的变化趋势，有针对性地采取激励措施，才能收到实效。一些单位出现奖金越发越多，而员工出勤率越来越低的现象，正是领导者违背按需激励原则而尝到的苦果。

（九）期望行为原则

美国著名管理学家米切尔·拉伯夫经过 20 年的研究调查，总结出这样一个规律，即“人们会去做受到奖励的事情”，因而把奖励组织所期望的行为称之为“现代行为管理的基本原则”。组织中许多不合理的行为是由于奖励不当造成的。我们常常希望某种正确的行为，而实际却奖励错误的行为，结果正确的行为未能出现。根据在激励方面组织常犯的错误，米切尔·拉伯夫提出应当特别注意奖励以下 10 种行为而避免相反的情况出现：(1) 奖励彻底解决问题，而不是奖励只图眼前见效的行为，以确保企业的长期利益。(2) 奖励承担风险，而不是回避风险的行为。(3) 奖励善用创造力，而不是愚蠢的盲从行为。(4) 奖励果断的行动，而不是光说不练的行为。(5) 奖励多动脑筋，而不是奖励一味苦干。(6) 奖励使事情简化，而不是不必要的复杂化。(7) 奖励沉默而有效率的人，而不是喋喋不休者。(8) 奖励有质量的工作，而不是匆忙草率的工作。(9) 奖励忠诚，而不是奖励跳槽。(10) 奖励团结合作，而不是奖励互相对抗。

（十）利益差别原则

组织激励的一个重要原则是利用利益的差别，向组织成员传递组织期望的行为信息。

奖、惩分明是由古至今人们所信奉的一个管理原则。利益的差别可以推动竞争，而心理学家的实验显示，竞争可以增加50%甚至更多的心理创造力。利益差别也是体现公平的一个方面。因此，管理者必须通过考核发现员工在行为及绩效方面的差别，奖优罚劣，切忌搞平均主义。但应该注意的是，在利用利益差别激励下属时，必须明确指出下属的贡献或不足，使之心服口服。为了避免造成员工间矛盾，应尽量用预先规定的工作标准衡量员工实际表现，不要直接进行人与人的对比。

（十一）因人而异原则

人们有不同的需要，不同的思想觉悟，不同的价值观与奋斗目标。因此，激励手段的选择及应用要因人而异。这就要求企业定期进行员工的需要调查，分析不同的年龄、性别、职务、地位、受教育程度、员工的最迫切的需要，及时把握其动态变化，有的放矢予以激励。这样，可以在总的奖励费用保持不变的前提下，获得更好的激励效果。

（十二）适度原则

一般说，好人好事应及时表扬；下属做了错事，为防止扩大损失，固然应及时制止，但批评也要掌握时机。对于反复出现的积极行为，不能反复表扬，而要讲究表扬的艺术性，应当出其不意，使人们有所期待和有所争取，奖励、惩罚、表扬、批评都有一个最低限度，心理学上称为阈限。低于这个阈值的激励，如轻描淡写地批评、漫不经心地表扬是不起作用的。但是，激励力度也不能过分，过度奖励与过度惩罚都会产生不良后果。

（十三）策略体系原则

激励策略要优化组合，在空间上相辅相成，在时间上相衔接，形成系统的激励格局及积极的良性循环。这样做的好处是：一方面，它可以防止顾此失彼，保证激励措施奏效。因为各种影响因素同时在对员工的积极性起作用，如果只抓一方面而不顾及其他，很可能相互抵消；另一方面，可以利用几项措施的结合效果，即系统的“组织效应”。

第二节 激励理论

在管理学领域，激励指的是人们通常所说的调动人的积极性的问题。而如何调动人们的工作积极性这一问题一直以来就是理论研究的焦点问题之一。笔者将以西方管理思想史的发展为线索，从工业革命时期、科学管理时期、行为科学时期3个阶段来探讨激励理论的逐步发展和成熟。

一、工业革命时期

在工业革命以前，社会不存在大规模的生产组织或其他经济组织，相关的管理实践和管理思想都很少，就更谈不上相关的激励理论，所以以工业革命时期为起点来讨论激励理论的发展。工业革命促进了生产力的大发展，引起了社会的巨大的变革。在经济领域，大工业、大企业如雨后春笋般发展起来，组织中分工细密，专业化程度提高。但是消极怠工、劳资对抗等劳工问题也开始出现。在政治领域，随着资本主义大工业的发展，工人运动蓬勃开展。在思想文化和科技领域，工业革命带来了思想文化方面的革新和进步。

在工业革命时期，对员工的激励主要采用3种办法：积极的劝诱（“胡萝卜”）、消极的制裁（“大棒”）、努力建立一种新的“工厂精神风气”。

所谓“胡萝卜”，就是通过工资的激励，提供挣得更多薪水的机会，因此，雇主所支付的工资就以工人的产出和表现为基础。传统的观点认为激励工人最好的方式就是必须把工人限制在最基本的生活水平上；最好的工人就是饥饿的工人。亚当·斯密的古典经济学不赞成这种传统的观点，而是坚持“经济人”的观点，提出利用人的利己之心来激励劳动者。“大棒”就是消极的制裁措施，实质就是对违反劳动纪律的员工进行惩罚。激励的第三种方法是努力普及和建立一种新的“工厂精神风气”。其目的是用宗教的伦理和价值准则来培养工人对工作的正确态度。

亚当·斯密坚持“经济人”的假设，认为经济现象是由具有利己之心的人们的活动产生的，即坚持“胡萝卜”而不需要“大棒”。显然，这种“经济人”假设既能改变个人，又能提高组织的效率。但是简单的“经济人”假设，把人的需要仅仅看成是经济的需要，仅仅看到物质激励对人的影响，显然是很片面的。

在工业革命时期，虽然对于管理实践有了一些初步的研究，但总的来说，管理思想支离破碎，是不系统的，对于激励理论的研究也是肤浅的。笔者认为，这一时期所采用的三种激励方法都存在着缺陷，仅仅看到人的单一方面的需要，并没有看到人是复杂的动物，具有多方面的需要。

二、科学管理时代

由于工业革命的发展和国际市场的开拓，整个社会都发生了重大的变化。在生产、经济领域，随着生产规模的进一步扩大，企业所有权与经营权逐渐分离，管理职能逐渐走向专业化，管理已成为企业生产经营中的重大问题。同时，随着工人队伍的壮大，劳、资对抗日益尖锐，劳工问题日益严重。在政治领域，工会组织、工人政党登上社会政治历史舞台。

进入20世纪，伴随着伟大的“科学管理之父”泰罗的科学管理理论的出现与发展，对如何调动人们的工作积极性这一问题的研究也有了长足的发展，形成了比较系统的激励理论。泰罗提出了“差别计件工资制”，其主要内容是：通过对工时的研究和分析，制定出一个标准制度，从而改变过去那种以估计和经验为依据的方法，按照工人是否完成定额而采用不同的工资率，工资支付对象是工人，而不是根据职位和工种。因此，泰罗在“经济人”假设的前提下，提出了激励员工的制度，以此来调动员工的工作积极性，达到提高工作效率的目的。

泰罗的“差别计件工资制”在提高组织生产率和工人的工作积极性方面发挥着重要的作用。笔者认为，任何一种理论的成熟和完善都是需要过程的，泰罗的激励理论无疑是理论史的一个重要贡献。但是，更为重要的是他对人性假设的局限性，即认为人仅仅是一种经济人，是以漠视人的尊严和牺牲人性为代价的，这无疑限制了泰罗的视野和高度。同时，这种激励理论是以效率为中心的，对人、对劳动者自身的要求和价值缺乏应有的关怀。

三、行为科学时期

在经济、政治领域，在科学管理运动之后，资本主义社会化大生产进一步发展，社会的经济形势发展良好。但是泰罗制的推广，工人的劳动强度普遍增大，工资增长缓慢等原因导致了工人组织进一步发展，以工人阶级为基础的政党也不断发展、壮大。在文化、科学领域，由于泰罗制面临着挑战，使心理学家介入管理领域。同时，由霍桑试验引发的科学界对人类行为的研究，导致行为科学的出现。

（一）马斯洛的需要层次理论

马斯洛把人的各种需要归纳为五大类，按其重要性和发生的先后次序进行。生理需要处于最低层，然后依次为安全的需要、社交的需要、尊重的需要和自我实现的需要。其中，前四种需要可称为缺失性的需要，只有在满足了这些需要个体才能感到基本上舒适。最后一种需要可称之为成长性的需要，主要是为了个体的成长与发展。

该理论揭示出人的需要、动机和行为之间的联系，使人们认识到要激发人的行为或工作积极性必须满足人的需要，才能产生动机。现在，如果在管理中不了解人性和人的需要是不可能获得最佳效率的。同时，由于人的需要是复杂的和有等级层次的，对人的激励必须针对其需要的复杂性和需要层次的情况来实施激励。缺失性需要与成长性需要对激励具有不同的效应。马斯洛的“需要层次理论”在管理中引入了“以人为本”的思想。

基于马斯洛的需要层次理论对员工进行激励的一个重要前提，就是要有针对性地设置相应的措施，以满足员工的不同需要。

（1）设置针对性的激励措施，满足员工的主导需要。马斯洛指出：同一时期，一个人可能有几种需要，但每一时期总有一种需要占支配地位，对行为起决定作用。对于管理者来说，如果能有针对性地采取措施满足员工占支配地位的需要，就会有效地激发员工。如某职业技术学院，班主任工作的安排一直是个大难题，尽管学院班主任的津贴提高到与该学院中层领导的岗位津贴相近，但绝大部分的教师、尤其是中青年教师，仍然不乐意担任这一工作。每新学期前，负责学生工作的领导都要花大量的精力来做教师这方面的工作，但效果均不理想。

后来考虑到中青年教师最关心、最需要的是顺利晋升职称，学院便决定把班主任工作与职称的评聘相挂钩，规定了除学院批准的特殊情况外，凡是评聘高一级职称的教师和职工，必须担任过至少一届班主任工作。新规定出台的第一个新学年，中青年教师纷纷到学工处报名要求担任班主任工作。中青年教师担任班主任工作的积极性很快就调动起来了。

（2）实施扬长避短的人员配置原则，满足员工自我实现的需要。马斯洛指出：人只有干称职的工作，才会使他们感到最大的快乐。员工只有干自己喜欢干、能胜任的工作，才能有成就感，才能有自我实现需要的满足，才能将个人理想、抱负，个人的能力发挥到最大程度。企业中每个员工的素质构成不仅各不相同，而且各有长短。这就要求在人员配置时，坚持扬长避短的原则，着眼于人的长处，用其所长。同时要敢于大胆起用有缺点、但具备某方面突出才能的人，不拘一格，放手使用，为最大限度地发挥他们的能力优势创造条件。

（3）采用艺术性沟通技巧，唤醒员工的需要。根据马斯洛的需要层次理论的观点，对管理者来说，通过一定的艺术性沟通技巧，唤醒员工的需要，把员工无意识的需要转变为有意识的需要，往往可以充分调动员工的积极性，达到沟通的目的。因此，管理者在进行沟通之前，首先应了解员工所期待的需要，然后再进行相应的沟通。

（二）赫茨伯格的双因素理论

美国的心理学家赫茨伯格提出激励因素－保健因素理论。他把企业中有关因素分为满意和不满意因素。满意因素可以使人得到满足，属于激励因素。包括工作上的成就感、工作中得到认可和赞赏、工作本身的挑战性和兴趣、工作责任感、工作的发展前途、个人成长、晋升的机会等。这类因素的改善，往往能给员工产生很大程度的激励，产生工作的满意感，有助于充分、有效、持久地调动他们的积极性。

不满意因素是指缺乏这种因素时容易产生不满和消极情绪，即保健因素。保健因素是指和工作环境或条件相关的因素。它包括金钱、监督、地位、个人生活、安全、工作环境、政策和人际关系等。这类因素处理不当，会导致员工的不满，甚至严重挫伤员工积极性，反之，这类因素处理得当，则能防止员工产生不满情绪。

（三）费鲁姆的“期望理论”

费鲁姆认为人们对从事各项活动能够得到的满足，是和自己能否胜任这项工作和对这项工作的评价有极大关系的。期望理论的基本观点是，当行为者对某项工作及其结果的效用评价很高，而且估计自己获得这种效用的可能性很大，那么领导者用这种活动和结果来激励他也就可取得良好的效果。换言之，他认为，激励是一个人某一行动的期望和那个人认为将会达到其目标的概率之乘积。用公式可表示为：

$$激发的力量 = 效价 \times 期望值$$

基于期望理论的观点，要充分调动员工的积极性，必须正确处理“个人努力→个人成绩（绩效）→组织奖励（报酬）→个人需要”这一系列关系。为此笔者认为应从以下三个方面采取措施，以最大限度地激励员工：

（1）设置合理的目标及适当的奖金定额，提高员工激发力量。期望理论告诉我们，职工的激励水平与企业设置的目标效价和可实现的概率有关。因此，企业应重视管理目标的结果和奖酬对职工的激励作用，既充分考虑设置目标的合理性，增强大多数职工对实现目标的信心，又设立适当的奖金定额，使管理目标对职工有真正的吸引力。

（2）创造条件，满足员工不同的需要。同一个企业不同的员工，由于其个性、生活条件等不同，会有不同的需要，如果管理者不顾员工的需要差别，采取千篇一律的奖励，就会降低奖励的效价，达不到预期的效果。因此管理者在实施奖励时需与员工喜好匹配，创造条件满足员工的不同需要，以充分发挥奖励的最佳效用。如某企业对员工的绩效采取积分形式，并根据积分数划分不同的档次来设置不同的奖品。具体做法是：第一步，按照不同的积分档次，向员工陈列展示各种奖品；第二步，当员工在工作上有优异表现时，经由上司或同事提名，就可以获得一个荣誉点数；第三步，集合足够的荣誉点数，就可以向公司兑换现金、奖品。员工也可以将这些点数继续累积，将来兑现更大满足自己需要的奖品，如家用电器或旅游。这项措施一经推出，就成功地吸引了员工的注意。员工为了获得荣誉点数而争先恐后，很快就有99%的员工得到了数目不等的荣誉点数及相应的奖品。

实施这样的做法后，企业士气大增，员工积极性充分调动起来了。

(3) 对员工的奖励要及时，提高员工期望值。管理者一定要认识到：及时奖励有利于提高员工的期望值、大大鼓舞士气；及时奖励是一个企业成功的基石，甚至关系到企业的生死存亡。例如：德国福克斯波罗公司总经理遇到一个非常棘手的难题。一天半夜，公司一名员工敲开了总经理的办公室，汇报自己的建议和想法，一个长期没解决的、关键性的技术难题顿时被攻克了。总经理异常兴奋，应该给这名员工奖励些什么。总经理看到茶几上有一只香蕉，于是拿起这只香蕉，郑重地说：太感谢你了，你是好样的，你是最优秀的，这是奖励给你的。这名员工激动地接过香蕉说：谢谢总经理，请您放心，我会继续努力工作的！这个例子说明了企业奖励及时对调动员工积极性所起的作用。

行为主义学派的其他一些理论，如麦格雷戈的 X 理论、Y 理论、亚当斯的“公平理论”、波特－劳勒的激励模式、斯金纳的强化理论等，也从不同角度阐述了激励问题。

随着时代的发展，在西方激励理论中，精神激励逐渐成为激励方式的重点，例如，为员工提供具有挑战性的工作，让员工参与管理等能起到激励他们为组织作出贡献的巨大作用。笔者认为，虽然我国的激励理论发展得相对落后，但是我们可以充分利用西方研究的成果，更好地激励员工为组织的发展做贡献。“人”作为企业管理中最重要的因素越来越受到重视，“以人为本”的思想越来越多地运用到管理实践中。要做到这一点，就必须对人性和人的需要进行全面的了解，并且在管理活动中努力创造条件去适应和满足人的各种需要。

四、管理学激励理论

管理学激励理论主要研究组织如何通过合理配置组织管理资源，激发、引导和约束组织成员的行为，实现管理制度化和个性化之间的平衡，达成组织目标和个人目标的一致。这些激励理论按研究激励问题的侧重面不同，划分为内容型激励理论、过程型激励理论、行为改造型激励理论和综合激励模式。

(一) 内容型激励理论

内容型激励理论是研究激发个体行为动机的因素的一种激励理论。此理论着重研究心理和行为发展的一般规律性，指出人都会产生种种需求和满足这些需求的欲望，满足需求是调动人的积极性的原动力。

(二) 过程型激励理论

过程型激励理论从连接需要和行为结果的中间心理过程入手，着重研究人的动机形成和行为目标的选择，其主要任务是了解对行为起决定作用的某些关键因素，以达到预测和控制人的行为的目的。

(三) 行为改造型激励理论

行为改造理论被认为是激励目的理论，激励的目的就是要改造和修正人们的行为方式。

（四）综合激励模型

波特（Lyman W. Porter）和劳勒（Edward E. Lawler）于 1968 年提出了综合激励模型，主要是将上述几类激励理论综合起来，把内外激励因素都考虑进去。这个模式是对激励系统比较全面和恰当的描述，它告诉人们激励不是简单的因果关系，不是设置了激励目标就一定能够获得所需的行动和努力，并使员工满意，要形成奖酬目标——努力——绩效——奖励——满意以及从满意反馈回努力这样的良性循环，取决于多种综合性因素它给管理者如何改进对下级的激励，提供了一个清晰的、系统的、逻辑严密的思考路线。

五、经济学激励理论

后来经济学家们也开始对激励问题的研究产生了浓厚兴趣，他们注重对激励问题进行定量化、模型化研究，并在激励机制设计理论方面作出了重要贡献。与管理学通过对人的多种需求研究激励不同，经济学对激励的研究以“经济人”为出发点，以利润最大化或效用最大化为目的。管理学认为人的行为是受满足需要的动机支配的，而经济学认为人采取某种行为的积极性来自于其自利的动机，经济学把自利理性作为驱动人类行为的唯一动机的假设。管理学研究的是人的全面“需要”，强调人的“需要”多层次、多元化，而经济学则一般注重研究人的“需要”中受支付能力和价格水平决定的“需求”。由于研究需要，本文对经济学激励理论有关内容在此不再赘述。

透视激励理论的历史发展轨迹我们看到，激励理论研究是从关心物发展到关心人，从惩罚人发展到以奖为主奖罚结合，由物质奖励发展到精神等多因素激励，从满足人的低层次生存需要发展到满足人的高层次精神需要，从定性分析研究发展到定性与定量分析研究相结合，从激励的要素及方式、方法研究扩展到机制设计研究。可以说，激励理论研究已取得了一系列丰硕成果。以上这些激励理论对建立企业激励机制具有的启示：(1) 企业激励机制必须要能够满足企业员工的多种需要，在企业中员工的需要会有很大的差异。(2) 需要内容的多样性导致了具体激励方式的多样性，丰富了激励机制的内容。这就要求企业要建立有效的物质激励机制和精神激励机制。(3) 在企业激励机制中，要注重工作本身的激励作用来满足人们高层次的激励需求。

第三节　激励的过程

激励作为一种管理手段贯穿于管理的全过程。这一过程既体现有时间的延续和空间的展开，也体现有阶段的特点及其相互间的联系与配合，由于被激励者对于外在的刺激都有着一个从了解到接受并内化为自身动因的过程，在不同的努力阶段，其投入水平及心理特征各异，因而良好激励效果的获取必是依靠多环节整体协调，共同努力实现的。既要依据任务特征的不同施以不同的激励手段，也需要根据阶段的不同选择不同的激励策略。

一、激励过程的阶段性策略

从过程的角度去优化激励，应重点解决好 4 个阶段的问题：如何引导下属接受目标；努力之初如何帮助努力者增强预期；过程中管理者与被管理者主被动地位的转换；任务结束时的奖励与鼓励。

（一）如何引导下属接受目标

对员工的激励并非起始于具体任务的实施，在实施之前双方必须确立一个共同的目标，以明确合作的条件和内容。这种确立不仅是工作过程的起点，还将对双方的合作、利益分配及其行为起到规范和引导作用，因而必然是激励所涉及的对象。由于目标所包含的因素与执行者密切相关，执行者会从多角度展开思考，以确定目标是否可以接受，而这种接受无论是对于目标的确立，还是目标实施都是非常必要的。

1. 从目标难度与个人能力的比较来看

只有当员工判断依据个人的实力有把握去实现时才能对目标给予积极的认可。鉴于目标蕴含着员工与组织双方的利益，必然体现有一定的难度，双方所希冀的利益愈多，目标的难度也就可能越大。而难度过大又会使执行者望而却步，因而存在着在力求体现高收益、使目标更具引力的前提下，如何解决好目标难度与可接受性矛盾的问题。

2. 从目标预期与个人收益来看

由于目标是一种预期的行为目的，它所标明不是现在而是将来，员工不可能对其进行实际的分析得出一个翔实而准确的认知，只能依据以往的经验做出判断，在这种判断中其主观性和利己性倾向是非常明显的，他会引导判断者夸大目标的难度和个人的投入。同时，由于员工倾向于获取最大的收益，面对预期性也就存在着某种担心，怀疑个人所得并不是自己可能获取的全部，主观上会产生被剥夺的认知倾向而影响到个人的付出。

3. 从个人需求的多样性来看

组织中人的需求是多样的，努力者期盼目标所能带来的收益不仅仅局限在经济的领域，还有着广泛的社会需求及心理需求。努力者既希望借助于目标的实现过程来发现自己，力求看到一个满意的自我，又希望在双方的长期合作中，在满足当前利益的同时，兼顾到个人的长远收益，需求的多样性对目标提出了更高的要求。努力者对目标要求的多样性是其利益的集中体现，如果这些需求不能满足努力者就不可能接受目标，那么寓于目标之中的组织的利益也就不可能实现。

(1) 就目标难度和可接受性这一矛盾来看，由于目标难度是双方利益的体现，可接受性是实现目标的前提，两者必须兼顾。就努力者来讲，他们虽然能看到满足程度与目标难度之间关联性的存在，但对目标难度却存在着强烈的排斥心理。现实中只有收益高且易实现的目标才能产生足够的引力，促成努力者对目标的有效接受。因此，这种矛盾的解决不可能通过降低目标的难度来实现，只能通过对目标的良好设计来解决。其基本思路是：目标必须体现出看似容易，做起来难，易接受而不易实现的特点，既能有效的涵盖双方的利益，又有助于执行者的接受。所谓看似容易是要在认知上降低执行者对目标难度的判断，鉴于对目标是否可以接受的判断先于实际操作，本质上是一种主观预期，存在着模糊性和可变性，因而也就具备了调节的可能。当努力者感到环境条件具备，实现目标的途径具有新颖性和挑战性，且个人自恃过高的情况下对目标的难度的感知也就会相对降低，从而提高其可接受性。所谓做起来难是由于目标的实际难度并没有降低，仍需要努力者付出一定的代价，做出一定的努力。只是这种难度在一定时段上让位于执行者对目标的接受，在以后的过程中选择恰当的时机予以体现而已。由于对目标的接受与具体实现过程在时间上存在差异，因而借助于一定的方式引导职工接受目标是完全可以实现的。如此既保证了目标的接受，也保证了双方利益的实现。

(2) 目标判断中的预期性所带来的疑惑是一种客观存在。它主要是由于执行者对目标的理解不足、把握程度不够、对目标确立过程的参与程度低等因素所带来的认知模糊和不可操控等因素所造成的。针对这一点，管理者要通过主动吸收执行者参与目标的制定等方式，帮助其了解目标特点，明确目标规范和实现过程，通过对目标的理解以及过程的有效把握来增强其信心，提高其预期水平。

(3) 面对努力者需求多样性的特点，领导者必须对目标进行良好的设计。既要努力丰富目标的内涵，又要合理筹划其实现过程，使目标在标明经济交换要素的同时，还能够给努力者提供更多的表现机会和相互比较成分，使实现过程更吻合于努力者的特点。要力争在过程结构上更有利于成就的获取，在所选择的方法上更具有吸引力，在目标难度的设置上更具有挑战性，在具体的操作中更显自主性，从多角度、多层次满足努力者对目标判断的需求。

(二) 优化员工的早期介入过程

在实现目标的早期阶段，员工虽然对目标给予了认可，但工作动机呈现出多样化，具有印证性、尝试性、判断性的特点。所谓印证性是员工需要通过对工作的介入来感受和印证自己以往对目标的难度、个体的适应性以及管理者对目标的推介等方面的理解和判断是否正确，并以此积累经验。而尝试性则是员工虽然接受了目标但并非就会义无反顾地努力到底，如果对工作过程不满意，与个人的努力习惯不相适应，或是判断付出超出个人的预期，便极有可能结束努力过程，因为现在退出尚为时不晚。所谓判断性是员工要通过这一阶段的工作体验，对照个人综合水平来判断个体是否具备完成此项工作的能力，如果具备，那么在工作中应当择取什么样的对策，如何以最经济的投入确保任务的实现，获取满意的收益。

面对此阶段员工的复杂心态，激励的重点在于帮助其获取积极的工作体验和良好的预期认知。具体来讲是要帮助员工在相对短的时间内获取相对多的工作成效，以引导其思维朝着积极的方向发展。具体措施是通过目标分解对整个工作过程的难易程度进行合理的调配，使这一阶段的任务难度适度降低，在任务的数量、难度以及具体的实施方法的选择上尽可能适应员工者的特点和习惯，使他们通过一定的努力都能够完成或超额完成任务，从而强化其主动参与意识，并对未来持有良好预期。虽然这种安排会在一定程度上加大中后期工作的难度，但它是必须的。凭借本阶段所获取的工作绩效以及所激发出的工作信心与热情，以及在未来工作中随着员工付出的增多所带来的心态的变化，在良好激励措施的作用下这种难度是完全可以克服的。如果不是这样，那么这一阶段所产生的副作用将使整个工作过程都处于消极的状态之下，其管理的难度和工作绩效的有限性是可以想象的。

(三) 工作进程中激励者与被激励者主被动地位转换

从激励过程来看，激励者与被激励者的地位有着主动和被动之分，并会随着任务的进程发生转变。分析工作过程可以发现，在工作过程的前半段，员工处于主动的位置。其原因有两点：

(1) 员工是任务过程的参与者，是在实践组织所提出的任务目标，具有选择的主动性，他们可以认定某个目标也可以放弃某个目标，但目标的实现始终离不开他们。

(2) 在介入工作之初，员工期望的多收获的相对少，成功体验的不足，努力与疑惑并存，由于对未来的判断缺少实际的依据和必要的把握，因而工作热情不高，信心不足，对待工作的态度上更多的是一种疑惑和挑剔。由于此时的付出有限，一旦对失去努力信心或与管理者发生冲突，极易将矛盾和困难放大而放弃努力。在这一阶段中，员工的行为更多的是依靠管理者拉动的，管理者必须认清自己所处位置并以积极的态度和有效的措施去帮助、引导努力者树立信心，提升员工的工作热情和克服困难的能力。这种被动地位的存在决定了领导者的付出更多的是为员工积极性的发挥奠定基础和创造必要的条件，因而呈现出投入的多收获的少的特点。管理者必须对此有充分的认识，既不可预期太高，也不能操之过急。

当工作进程过半时，这种主被动地位就会逐步的发生转变。领导者由被动转向了主动，而员工则相反。其原因在于：

(1) 由于对投入的兑现是在完全行为之后，付出的越多，付出者就会越珍惜。

(2) 随着成就的取得和成功的积累，努力者开始背上了成功的“包袱”，个人能力的体现使努力者把关注点放在对更高成就的获取上。

(3) 由于工作过程中努力者、环境、任务等方面有较多的相似性，其所能提供的比较意义远远超过其他过程，在由此可能获取的价值、地位、尊重等因素的作用下，组织内成员间的相互比较和竞争逐步显现。

(4) 面对不断地付出，希望得到管理者好的评价的特点出现了，开始注意到与管理者之间的关系取向，希冀通过建立好的关系，获取好的努力效果，以求更好地满足个人需要。

在这种变化的作用下，激励者摆脱了以往被动适应的局面，员工对工作过程的亲和力增强了，对管理者的依赖程度加大了，相互间的关系也较以前融洽了。面对工作难度的加大其接受性和自主努力的程度也较以前大得多，管理者所施加激励措施的效果也比以前要好得多。与被动情况下的投入状况相对应，呈现出在一定投入情况下收益相对较多的积极局面，整个工作过程展现出一种平衡。可以看出，这种主被动的转变是随着被激励对象的付出和成就的取得而实现的，这种转变对于员工来说是有利的也是必须的，关键在于采取什么样的方式更早、更有效地去促成这种转变。虽然转变的时间划分不是绝对的，但实际上大多如此。

(四) 工作结束时的奖励与鼓励

从努力的结果看不外乎成功或失误。对于成功者来说，尽管其达到了个人的目的，获取了积极的体验，但管理者仍要给予必要的激励，以获取强化的效果。既要积极引导成功者分析成功的原因，并引导他们将成功归结为其自身的、内在的、稳定的因素，得出是其自主努力和个人能力所致的结论，以求从认知上获取对自我的良好评价并产生自豪感。又要借助报酬的兑现、表彰、鼓励等方式，丰富体验的内容，帮助其充分体验个人的成功，增强他们对所经历过程的认可，体会与组织者合作的必要性和积极意义，以求在未来的工作中不断提高投入水平。

对于失误者而言，情况则略显复杂。从员工自身来看，会因为个人能力不济，缺少相应的能力，或具体操作不当，因而不能实现目标。从目标本身来讲，鉴于目标的设置既受到市场竞争因素的制约，又必须兼顾到组织和职工双方的利益，在提高目标的效价引力的同时又必须兼顾管理者的实际支付能力，因而目标必须具有一定的难度，而这些难度决定了不是所有的员工都能够有效地实现目标。

面对这种情况，管理者必须借助激励手段帮助失误者摆脱失败的阴影，重树信心，为其积极行为的再重复和良好的合作奠定必要的基础。具体措施是：一方面要帮助其分析失误的过程，以及可能的人为的操作不当，以求获取技术意义上的必要改进，提高效率；另一方面要积极引导失误者将原因归结为外在的，不稳定的因素，比如个人重视不够，外在条件不具备，机会不佳等，避免其做出内在的诸如个人能力不济、水平有限等不利的归因，防止他们产生自卑和无助感，帮助失误者摆脱挫折，重新树立信心，保持对未来工作的积极预期。

此阶段激励效果的获取离不开这样一个基本条件，那就是必须保证员工在努力过程中对目标的认可，投入水平的抉择，具体方式的确立等都是其自主选择，自主努力的结果。使下属的努力过程真正体现出“自己的事情自己做”，具有较强的独立性，而不是领导者直接操纵所致。只有在这一前提下，成功者的成功才具有个体意义，随之而来的积极体验才能够确立。而失误者也不可能将失误的原因归罪于领导，如相互间产生矛盾，不利于合作的继续。

二、激励过程的设计

激励对企业员工而言是一种催人奋进的精神力量或状态，并且可以引导其行为向组织目标的方向推进。巴纳德（Bamard）在其著作中写道：“组织的一个本质要素是团队中的个人具有将个人的努力贡献给一个合作的团队的意愿。不恰当的激励意味着淡化或改变组织的目的或导致合作的失败。因而，在所有类型的组织中，为成员提供恰当的激励成为压倒一切的任务。”由此可见，激励设计在企业组织中具有举足轻重的作用，那么应该如何来设计某个具体企业的整套激励机制呢？这个问题的答案就是有关激励过程设计的内容。

（一）激励过程设计的原则

激励设计的原则是对企业激励机制的总体规划，也是激励理论与实践结合的桥梁，更是对许多企业实际操作经验的升华和总结。唯有遵循原则去激励员工，才能最大限度地激发员工的积极性和热情，从而达到最佳的激励效果。

1. 目标统一

激励的最终目的是通过激发员工的深层工作激情来更好地实现组织目标。因此，用于唤醒员工工作热情的个人目标必须与组织目标一致，才能达到良好的激励效果。这是一个方向性的前提，否则激励的力度越大，其结果也只能是偏离目标甚至背道而驰的速度越快而已。

2. 公平公正

这一原则是亚当斯公平理论的直接体现。只有相对报酬相等时，员工才会产生公平感，才能心情舒畅，从而积极性高涨；否则，就会产生不满情绪，开始有怨气和牢骚直至出现消极怠工的行为。值得一提的是，在这里所说的公平公正决不能偏向于绝对的平均主义，因为平均主义只会产生消极的作用，使激励失去应有的内涵。

3. 按需激励

根据马斯洛的需求层次理论，在一个企业中，因为年龄、个性、性别、职位、经历、教育程度等各方面的不同，员工正处于不同的需求层次中，他们对不同方面的需要会有所差别。就算是同一个人，由于所处时间和地位变化，对于各方面的需要也始终处于变化状态。这一直都是管理者在激励员工时所要面对的一个重要的问题，那就是如何正确把握员工需求的变化从而制定相应的激励措施。

4. 与时俱进

对于员工来讲，在其职业生涯或者说是人生的不同发展阶段，他的需求和偏好会随着内外环境的变化而发生变化。例如，随着经济收入的提高，物质方面的激励对人们的作用会有所降低，此时精神方面的追求才是他们的需要。因此，管理者必须就员工需求的变化及时改变相关的激励措施。对企业来讲，处于不同发展阶段的企业的激励机制也不是一成不变的，在必要的情况下要适时做出相应的调整，做到因时因势而异，以收到更好的激励效果。

（二）激励过程设计的步骤

在明确了以上激励设计的基本原则之后，接下来就要进入激励机制的设计步骤阶段，这个阶段所包括的内容如图 7-1 所示。

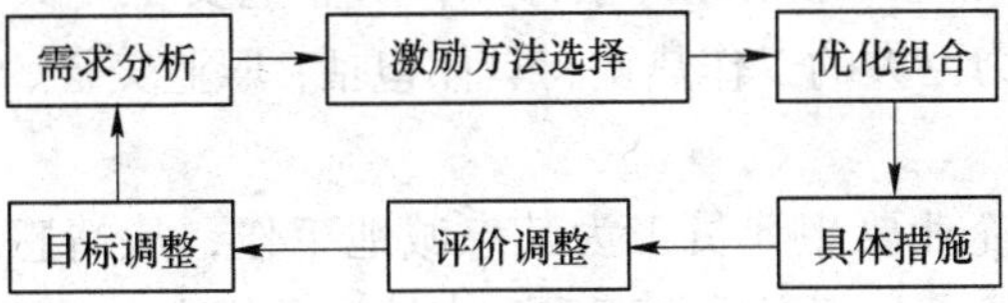

图 7-1　激励过程设计步骤

1. 需求分析

需求分析是贯彻按需激励这一原则的前提，是在为企业进行激励设计之前的一项重要准备工作，因为只有能够满足员工需要的激励才能够获得最大的收益。

目前很多企业在实施激励措施时，并没有对员工的需求进行仔细的分析，“一刀切”地对所有人采用同样的激励方法，效果往往很不理想。其实对企业内众多员工进行个别需求分析的做法是不太现实的，就算能够做到，也肯定会因为成本过高而无法长期延续，解决这个问题最好的办法是在实施激励制度时，能够建立起让员工自己选择的制度，而目前这种制度的一个典型实例就是柔性福利制度。当然，要全面推行这样的激励制度还需要有一定的缓冲发展阶段。

在当前，管理者可以采用比较简单的分层次激励的方法。首先，我们要了解的是该地区、该行业员工的普遍需求水平，可以重点调查几家重要的竞争对手对员工的激励情况；然后，对企业内部员工的需求进行一次摸底调查，与其他企业的情况进行对比分析，看是否具有一定的普遍性，是否能够对他们的需求进行简单的分组归类。例如，一般来说，从事简单劳动的员工，创造的价值较低，替代成本也不大，他们的需要比较适用和经济，对于他们可以采用以物质激励为主，辅以相配套的优惠福利政策的做法。而一些知识型的技术人员和管理人员，是企业价值的主要创造者，他们对于内在荣誉和成就的需要更多些，企业希望能尽量留住他们就必须在物质激励之外更要重视精神激励，可以为他们提供舒适的工作环境以及富有挑战性的工作来满足他们的需要。

2. 激励方法选择

在前述定义中，我们所指出的激励是用于引导组织成员行为的一些规范和措施。因此，在这里所要明确的这些规范和措施的具体内容就组成了企业可选择的各种激励方法。由于激励内容纷繁复杂，所以以下仅列出一般企业所用的主要激励方法和措施：

（1）薪酬制度。薪酬是企业对员工给企业所做的贡献，包括他们实现的绩效，付出的努力、时间、学识、技能、经验与创造所付给的相应的回报。目前所指的薪酬在企业中应包括基本工资、附加工资、奖金和福利等。

（2）目标。彼得·德鲁克（Peter F. Drucker）1954 年在其名著《管理实践》中最先提出了目标管理的思想，管理者可以通过目标对企业进行管理，同样也可以通过目标来有效激励员工。通过推行目标责任制，使企业经济指标层层落实，每个员工既有目标又有压力，会产生强烈的动力，努力完成任务。

（3）授权。授权首先表现为领导对于员工目前工作能力和业绩的一种认可，其次又对员工未来工作提出了更高的挑战和要求。因此，一方面这是对员工的一种非正式的晋升，另一方面也可以激励员工尽快成长。

（4）声誉与地位。在现代市场经济条件下，对企业员工尤其是中高层员工的声誉与地位激励能够激发其潜力巨大的工作热忱，具体包括：职业美誉、参与决策、享受各种荣誉奖励和晋升等。

（5）尊重与支持。企业要想让员工为其忠诚地工作，从情感的角度来讲，有一个重要的前提就是企业必须给予员工必要的尊重和支持。事实上，一旦员工感觉到自己是被重视的、被尊重的，他们的工作热情就会高涨，潜在的创造力就会发挥出来。

（6）关爱。花时间来记住一些有关员工的个人事情，管理者可以借此来表明每个个体对于公司来说有多么重要，而这是对员工关爱的开始。

（7）学习和培训。出于对个人兴趣培养的学习是给予员工精神方面放松和个人素养提升的一种方式，但大多数的学习和培训还是针对员工的职业生涯发展所进行的。

在实际中，正在运用或者被开发马上要运用的激励措施远远不止以上方法。就算是对于同一个人的同一件事，可以选择的激励措施也肯定不止一项，那么如何进行合理的选择呢？在前一阶段需求分析的基础上，我们目前已经掌握了企业员工需求的基本情况，此时可以采用借鉴其他企业的激励方法或者在此基础上进行相关调整的方式。这样做风险比较小，一些操作的细节问题也比较容易掌握，但难免会带来横向比较是否公平的问题，如果处理不好可能会引起双方的恶性比较和竞争。若换一种思路，也可以根据需要自己进行全新的选择，不过这就需要一个不断比较和摸索的过程，在此期间企业的激励机制完全处于不稳定的状态，因此事先必须与全体员工做好沟通。

3. 优化组合

对于一个企业的整个激励机制的制定，按照内部各影响因素相互联系、相互制约的系统理论，必须进行策略上的优化组合才能使若干项激励措施同步配套实施。这样做可以将各项激励措施的侧重点结合起来，兼顾到不同员工的不同需求，减少各种激励方法的相互抵消作用。因此，这个步骤实际上决定了整个机制是否有效。

虽然进行激励方法优化组合的具体措施会因不同企业、不同管理者等因素的存在而截然不同，但有几个实践要求是必须要遵循的：首先是奖、惩并重。虽然人们经过了长期的、一系列的研究证明，奖励总比惩罚的效果好，但是惩罚作为一种负强化的手段也是必不可少的；其次是物质激励与精神激励要并重。其实这两种激励方式大多数是相互交融、无法截然区分的，但两者对人们需求的满足有很大的不同，不可偏废；再次是竞争与协作要并重。企业有竞争产生的优胜劣汰才有活力，企业也必须要有通力协作的努力才能提高效率，因此激励要寻求竞争与协作的动态平衡状态；最后是严格管理与情感关怀要并重。企业对规章制度、工作标准和流程要求等的遵循必须要严格，但是对员工的尊重和关爱也是激励的一个重要组成部分，有时候后者才是唤醒员工工作热情和忠诚的关键。

从不同的角度来看待激励方法的组合会得出侧重点不同的答案，例如，目前按照员工职能类型分类的包括生产人员、销售人员、研发人员和管理层等在内恰当激励方法的设计以及按照企业生命周期理论对激励方法的组合已经有很多研究成果。

4. 具体实施

激励措施的组合选定以后接下来的步骤就是实施。在此期间可能会遇到许多的阻力和问题，因此首先必须取得企业高层领导的全力支持，然后针对不同的激励方法采用不同的推行步骤。建议如果一步到位风险比较大时，可以采用先选择部门或分公司进行试点的方法。有些措施可能是大家比较乐于接受的，那就可以增加试行的范围，缩短试行的时间，使之早日得到全面的推行。有些则相反，必须有耐心地跟大家不断沟通，对于一些反馈意见也要谨慎处理，要等到试点推行比较有起色的时候再适时全面推广。若是有些激励措施仅覆盖一部分员工，那么必须要公开其合理的归类标准和缘由解释。

5. 评价调整

企业的激励机制在进行实施后需要对其效果进行一些评价，借此可以判断该企业的激励设计是否成功，同时也是对现有激励机制进行修正的标准。在这一步骤中所发现的问题应该回到“步骤 1. 需求分析”的环节中进行局部或是全面的重新设计和调整，这样整个激励设计过程就形成了一个比较有效的循环系统。在这里，需要提出一些评价的指标及其改善的方法，主要包括：

（1）激励的公正性。公平公正这一基本原则中已经提到了激励要透明的问题，这个指标将直接影响到是否能调动真正优秀者的积极性并且是否打击未受奖者的积极性。在激励的过程中，一定要树立激励机制前人人平等的观念，实际操作中必须做到铁面无私、一视同仁，千万不能因个人偏好而有任何不公的言语和行为。主要的改善方法有：

1）公开制定激励的标准，对各项指标可以尽可能地量化，减少人为操作可能。

2）选择受奖对象必须充分尊重民意，最好让全体员工都参与到这个过程中来。

3）对受奖者要进行公开表扬，使之充分感受到荣耀和成就感。

（2）激励的普及性。激励的普及性主要是指激励覆盖面的广度，这个指标将直接影响企业的整体士气。主要的改善方法有：

1）将激励的精神尽可能多地贯彻到所有的规章制度和管理过程中，让组织中的所有人在时刻感受到制度力量的同时也能被激励前进。

2）避免平均主义，这样一方面可以降低激励的成本，另一方面更让人看到奖励的价值。

3）合理运用典型的示范力量，一般来讲榜样的力量是巨大的，但众人的眼光一直集中在几个人身上，也难免会影响其他人的积极性。

（3）激励的适度性。激励的适度性是指激励次数的多少和力度的大小，这个指标不够就容易产生大范围的牢骚和不满的情绪，若是太大也会过分刺激员工的欲望，并且使企业内机会主义和短期行为盛行。主要的改善方法有：

1）增强激励的成本收益观念，管理成本的投入需要有相应回报产生，并不是高投入必然就有高产出。

2）尽量与员工的期望值相符，期望值是员工的主观评价标准，因此是员工能够获得最大激励的基准点。

（4）激励的及时性。激励的及时性是指激励措施实现的快慢。“机不可失，时不再来”，现代心理学研究表明，及时激励的有效率可达到80%，而延迟激励的有效率仅为7%。主要的改善方法是员工一旦出色地完成了工作，马上就给予实质性的奖励；一旦犯了错误，也马上就进行相应的惩罚。当然，这里的及时并不是单指时间上的迅速，主要还是体现一种不拖泥带水，遇事果断、雷厉风行的工作作风，那种认为什么事都放到年终算账的想法和做法完全是贻误和浪费时机。

三、激励过程中应当处理好五个关系

人的管理是管理活动的核心问题。激励又是贯穿管理活动终始的重要问题。激励的根本目的是调动人的积极性、创造性，激发人的工作热情，使人自觉自愿、心情舒畅地工作，从而达到提高效率和效益的目的。离开了激励，管理就成了消极的、被动的、机械式的管理，其效率和效益的提高就是短暂的、有限的。

构成激励的因素主要有四个方面：一是目标。人的活动都是有目的的，都是为了实现特定的目标进行的，大到追求远大的理想。小到购买一件商品。即使一个不太自觉、不够情愿的行为也是有目的性的；二是需求。包括生理需求和心理需求。人是高级动物，具有自然属性和社会属性。这决定了人的需求的二重性。另一方面，人都是社会的人，都生活在一定的社会环境之中，其需求必然受社会环境的影响和制约；三是期望率。对同一目标、同一需求，不同的人可能有不同的期望率，因而产生激励的力量是不同的；四是手段。要达到一定的目标，满足一定的需求，必须要通过具体的方式和手段，包括物质的和精神的方式和手段，否则就是纸上谈兵。认真分析一下构成激励的因素，不难看出，要增强激励的效果，就要处理好以下几方面的关系：

（一）把对个体的激励同对组织的激励结合起来

对个体的激励目的在于调动被激励者个人的积极性，发挥其主观能动性。个体是组织的细胞，没有个体的积极性、创造性，组织就缺乏生机和活力。因此，任何时候都不能忽视对个体的激励。另一方面，个体都生存于组织之中，不仅为所在组织服务，而且要组织的熏陶、管理和教育，因而受组织这个“小环境”的影响是巨大的、深刻的。从某种程度上说，一个人的业务技能、工作水平、工作作风、道德修养、思想觉悟等无不受所在组织的影响。对一个人来说，当他处于先进集体时，受到的是无形的压力和鞭策，他的工作起点和要求就比较高，就容易约束和纠正原有的缺点，采取组织认同的价值观和行为。相反，如果处在一个风气不正的集体之中，就容易降低对自己的要求，随波逐流。因此，在对个体激励的同时，不可忽视对组织的激励，要营造一个团结和谐、催人奋进的氛围，激励每个组织成员为实现组织目标贡献力量。

（二）把物质激励与精神激励结合起来

人的需求既然有物质需求和精神需求两个方面，激励也必须从物质激励和精神激励两个方面来考虑，忽视哪一方面都会影响激励的效果。这是激励中难以把握的问题，这方面是有许多经验教训需要总结的。我们曾在一个时期内过分偏重用精神激励来激发群众的工作热情，夸大“精神变物质”的作用。在社会主义初级阶段乃至整个社会主义社会这个相当长的阶段，物质激励应当也必然是激励的一个基本的、主要的手段，必须坚持物质利益原则，坚持按劳分配，正确处理国家、集体、个人之间的利益关系。改革开放后，邓小平同志提出的鼓励人们通过诚实劳动和合法经营先富起来的政策，正是体现了按劳分配的原则，体现了社会主义的物质利益原则，其激励效果超乎人们的预料。例如，农村实行的家庭联产承包责任制，就是社会主义物质利益原则的具体生动的体现。它把农民赖以生存的土地等生产资料交给了农民，实现了生产资料同劳动者的紧密结合，通过物质激励．极大地激发了农民群众脱贫致富的内在动力和劳动热情，使农村经济、农民生活水平出现了飞跃性的发展，充分显示了坚持物质利益原则的巨大力量。20 世纪 30 年代，资本主义世界经济危机后，美国资本家为了缓和同工人的矛盾，开始推行员工股份制，效果比较显著。员工股份制使企业的产权、经营管理权和分配权均属于企业全体员工拥有，把企业与员工的命运紧紧“捆”在了一起，使员工感到他们是在为自己劳动，大大增强了责任感和积极性。显然，这种产权激励的新的激励方式比传统的物质激励更为有效。在重视物质激励的同时，也决不能忽视精神激励的作用。两者是相互作用、相互促进的，并在一定条件下可以互相转化。人的精神力量通常是建立在一定物质基础之上的，而物质力量也是以精神力量来支配的。“衣食足则知礼仪”，这说明人们在物质需求基本满足的同时就会产生精神需求。当然，对人们的思想始终有一个如何教育和引导的问题。不然，也会出现“小富即安”，饱食终日、无所用心，甚至“饱暖思淫欲”的问题。改革开放后，我们党就提出了“两个文明”一起抓的方针，并采取一系列措施，解决精神文明建设这一手不够硬的问题。

（三）把长远目标的激励同近期目标的激励结合起来

目标激励是一个重要的激励手段。科学地制订目标，就可以调动被管理者的积极性。我们党是一个拥有近约九千万党员的大党。是什么力量把这样一个大党凝聚在一起呢？最重要的是共产主义的远大理想。在战争年代，革命先烈前赴后继、流血牺牲，就是为了推翻黑暗的封建专制，建立人民当家作主的新中国，最终实现共产主义。有了坚定的信念，就有了无穷的力量，从而创造出“爬雪山、过草地”这样举世闻名的二万五千里长征的壮举。才能以少胜多、以弱胜强，最终推翻国民党反动统治。当然，光有远大的理想是不够的，还必须把长远目标同近期目标结合起来，根据长远目标适时提出阶段性目标和计划，并且狠抓目标的实施。例如，土地革命时期，党提出“打土豪，分田地”的方针，反映了当时社会需要解决的突出矛盾，反映了广大农民的最大心愿，因而深受农民群众的拥护。再例如，抗日战争时期，我党对战争的发展作了科学分析，提出抗日战争必然要经历的三个战略阶段，并确定了三个不同阶段党的工作目标和任务，坚定了全国人民的抗日信心，鼓舞了斗志，对赢得抗战胜利起到了非常重要的作用。建国后，我国实行的年度计划、五年计划等都是阶段性目标，激励着全国各族人民团结一致，艰苦奋斗。特别是在农村，脱贫致富、奔小康成为改革开放后广大农民家喻户晓的奋斗目标，成为焕发农民群众劳动热情的巨大力量。需要指出的是，目标的制订应具有科学性，让实施者感到目标是有吸引力的，同时又是切实可行、有望实现的。近期目标的制订，应尽可能让众多的实施者共同参与，以促使他们更深刻地理解目标的意义、面临的困难和需要付出的努力，认清个人工作同组织目标的关系，认清个人所担负的重要责任，以提高目标激励的效果。

（四）领导者要把对被领导者的激励同对自己的激励结合起来

领导者作为一个地方、部门或单位的领头人，对被领导者的影响是多方面的，不仅有来自权力方面的影响，也有来自领导者威望形成的影响，其中人格魅力的影响是很大的。因此，领导者在重视对被领导者激励的同时，切不可忽视对自己的激励。实际上，这也是对被领导者激励的一种方式。

首先，领导者始终要严于律己。孔子说：“其身正，不令而行；其身不正，虽令不从。”道理十分简单，却不容易做到，“干部喊破嗓子，不如做出样子”，反映了广大群众对领导者的期望和要求，也说明了领导者以身作则是对群众最有效的激励方式。一个领导者如果自身过硬，他对下属严格要求就顺理成章，容易做到。我们敬爱的周恩来总理鞠躬尽瘁，一心为民的崇高品质，激励着一代又一代共产党人为党和人民的事业兢兢业业、无私奉献。身先士卒就是无声的命令，要求大家做到的自己首先做到，这样，一个单位就会有良好的风气，群众的积极性就能调动起来；其次，领导者要不断提高自身素质。领导者除了自身的品德、作风影响被领导者外，他的知识水平、业务能力、决策能力、领导艺术等方面对被领导者也会产生比较大的激励作用和潜移默化的影响。领导者素质高、能力强，就比较容易赢得大家的认同，并促使被领导者不断加强学习，努力提高各自素质，认真做好本职工作。因此，领导者要搞好对被领导者的激励，必须从自身的激励做起，率先垂范，从思想认识、道德修养、工作作风、管理水平、领导艺术等各方面影响和带动被领导者，增强他们工作的积极性、创造性。

（五）把激励手段同激励对象结合起来

人是有思想、有感情的，不同的人因其认识水平、思想觉悟、社会经历、性格气质等不同，激励手段也要因人而异。对有的人，应侧重于精神激励；而有的人，则应侧重于物质激励。即使同一个人，在不同情况下也要针对不同问题，采取不同的激励手段。例如，有的人工作或生活中遇到了挫折，一蹶不振，失去了工作甚至生活的信心。在这种情况下，首要的是做好思想疏导和启发，帮助他鼓起勇气，增强信心。对遇到的具体问题和困难，要热情关心，尽力帮助解决。这样，就会使他振奋精神，面对现实，克服困难。再例如，在农村扶贫工作中，常常遇到这样的问题；在有些贫困村帮扶多年，不少贫困户脱了贫，而条件相近的有些户则成了老救济户，时间长了，救济不但没有激发他们加快脱贫步伐，反而产生了依赖思想，等着吃救济。对此，大家总结经验，提出了扶贫先扶志，变外部输血为增强自身造血功能，帮助贫困户找出脱贫的路子，给予一定的扶持，从根本上解决问题。这里的关键是要激发贫困户脱贫致富的内在动力，增强主观能动性。对不同层次、不同职业、不同年龄的人，激励的方式和手段也各有所不同。例如，对年轻人，要针对其精力充沛、思维敏捷、好学上进的特点，多交任务、多压担子，放手使用，尽可能满负荷工作。同时，政治上多关心，努力给他们创造学习锻炼的机会，促使他们尽快积累经验，增长才干。对年龄大一些的同志，要注意发挥他们工作经验丰富、熟悉业务、处事老练的特长，承担相应的工作。并注意生活上多关心，帮助他们解决工作和生活上遇到的困难。

总而言之，就是在客观条件允许的情况下，针对每个人的不同特点，发挥每个人的聪明才智，做到人尽其才，才尽其用，因人制宜，有的放矢。需要特别强调的是，激励绝不能脱离思想政治工作而孤立地进行。思想政治工作作为我们党的优良传统和政治优势，它的重要地位和作用是激励所不能取代的。思想政治工作同激励固然有许多相同之处，诸如，它们研究的对象都是人，都要研究人的思想规律和心里活动，都着眼于调动人的工作积极性。但是，两者存在着本质的不同。思想政治工作的出发点和落脚点在于提高人的思想觉悟，是从世界观、人生观、价值观上解决问题，是“治本之举”。而不论何种方式的激励，都是从人的需求出发，着眼于通过影响人的需求（物质需求和精神需求）来调动人的工作积极性。此外，思想政治工作同激励的内容、方式、形成的理论的基础都不同。那种认为思想政治工作是激励的一种手段的观点，实际上是降低了思想政治工作的地位，贬低了思想政治工作的作用。当然，随着时代的进步和社会的发展，思想政治工作的内容需要不断更新、充实，其方式和方法也需要不断改进、完善，要体现时代精神和特征。思想政治工作同有效的激励手段并举，人们的工作积极性、创造性就能够极大调动起来，改革开放和社会主义现代化建设的步伐就能够进一步加快。

第四节　激励的方法

只要有人的地方就需要管理；只要有管理的地方就需要激励。可见，激励员工是管理的一个永恒的重要话题。

一、授权激励法

授权激励也就是权力激励。所谓授权，就是由领导者授予直接被领导者一定的权利，使其在领导者的领导和监督下，自主地对本职范围内的工作进行决断和处理。因此，授权是领导者智慧和能力的扩展和延伸。授权激励要讲究“道”，这个“道”就是技巧。成功的权力激励之道，就是要做到严于律已，因事而变，轻重结合，使用好手中的权力，恰如其分地发挥其功效，最大限度地挖掘员工潜力，并有效地运用于工作之中。

（一）权力的激励之道

1. 人性的假设前提

认为权力有激励的因素，是源于对人性的剖析。意大利著名政治家、思想家尼科洛·

马基雅维利曾经在《君主论》中提到：人们总是在追求控制与摆脱控制之间活动着，而组织所赋予一个人的权力高低往往能够成为满足和平衡两者的工具。名和利，通常被认为是很有效的激励手段，而权力正好介于两者之间，有了权力也就意味着会得到名利。在实际工作中，职业经理人对人事、财务和业务的控制力度往往比企业家更大。

2. 权力激励的矛盾所在

权力激励存在这样一个矛盾：管理者想多管一些人，想管得到位一些；作为下属，则希望管理者少管一点。我们曾经做过这样一项调查："你心目中理想的上司的主要管理方式和你心目中理想下属的行为特征是什么?"结果，大家在写到对上司的希望的时候普遍要求上司"授权"，在写到对下属的希望的时候却几乎都是要求下属"服从工作安排"。

人们往往能很客观地对别人提出高要求，而对自己的要求则相对较低，这就引出了一个提升自我管理水平的简单方法：列举你心目中理想的上司应该具有哪些管理行为，同时列举出你理想中下属的行为特征，然后换位思考一下。这样，自己的管理水平就很容易得到提升。

3. 权力激励的效果

领导者主动、合理地授权于下属，能够调动下属内心的积极性，增强他们的自信心，从而使企业上下一心、共同发展。在实际工作中我们发现，越是授权给员工，员工就越感觉责任重大，相对地他的控制力度也会越大。

（二）如何构建权力体系

任何一个职务权限都包括组织人事权、财务经济权和业务开展权。如果将三者统一运用的话，效果将非常明显（见表7-1）。

表7-1　某公司营销总监职务权限表（部分）

项目	职务权限项目描述	提拟	审核	批准	备　注
组织人事权	营销中心组织架构、部门及上级别的设置	总监		总裁	
	总经理直辖部属的任、免、录用与解雇	总监		总裁	
	总经理跨级部属的薪资确定于增减			总监	
	营销公司所有人员的考核			总监	
财务经济权	销售费用预算范围≤10000元的报销			总监	
	年度广告、促销活动预算	经理	总监	总裁	
	预算范围内电视广告单次≤30万元的报销			总监	
	营销人员单次借支≤10000元的标准			总监	
业务开展权	十大客户经销范围产品、地区、品牌的变更	经理	总监	总裁	
	十大客户以外经销范围的变更与取缔			总监	
	货运商的评估、选择与确定			总监	
	一次性退货≤10万元			总监	同时财务

1. 组织人事权

组织人事权包括：营销中心组织架构、部门级别的设置、总经理直辖人员的任免录用、薪资确定与增减、营销公司所有人员的考核等。

有一种方法能够有效地控制部门人员数量，就是把工资按照规定发给部门经理，让部门经理去给他的员工发工资。

2. 财务经济权

财务经济权包括：销售费用预算范围内单次的报销、年度广告促销活动预算、预算范围内产品广告单次的报销、销售人员单次借支的标准等。

尽管财务经济权往往和组织人事权混在一起不好分开，但是，由于财务经济权本身的导向作用，也对员工激励有一定的影响。

3. 业务开展权

业务开展权包括：大客户经销范围（产品、地区、品牌）的变更、大客户之外经销范围的变更与取缔、货运商的评估选择与确定、一次性退货的钱数等。

在三大权力中，业务开展权是比较难做的，因为它牵扯到每一个细节。

如表 7-1 某营销总监的职位权限中，就不能改变十大客户，这个权限是归公司总裁的，他只能改变销售的产品和品牌。例如，公司有五种产品、三个品牌，现在北京地区销售的是五种产品、两个品牌，那么这位营销总监可以将其改变为一种产品、一个品牌。但对于如何选择等具体问题，执行起来就比较困难。

总之，管理人员有了这个权力以后，授权者只能行使监督权，但是，授权也意味着风险，所以管理者应该掌握权力体系运用的技巧。

（三）权力体系的运用技巧

作为一个管理者，要懂得有效利用权力体系，不能把时间和精力浪费在小事上。俗话说得好：一个不知道如何授权的管理者，下场是活活累死；如果不知道何时授权，会被活活气死；如果再不知道授权给什么人，肯定会被活活急死。彭尼公司创始人詹姆斯·彭尼曾无情而诙谐地说："公司经理最可靠的自杀途径，就是固执地不去学习如何授权、何时授权及授权给什么人。"

如果一个企业领导不愿意授权或者不善于通过授权激励下属，那么他所领导的企业一定是一个缺乏活力的企业。

一般来说，权力体系的运用主要包括：职权时限、敢于授权、部分或临时授权、授权变更以及授权的艺术等方面。

1. 职权时限

职权时限，是指权限表中规定的管理层次所具有的职权具有一定的时效性。

职权时限是权力体系运用的技巧之一。管理者授予下属某种权力的同时，也告诉他这种权力在某些情况下使用的期限，这样做不但让下属明白自己的权力得来不易，如不好好使用就会被收回，从而更加珍惜及谨慎地使用权力，也使管理者在很大程度上规避了授权后的风险。

2. 敢于授权

事必躬亲未必好。与很多领导者谈话时，听到他们说的最多的一句话就是："我忙啊！"他们天天身不由己，陷在事务的"漩涡"里，总是被动地"转"，几乎没有主动权。

领导者的权力称作职权，职权是履行法定职务时必须有的权力，因此，任何职权一定要有明确的范围，权限越明确，领导效能就越高。领导工作最忌讳权限不清，很多扯皮现象和相互之间的矛盾都根源于此。

有职无权，难有所为。所以，领导者不能统“揽”无遗、对下属管得太多、太死，更不能包办、代替下属的工作。

有人把领导者很形象地比喻为“统帅”，是很有道理的，“统帅”就是要“运筹于帷幄之中，决胜于千里之外”。领导者的主要任务绝不是现场指挥，更不是直接战斗，而应该是对全局战略的决策、部署和控制。所以，领导者要敢于授权，保证下属有处理事务的权力，给他们提供充分施展才干、实现抱负的条件和机会。

信任部属，下放权力。对员工表示信心的几种方式如下：

（1）在公开场合将最困难、最光荣的重要工作交给某个员工，并授予他相应的权力，使他觉得这是上级对他的最大信任。

（2）授权后，在听到别人对该员工的不公正议论时，当即态度鲜明地予以驳斥，并且一如既往的使用该员工。

（3）不以一时的胜败论英雄。授权后，如员工在工作中屡遭挫折，工作进展不大时，绝不能因此而抹杀他过去的功绩，怀疑他的能力，草率的中途换人，而是应该及时向员工提出必要的支持和帮助，消除他心中的阴影和疑虑，尽快恢复他战胜困难的信心和勇气。

（4）在员工面前充分发扬民主，体现管理者对员工的最大信任。授权前，应先听听员工的意见和看法。当员工自己的看法和上级不一致时，应及时鼓励员工提出不同意见；当员工大胆发表了不同意见，而这些意见确实比管理者原来的想法高明时，应当予以肯定；如果员工的看法毫无可取之处，也不要生硬地完全否决，而应该首先肯定他在某些方面的参考价值，然后再详细解释自己的看法。

（5）有意“免检”员工所做的某项工作，甚至故意忽略员工在工作中偶尔出现的小过失，只要员工本人能知错改错，不再重犯，就不予细究。

（6）最大限度地让员工参与计划制订、执行、检查、总结等管理过程。

（7）给予员工适度的自由，让他们根据自己的兴趣、爱好、特长和追求，去努力实现个人的“小目标”。有时候，员工个人目标的实现，更有助于组织大目标的实现。相信员工的自我约束能力，适度放松，也是对员工的充分信任。

3. 掌握授权的艺术

授权要讲究艺术。只有掌握授权艺术的领导才能合理授权，达到预期的目的，否则，可能会事与愿违。

（1）选择合适的人选。授权是以合适的人力资源为前提的，确定授权任务之后，要选择合适的人选。没有合适的人选，授权的重要构件就没有了支撑，所以在授权过程中，人是第一位的，寻找合适的人选是授权成功的重要保证。

企业最好的资产是人，企业领导者的智慧就在于挑选好的合作伙伴，而选一个合适的人，比选一个优秀的人更重要，选择人时要注意使员工的兴趣和能力与所授权的工作相适合。另外，把权力授给可信之人，这是每一个领导者都应该懂得的，只有这样才能充分发挥下属的积极性，创造更大的效益。否则，不但难以出现预期的授权效果，反而会给领导者带来麻烦，影响单位的整体效益。

（2）不要对完成任务的方法提出要求。除非有特别的原因，管理者在进行授权的时候应当只授权结果，也就是说，只告诉员工你要求做什么和达到怎样的结果，而下属采用何种方法则由他们自己决定。

着眼于目标，并给下属完全的自由，这才是真正的授权。只有使员工对如何达到目标做出自己的选择和判断，才可以增进领导者与下属之间的相互依赖关系，激励员工的工作热情。

(3) 允许下属参与授权的决策。每一项权力都应当与限制相伴随，管理者在授权时下放的只是用于完成某项工作的权力，而不是无限的权力。

怎样来确定完成一项工作到底需要多大的权力呢？最好的办法是让下属参与该项决策，听取他们所认为的完成这项工作需要何种权力的意见。但值得注意的是，有的人可能倾向于扩大自己的权力使其超出必要的范围，而过大的权力会降低授权的有效性，因此管理者要注意把关，与完成任务无关的权力不应该下放给员工。

(4) 增加授权的透明性。授权的目的是完成任务，而完成任务必然要涉及许多其他的人。不仅管理者和下属需要知道授予了什么权力以及权力的大小，与授权活动有关联的其他人也应该被告知。不通知其他人很可能会造成冲突，降低下属完成任务的可能性。

(5) 有效遏制下属反向授权。我们在日常工作中经常可以看到这样的一幕：某位管理者正穿过走廊，他的一名下属 A 刚好从走廊另一头迎面而来。出于礼貌，A 向他打了一声招呼："早上好，X 总（经理）。对了，我现在有这样一个问题要请教您……"在下属的诉说中，该管理者意识到，A 给自己提出的问题和其他下属经常向自己提出的问题具有某些相似之处，具体体现在两个方面：首先，这些问题需要他作为领导进行干涉、指导和解决；其次，对于他们提出的问题，他还不可以立即做出使下属满意的决定。于是，该管理者就告诉这位下属："谢谢你向我提起这些情况，我现在还有别的事情要处理，我会考虑怎样解决。"说完，该管理者转身离开了。

二、晋升激励法

晋升激励是提升士气和绩效的有效途径。拿破仑曾经说过这样一句话："不想当将军的士兵不是好士兵。"的确，只要社会中存在着等级制度，那么，人一生下来就会开始本能地追求上进——表现在成年以后的事业中，就是要获得尽可能多的晋升机会。这一点在就业市场竞争日趋激烈的今天显得尤为重要。

晋升，是对员工工作能力的肯定和进一步的期望，它对员工起到褒奖和鼓励的双重作用。职位的晋升比薪金的增加更容易满足员工心理的需要。晋升到更高职位，意味着担当的职责更多、更重要，也更容易施展理想和抱负。因此，当员工自己不能创业时，可以通过使其在企业内部拥有更大的施展空间来满足其创业的愿望。提供晋升机会，是激励员工上进、使他们视工作为己任的重要策略。

我们一般把晋升的依据归结为 3 种：一是岗位的任职资格要求；二是岗位的能力要求；三是绩效要求。从个人职业发展角度看，应当兼顾三个指标，完全忽视任何一方都会造成明显的消极结果。通常的做法是，在工作能力、工作绩效以及资格条件相同的情况下，优先考虑资历和能力之间保持怎样的平衡，偏重于资历还是能力，往往受企业文化的影响。

晋升激励，就是企业领导将员工从低一级的职位提升到新的、更高的职位，同时，赋予与新职位一致的责、权、利的过程。对有领导意识、开拓能力强的员工可以采用岗位激励，创设岗位和机会来发挥他们的积极性，实现员工的个人设计蓝图。既然晋升的一个重要指标是能力，那么如何对能力加以界定和衡量就成了一个问题，以过去的工作绩效作为衡量能力的标准时很多企业的选择，也是一个简单的办法。但是，在作晋升决策时，还需要对员工在新岗位上成功做好工作的潜力作出评价。对过去的绩效进行总结是一件容易的事情。而对未来工作绩效的预测则没那么简单，这是晋升决策失误的重要原因。"少了一个一流的技术人员，多了一个三流的管理人员"，成了企业经常发生的事情，也是晋升决策失误的一个直接结果。因此，要作好晋升激励，需要掌握一些使用有效的方法，并能按照一定的程序进行。晋升激励的过程：

（一）规范晋升途径

晋升激励的第一步是规范晋升的途径。也就是说，为每一个员工指明他所在的岗位应该朝哪个方向晋升。这个晋升不是个人的晋升，而是指所在岗位未来的晋升方向。例如，你现在是文员，这个岗位的下一步晋升方向是高级文员；你是一般工程师，这个岗位的晋升方向是主任工程师。

规范晋升途径，就是将所有的岗位分为几个岗位群，每一个岗位都能在该岗位所在的岗位群中从上到下、一步一步地上升。很多企业存在的问题就是没有晋升途径，一个员工在一个岗位上干了十几年，除了工资稍有上升外，其他的都没有改变。

1. 3种晋升类别

（1）行政职位晋升。这是长期以来激励的一种主要方式。在我国，行政激励行为具有悠久的历史。相传早在夏王朝时期，激励行为就应用于军事。《左传 哀公七年》记载，昔"禹伐三苗"，胜利之后，"禹合诸侯于涂山（相传在今安徽省蚌埠市淮河东岸——编者注），执玉帛者万国"，对作战有功的氏族酋长、军事头领实施加爵、封地、赐姓等论功行赏活动。但这时的激励措施有很大的随意性，很不规范，也不完善。到了春秋战国时期，随着依法治国思想的出现，作为安邦治国重要手段的激励措施，逐步走上了汉制化、规范化的轨道。

在现代企业中，对员工的行政职位给予晋升应该有一系列的科学依据，然后依照企业制定的晋升制度给予晋升，最忌随意性和盲目性。

（2）技术职称晋升。在企业里，行政职位是有限的，所以对专业技术人员只能通过职称晋升达到激励目的。然而，现行分配制度并没有向专业技术人员倾斜，反而使专业技术人员与行政职务人员的待遇相差较大，与同一岗位无职称人员的待遇相近，这严重挫伤了专业技术人员的工作积极性，从而与现代人力资源开发管理的宗旨背道而驰。

由于企业在晋升激励方面存在着种种弊端，造成了部分核心人才流向近年来晋升制度更加灵活的新兴企业。企业应该实行以市场化配置人才资源为核心的"岗位绩效晋升制度"，即通过对晋升制度的科学设计，按照向关键管理、技术和操作岗位倾斜的要求，合理拉动关键岗位与一般岗位、关键人才与一般人才、有贡献的技术人员与一般技术人员的收入差距，并通过对岗位工资的有效管理与考核，形成一套对核心人才具有新引力、在同行业中具有市场竞争力的新的晋升体系。

（3）专业等级晋升。伴随着专业技术人员的专业技能的提高，专业技术职务与职位等级也会随之晋升。同样，薪资也会相应增长，这样就为专业技术人员的成长开辟了一条新路，改变了过去那种单纯依靠管理职位晋升的局面。

为了促进专业技术职务与职位等级并行发展，培养复合型管理人才，许多公司还规定，相应职位等级的管理人员应当具备同职等或低一职等专业技术职务工作经验，部分具备一定管理潜能的优秀专业技术人员可安排在相应管理职位从事管理工作，这样有利于管理队伍的调整和不断更新。

2. 常见的几种岗位类别

一般说来，企业中的岗位可以分为以下几个大类：管理类；行政事务类；工程技术类；营销类；制造类；制造辅助类。

（二）建立晋升的阶梯

1. 在晋升途径上建立晋升阶梯

在规范了晋升的途径，即指明什么岗位从哪个路径上升之后，接下来就需要建立晋升的阶梯，也就是说，要指明这条路径上有多少岗位，分布如何。

如表 7-2 所示，指明管理人员走行政类、营销人员走销售类、工程师走技术类、文员走行政事务类，即是规范了晋升的途径；而以销售类为例，具体规定出销售人员的岗位分为客户主任、高级客户主任、客户经理和高级客户经理，并对每个岗位进行分级，则是建立了晋升的阶梯。作为销售人员，就可以在这个途径上，一个岗位一个岗位、一级一级通过考核不断的得到晋升。

表 7-2 某公司职务晋升等级表

行政类			技术类		销售类		行政事务类	
总监	资深总监	1/2/3 级	高级工程师	3 级	高级客户经理	3 级	高级专员	3 级
	高级总监	1/2/3 级		2 级		2 级		2 级
	总监	1/2/3 级		1 级		1 级		1 级
经理	高级经理	1/2/3 级	工程师	3 级	客户经理	3 级	专员	3 级
	经理	1/2/3 级		2 级		2 级		2 级
	副经理	1/2/3 级		1 级		1 级		1 级
主管	高级主管	1/2/3 级	助理工程师	3 级	高级客户主任	3 级	高级文员	3 级
	主管	1/2/3 级		2 级		2 级		2 级
	副主管			1 级		1 级		1 级
班长	高级班长	1/2/3 级	技术员	3 级	客户主任	3 级	文员	3 级
	班长	1/2/3 级		2 级		2 级		2 级
	代班长			1 级		1 级		1 级

2. 晋升阶梯的神奇功效

规范了类别途径，建立了晋升的阶梯，就为员工的职业生涯发展打通了道路，员工就可以目标明确地通过努力不断地得到晋升。通过绩效考核、能力考核和持续晋升，员工的潜能就可以被激活，能够不断地提高自己的业绩，提升自己的能力，企业也因此而得到持续的发展机会。

（三）制定晋升标准

1. 晋升所需达到的 3 个标准

规范了晋升途径、建立了晋升阶梯，并不意味着员工只靠工作年限就可以自然地晋升。也就是说，岗位并不是轮着坐的，它有一定的标准，具体而言，应该包括 3 个部分：(1) 岗位的任职资格要求，具体包括：学历、专业、专业年限、同行年限、同等职务年限等。(2) 岗位的能力要求，即适应这一岗位所需具备的能力。(3) 绩效要求，即晋升这一岗位所需达到的绩效标准。

2. 晋升以标准为依据，双向流动

在实施晋升激励的过程中，应该严格按照标准进行。此外，晋升不应该仅仅是正向流动的，也应该有负向的流动。也就是说，流动的方向应有两个，一个是向上晋升，一个是向下流动。对于符合晋升标准的要给予晋升，对于符合降级标准的要向下降级。

（四）掌握晋升体系的应用技巧

1. 晋升体系要有相应的薪酬相对应

人们忙忙碌碌所追求的往往就是一个“利”字。在古代，由于生产力极为低下，对利益的追求非常迫切。在今天，物质虽已非常丰富，但还没有极度发达，特别是我国由于人口众多，经济发展仍然比较落后，与欧洲一些高福利的发达国家相比，追求物质与金钱的增长在很长一段时间内仍然是大多数人工作的主要目的。

人都有一些与生俱来的需要，例如，生产、有稳定的收入、被人接受、希望得到尊重、渴望成功等。在企业中，薪金是员工最基本的需求之一。要使企业拥有持久的活力，首要的任务就是满足员工的物质需求。

无论对谁，更高的收入总是很有诱惑力的。要让员工更加努力，就要经历员工的出色工作，付给员工恰当的报酬，这样才能留住好的员工。在管理工作中，必须让员工感受到自己的价值得到了他人的认可，即得到自己应得的报酬，让自己的价值得到体现。不管你使用多么美好的言辞表示感谢，不管你提供多么良好的训练，都无法代替他们的这一期望。

因此，必须使晋升与薪酬相对应，才能更好地发挥晋升的激励作用。

此外，在薪酬设计中，有一部分是针对个人的，而不是针对岗位的，这一部分被称为资历工资。也就是说，随着资历的增长，虽然员工的岗位没有变化，但还是可以拿到这部分不断增长的工资。

某公司岗位标准，见表 7-3。

表 7-3　某公司岗位标准表

<table>
<tr><td rowspan="5">任职资格与评分标准</td><td></td><td>学历</td><td>专业</td><td>工作年限</td><td>同行年限</td><td>同职年限</td><td>职称</td></tr>
<tr><td>IE 技术员</td><td></td><td></td><td></td><td></td><td></td><td></td></tr>
<tr><td>财务经理</td><td></td><td></td><td></td><td></td><td></td><td></td></tr>
<tr><td rowspan="2">学历评分标准</td><td colspan="6">（1）根据岗位要求学历，按普通高校毕业为满分，“五大生”按总分的 80% 计</td></tr>
<tr><td colspan="6">（2）A 级不符合学历要求者不得分，B 级大专（不含）以下学历者不得分</td></tr>
</table>

续表 7-3

		描　　述		0~3 分（了解）	4~7 分（掌握）	8~10 分（精通）
能力要求	IE 技术员	知识	制作产品作业指导书基本知识			
			设备的基本功能、具体用途			
			制图软件及图片处理软件			
		能力	制作产品作业指导书			
			现场简单技术问题处理			
			指导生产部分工艺操作			
晋升标准分段						

一些企业由于自身发展的限制，岗位设置有限，员工进一步发展的机会也受到了限制。为了挽留管理者，企业就随着他们工龄的增长而改变他们的头衔。例如，把人力资源部经理变为人力资源部总监，但是，他们的岗位职能在组织构架上的位置并没有改变，权限以及管理的人员也没有改变，唯一改变的就是工资。所以，公司将头衔的晋升与薪酬挂起钩来，同样可以使员工从晋升中得到激励。

2. 晋升标准必须明确

将晋升的标准明确化、公开化，对于晋升体系的应用具有重要的意义。因为明确了标准，就意味着明确了努力的方向。

以高级经理的晋升为例：晋升标准规定：经理在 13 项考核中，如果连续 7 年有八项达到 A，那么就可以晋升到高级经理。在 13 项指标中，有一些事能力指标，有一些是业绩指标。对于经理们而言，如果能力指标能够连续 4 年达到 A，那么就说没能力是没有问题的，毕竟能力是相对稳定的。所以，在接下来的 3 年里，能力指标就不用担心了，只需要努力完成易变化的业绩指标就行了。

同样，如果明确了业绩指标达到 A 所需要的分数，并明确了每个指标的分数构成，那么经理们就可以通过抓住考核的关键因素来提高自己的分数，从而使自己达标。

所以，明确标准对于确定员工的努力方向，增强员工对结果的可控性，增强晋升体系的激励作用，具有重要的意义。

3. 要注意应用头衔

经常看到一个公司里面有很多的经理，级别较高部分的负责人称为经理，级别较低部分的负责人也称为经理，这就是应用头衔提升晋升体系激励性的一种有效方式。因为，人都比较爱面子，换句话说，人都有交往和受到尊重的需要，而头衔往往有利于满足这种需要。

因此，晋升体系要充分地应用这一工具，因为它是最廉价的，在某种程度上可以代替或者帮助节省人工成本支出，因为有很多人为了头衔愿意拿比较低的工资。当然，如果将头衔与工资恰当地结合起来，效果会更好。但是，这种应用要有一个度，不可滥用。

三、情感激励法

情感激励是物质激励的最好补充。大多数的管理者都非常了解薪金对于下属的激励作用，然而对于金钱之外的激励因素却不够重视。事实上，人们并不总是在为薪金而工作。许多管理者有过这样的经验，一句关心的问候，一份真诚的尊重，往往会使下属更愿意听从他们的指挥，尤其当面对那些衣食无忧、对薪金的需求并不非常迫切的下属时，管理者就更需要用情感来进行激励了。

情感是影响人们行为最直接的因素之一。按照心理学上的解释，人的情感可分为利他主义情感、好胜情感、享乐主义情感等类型，这就需要领导者既要不断地满足各类人才日益增长的物质需求，又要多关心下属的生活，能真正做到说真话、动真情、办实事。

情感需要是人的最基本的精神需要，情感激励，就是通过强化感情交流，协调领导与员工的关系，让员工获得情感上的满足，激发员工工作积极性的一种激励方式。所以说，情感激励既不是以物质利益为诱导，也不是以精神理想为刺激，而是领导者与被领导者之间的以情感联系为手段的激励方式。每个人都需要关怀与体贴，一句亲切的问候，一番安慰的话语，都可成为激励人们行为的动力。用情感的方式激励员工，是对传统物质弊端的一种弥补，他能使激励的手段更完善，效果更明显。

为强化情感激励，企业领导必须深入一线，与员工交流思想，沟通感情，增进彼此的理解和信任；要时刻关注员工的工作和生活，积极为他们办实事、做好事、解难事，大力支持、鼓励和帮助员工做好日常工作，充分调动员工工作的积极性、主动性，深入发掘员工的工作潜能，切实提高员工的工作效率，不断促进企业健康与快速发展。

情感激励的具体措施：

（一）成立员工互助基金委员会

人人都需要帮助，帮助的双方可以通过帮助得到各自的满足，增加彼此的感情。所以，对于企业而言，有必要建立员工互助基金委员会，使互助活动组织化。一方面，可以使那些需要帮助的职工通过企业解决困难，从而增强对企业的感情；另一方面，也使众多的员工有了家的感觉，对公司有了更深厚的感情。建立员工互助基金委员会需要注意的4点：（1）明确基金来源。（2）规定互助对象与事项。（3）制定分享基金的流程。（4）必要的财务制度。

（二）举办生日/婚礼庆祝会

生日和婚礼对于一个人而言，非常具有纪念意义，人们对此也比较重视。如果企业给员工举办生日或婚礼庆祝会，就能充分表明企业对员工的关心和重视，员工从这份关心和尊重中也会得到激励。

举办生日/婚礼庆祝会需要注意的事项：（1）庆祝会的形式要多种多样。（2）贺卡上有员工的照片、董事长的签名。（3）高层管理者尽可能参加。（4）进行集体婚礼、婚宴。（5）拍摄集体婚纱照。

（三）记录员工的愿望，并帮助他们实现

每个人都有自己的理想，实现理想是每个人的追求。所以，记录员工的愿望并帮助他们实现，将对他们产生巨大的激励作用。因此，企业非常有必要对员工的愿望进行管理。

（四）给员工写个人评语

上小学时，老师们经常给学生写评语以激励他们，学生从中获得了前进的动力。同样，上司给员工写个人评语，也有利于员工认清自己，从而找到自己努力的方向，加深双方之间的感情。鼓励性评语，也给了员工更多的前进动力。因此，适当的时候，管理者不要吝啬自己的笔墨，给员工写个人评语是非常有意义的。

（五）给员工的父母写信/寄礼物

母子、父子之情是人世间最珍贵的感情，父母的教导对孩子的一生有重要的影响。因此，公司可以通过给员工父母写信或者寄礼物的方式，体现公司对他们的尊敬和关心，从而感动员工父母。这些父母会将这份感动转化为欣赏员工所在的公司，教导员工更加努力工作；而员工也会从父母的欣慰和教导中得到激励，从而更加忠诚地为公司工作。

（六）关心员工本人，而不只是工作

我们在一些公司的餐厅里看到过这样的标语："谁知盘中餐，粒粒皆辛苦。"而在另外一些公司的餐厅里看到过这样的标语："你的健康就是公司的财富"、"吃完饭别忘了喝汤"、"吃好、喝好、心情就好"等。很明显，后者的作用要好于前者，因为后者表明了企业对员工的关心，更多地体现了以员工为本的理念，凝聚了更多的感情因素。人不仅是经济人，更是社会人，感情在管理中具有非常重要的作用，管理无定式，但是感情是不可缺少的。

似乎与工作关联度不大，但却能给人带来温馨的感觉，最终促进员工努力工作的话语如下：(1)"你的胃痛怎么样了？胃仙优管用吗？"(2)"你近来有时迟到，是不是家里有事特别忙？"(3)"你上、下班坐几路车？需要多长时间？"(4)"你是湖南人，吃得惯广东的清淡味吗？"(5)"刚走出校门，工厂与学校比感觉怎么样？"(6)"你还在坚持晨跑吗？现在能跑多长时间？"

（七）管理者应从日常工作做起

管理者如能在日常工作中多用一些简单而又实用的情感激励的方法和技巧，定能收到意想不到的效果。具体如下：

(1) 把每位下属都当成"大人物"来看，使下属被尊重的心理得到满足。无论在团队中处于什么样的角色，每位员工都应该得到足够的重视和尊重，因为"每一位员工都很重要"。这是一位知名管理者曾经说过的话，道出了员工管理的真谛。事实上，大多数的管理者都比较重视和尊重公司的骨干下属，而往往忽略了那些普通员工。其实，每个企业的主体都是由绝大部分成绩居中、水平能力相差无几的员工们构成的，由于他们是公司中最不引人注意的群体，所以在有他们的心目中也会有一点点自卑或不平。当他们付出自己的努力时，当他们完成任务取得成果时，往往更渴望能够得到别人的尊重与承认。

因此，作为管理者，你应该让每一位员工都能看到或感觉到他们同样重要。不要吝惜表示出你的关怀，要尽可能地多与员工沟通，倾听他们的心声，并及时给予有效的反馈。如果你能够做到把每位下属都当成"大人物"来尊重，那么在你的重视超出他们想象的情况下，他们肯定会因此加倍地为团队工作，这是毋庸置疑的。

（2）记住每个下属的名字，并能随口叫出。名字是人的代号，也是一个人区别于另一个人的主要标志。因此，每个员工都希望其他人能记住自己的名字，并能准确无误地叫出来。因为记住员工的名字并能随口叫出，是一种对人含蓄的尊重，表达了对他的注意，缩短了人与人之间的距离。卡耐基说："记住别人的名字并轻易地呼出，你即对他有了巧妙而有效的恭维。"

管理者如果对员工能亲切地直呼其名，会显得他平易近人，可以大大改善与员工间的关系，从而能够让员工心情愉快地投入到工作中去。

但在日常的管理工作中，许多管理者都不太注意记住员工的姓名，或者认为没有这个必要，往往借口自己工作太忙，没有时间和精力。其实，能不能记住员工的名字并随口叫出，与忙不忙没有必然的联系，关键在于是否有尊重员工的意识。能够记住员工名字的领导在和员工沟通交流的时候，能够使员工有被尊重的感觉，自然也就极大地发挥了情感激励的作用。

（3）经常使用头脑风暴法解决问题。领导者在管理中经常会遇到一些比较棘手的问题，要解决这些问题，运用头脑风暴法是一个极好的选择，它不但能形成问题的更佳解决方案，而且也是情感激励的最好体现之一。

头脑风暴法的特点是，参加问题的人员在问题解决的过程中能轻松自由地各抒己见，相互启迪思想，激发创造性思维，它能最大限度地发挥每个参加者的创造能力，提供解决问题的更多、更佳的方案。

这种方式集中了集体的智慧，达到了所有参与者平等交流、相互启发的目的，其中的讨论过程不但有利于加深参与者对问题理解的程度，又使得每一个参与者提出的解决方案都能收到重视，充分满足了所有参与者作为主人翁的情感需要，极大地调动了参与者的积极性。所以，管理者如能经常使用头脑风暴法来解决问题，必能对所有参与的下属起到极大地激励作用。

（4）少说"我"，多说"我们"。管理者与下属沟通时要少说"我"，多说"我们"，这样不仅能充分体现管理者对下属的尊重和重视，更能让下属感觉到自己与整个公司是一体的，是公司的一员，而不仅仅是一个挣工资者。由此，一个主人翁的感觉就会油然而生，更加认同企业的核心价值与发展理念，产生对企业的认同感和归属感。基于这种情感激励，一个必然会对企业产生信任和感情，心甘情愿地为实现企业目标而奋斗。

（5）掌握与下属谈话的技巧：

1）同下属谈话时，先听后说。根据对人性的分析，人们往往对自己的事更感兴趣，对自己的问题更为关注，更喜欢自我表现，一旦有人专心听自己说话，就会有被重视的感觉。领导者同下属谈话时，先听后说的好处是在充分了解状况的前提下再发表自己的建议，作出决定，这就会使自己的建议和决定更有针对性和有效性，同时，还可以使下属有被尊重的感觉，达到情感激励的目的。

2）尽量以轻松的口气和下属交谈。以轻松的口气与下属交谈，可以消除下属的戒备心理，更容易使下属畅所欲言，增加双方坦诚沟通的效力，同时，还会给下属留下平易近人的印象，这样不但使领导者以后的工作更容易开展，而且还能赢得人心，激励下属。

（6）让下属承担富有挑战性的工作。根据马斯洛的需求理论可知，人最高级别的需求就是自我实现的需求，人们为了达到自我实现的目的，很乐意接受富有挑战性的工作。领导者如能适时地、不断地给予下属具有挑战性的工作，就会最大限度地激励下属，给下属提供展现才华的机会，使下属在一步步实现梦想的过程中释放自己的潜能，从而在与企业的共同发展中达到自我实现。

四、挫折激励法

（一）挫折激励同样能起到正面激励的结果

行为科学认为，挫折是指当个体从事有目的的活动时，在环境中遇到阻碍或干扰，致使其动机不能获得满足时的情绪状态。我们认为激励离不开挫折，否则激励就是不完整的。有时候，反面的激励往往能达到正面激励想象不到的效果，所以说，挫折激励也是必不可少的。挫折激励，就是员工通过总结挫折的教训，从而达到正面激励的目的和效果。

当某个人努力满足自己的需要而工作却遭受到挫折时，他可能会采取两种态度：一种是积极适应的态度，另一种是消极防卫的态度。遇到挫折后冷静地分析原因，适当的改变、转换需要，调整行为，这是一种积极的态度；遇到挫折后承认现实条件的限制，承认自己能力的不足，从而降低以至放弃原来的需要，这也是一种积极的态度；遇到挫折，不灰心不丧气，决心以更坚强的意志、更果敢的行为追求原来的目标，满足原来的需要，同样是一种积极的态度。

领导者进行挫折激励的目的，就是要求下属遇挫后以积极的态度面对，检查自我，完善自我，利用受挫者的防卫机制，促其“升华”。当人们遇到挫折时常常转向其他目的、其他对象，若这一取代对象属于较高境界，则称这一过程为“升华”。升华是防卫机制中最富有建设性的一种。我们知道，司马迁因受腐刑而发愤写作，写出千古巨著《史记》；屈原被放逐，写出《离骚》；左丘明失明，才有《国语》的诞生。发愤是一种升华，属于挫折激励后的积极态度。

为了使下属能取得预先期望的效果，不要树立不切实际甚至高不可攀的高目标、高指标。要对下属进行培训，提高他们工作的能力，帮助他们达到目标。对工作中可能遇到的困难要多想一想，并尽可能寻找到克服困难的方法。要尽量做到下属的实际所得不低于自己的期望。激励最要紧的是公正。如果公正，即使下属所得低于期望值，他们也能够容忍。一个敏感的领导者，应能及时觉察到挫折给下属带来的紧张和焦躁，发现他们在思想和行为上的每一微小变化。

员工受到挫折后要冷静下来，客观的分析自身的条件和环境，反思自身的所思所想、所作所为，以便在今后的工作中尽量减少受挫因素，不断增强对挫折的容忍力和应变力。领导者要善于利用下属受挫的时机教育下属在各个方面成熟起来，促使他们总结教训，分析原因，摆脱困扰，振奋精神，全面提高素质能力；并且及时利用挫折激励下属调整和转变行为目标，把对成绩、奖励、晋升等的期望值调整到一个恰当的水平上，把希望、动机转变到新的可能会被满足的需要上来，使受挫者的受挫心理得以缓解，并转变为新的、更加有力的激励。

（二）挫折激励的主要方式

1. “三明治”式的批评

（1）什么是“三明治”式的批评。“三明治”式的批评，是指对某个人先表扬、再批评、接着再表扬的一种批评方式。由于这种批评方式并不是一味地采取批评的手段，还夹杂着表扬，因此，被称为“三明治”式的批评。

例如：电视剧《西游记》中，在孙悟空保护唐僧取经的过程中，佛祖曾经说过3句话：

1）你这泼猴，一路以来不辞艰辛保护师傅西天取经；

2）这次何故弃师独回花果山，不信不义；

3）去吧，我相信你定能发扬光大，保护师傅取得真经。

这三句话褒中有贬，既肯定了孙悟空保护唐僧的所作所为，又批评了他这次的不信不义，最后提出目标和期望，恰到好处的激励了孙悟空的斗志。

（2）“三明治”式批评激励效果的检验方式。使某个员工遭受挫折的目的，并不是打击他，而是要达到使它能够从相反的方向去改善的目的。如果他一遭受挫折就一蹶不振了，就证明批评的方法和技巧不到位，这样的激励就不会有效果。

因此，需要检验批评是否起到激励的效果。其唯一的标准是：员工接受你的批评之后，从他转身离开的刹那间所表现出的态度，就能看出批评的效果。如果他是垂头丧气的，就说明这次挫折激励的效果不好；如果她不开心的离开，则说明这次挫折激励的效果还不错。

2. 必要的斥责与处分

有效处分的六个步骤：（1）说明当前情况，简要复述以前讨论的问题。（2）询问导致问题产生的原因。（3）专心聆听，表示理解对方的感受。（4）说明你必须采取处分的原因。（5）协定具体行动及跟进日期。（6）表示对员工有信心。

必要的斥责与处分和“三明治”式的批评有些类似，两者的区别在于：前者把如何进行有效批评的方式及步骤详细地列了出来，而后者只是简要复述一下，提出起激励作用的批评方式的思路。

3. 可控前提的岗位轮换

很多人只是强调自身的利益而忽视其他部门与公司整体的利益，因此，在可控前提下的岗位轮换，对于增进部门间的相互了解和理解，促进部门间合作，都有一定的积极作用。

那么，什么时候应该对员工进行岗位轮换呢？当有一方自以为是、不顾上下游苦难时，可以对其进行岗位轮换。而所谓的可控前提，就是确保换岗后绩效不会明显下滑。另外，还要注意轮岗后员工的心态变化与业绩的进步与否。

4. 给员工明升暗降的闲职

什么时候要给员工明升暗降的闲职呢？有以下三种情况：

（1）员工不执行决策，或者执行不力时。这种情况发生在正确的决策不能有效实施和传递的时候。例如，公司实行新的薪酬考核制度，将部门整体工资发给部长，具体每人的收入由部长来决定。这时，就可以考虑采取明升暗降的方式，给他一个闲职，找真正有执行力的人来任他的职位。

（2）员工能力有限，却还不断抵御新事物时。有的员工尽管经验丰富却不愿意接受新事物，而公司的发展往往需要员工不断地学习；况且市场环境在不断地发生变化，不进则退，因此，不愿意接受新事物的员工将不利于公司的发展。这个时候，也可以采取明升暗降的方式，给他找一个闲职。

(3) 恃才傲物，不合适者。还有的员工自命清高，这种人在企业中屡见不鲜。无论这样的人是否有才华，他的清高及不合作态度，都会影响团队合作。更为不好的是，这种人有可能影响团队其他人的工作积极性和整个团队的文化氛围。对待这类人，也不妨采取明升暗降的方式。

5. 打消员工的过分自信

当员工过分自信，从而影响到本部门内部其他员工以及部门之间的合作时，就应当采取一些方法打消他们过分的自信。具体可以参考四种方法：

(1) 让他犯一个可以弥补的错误。有些人不犯错误是认识不到自己不足的，对于这类过分自信的人，就要给予他犯错误的“机会”。但是，打击终归不是目的，因此，这个错误还不能是“致命”的错误，而是一个可以弥补的错误，这样他就会将功补过，想办法弥补。

(2) 想办法让他承担不是错误的错误。有的时候，不想给过分自信的员工“没事找事”，那就让他承担一些不是他的错误的错误，让他从这些不得不承担的错误中感受挫败感。

(3) 借用第三方力量给予敲打。你作为过分自信员工的直接上级，对他的威慑力不够的时候，也可以借助第三方来敲打他。例如，可以通过更高的上级，或者借用客户的力量。

(4) 安排难度较大的工作给他。过分自信的人通常妄自尊大，认为自己的能力超过其他任何人。因此，对症下药的方法就是安排难度较大的工作给他，让他意识到自己的能力也是有限的。

五、竞争激励法

(一) 竞争激励是医治懒散的法宝

竞争是鼓舞人的士气的有效工具，没有竞争，就没有活力，没有朝气，没有进步。实现公平竞争，就要标准统一，机会均等，就要打破论资排辈、迁就照顾等陈旧观念。竞争如同运动场上的体育比赛，是医治懒散的法宝。没有竞争，人们就无责任感、紧迫感和危机感，就无法辨识人才的优势，就难以创造“能者上、平者让、庸者下”的干事环境。竞争给企业注入活力，也给员工注入了活力，是一种重要的激励手段。

竞争激励，即在用人上引入竞争体制，实行竞争上岗，优胜劣汰，促使各类优秀人才脱颖而出，施展才华。“物竞天择，适者生存。”要增强企业活力，充分开发每位员工最优秀的品质和潜能，就要在企业内部创建一种竞争机制，把企业变成一个赛场，让员工尽情施展自己的才华以与企业同步发展。

一个有生机的企业，除了直接以经济的激励手段刺激员工的积极性、提高劳动生产率之外，还应建立和强化竞争机制，为各工作部门和工作人员创造竞争条件。特别是在科学技术迅速发展的今天，竞争显得尤为重要，谁的竞争意识强，谁就能领先占领市场。所以说，企业要使职工能自觉地发挥出潜能力量，就必须确立一个相应的竞争目标，进行一定的物质奖励和荣誉赋予。例如，发挥工会或某个基础条件较好的车间组织的作用，开展有目的、有意义的“达标”或“夺标”等劳动竞赛、技术操作表演；或以班组为单位，以突击队的形式开展象征性的攻关、技术革新等活动，并大力表彰其中涌现出来的劳动能手、技术尖子，广泛宣传他们的先进事迹，介绍他们劳动技能的形成过程。这样就可以形成你追我赶的“竞争”气氛，激励技术“尖子”向更高、更难、顶尖的技术冲击；一般职工也能通过学习来强化自己学习技术的主动意识，并以此增强“只有参加竞争才有更多收益”的欲望。

（二）竞争激励的主要方法

1. 运用“鲶鱼效应”激活员工队伍

一个企业，如果人员长期固定，就必然会缺乏朝气与新鲜感，员工也就容易产生惰性，尤其一些老员工，工作时间长了就容易厌倦、疲沓、倚老卖老。因此，有必要找些外来的“鲶鱼”进入公司，给员工以紧迫感，让他们知道：是该加快脚步的时候了，否则，就有可能被淘汰。

当压力存在时，为了更好地生存和发展下去，受触动者必然会比其他人更努力，而越努力，跑的也就越快。适当的竞争激励犹如催化剂，可以更大限度的激发人们的潜力。

（1）“鲶鱼效应”的由来。挪威人爱吃沙丁鱼，但是当渔民将从深海里捕捞上来的沙丁鱼运回渔港时，发现大多数沙丁鱼已经死了，死鱼卖不上价，怎么办呢？聪明的渔民想出了一个办法，那就是将沙丁鱼的天敌——鲶鱼与沙丁鱼放在一起。

每当渔民出海捕鱼时，总要先准备几条活的鲶鱼。一旦捕获到沙丁鱼，就把鲶鱼也放入同一水槽，鲶鱼因其活力充沛而四处游动，偶尔追杀沙丁鱼，使沙丁鱼四处逃窜，使水面不断波动，从而氧气充足。如此这般，就能保证沙丁鱼活蹦乱跳地运进渔港。

这一现象被称为“鲶鱼效应”。“鲶鱼效应”这个原理常常被引用到经济活动中，并逐步演变为一种竞争激励机制。

（2）“鲶鱼效应”在组织人力资源管理上的作用。1）带动作用。因为那些“鲶鱼”有着较高的个人素质、较强的业务能力和个人感召力，周围的人群总是在关注着他们，所以，他们的积极性、主动性也会通过言行去影响和感化周围的人群，使其周围的人在不知不觉中效仿并追随他们。2）刺激作用。“鲶鱼”的活动能力会打破现有的平衡，他们积极向上的精神面貌、领导对他们的关注和支持，以及他们在待遇上的巨大变化，会给周围的人群带来压力，刺激周围人群的自尊心，在“你能我也能”的强烈意识支配下，引导得当，则会出现“比、学、赶、超”的良好局面。有关资料表明，日本三泽公司的总经理三泽千代是最早运用“鲶鱼效应”的管理者，他从“鲶鱼效应”中收到的启发，就是要引进出类拔萃的人才，三泽公司因此受益匪浅。

2. 灵活运用“末位淘汰制”

（1）什么是“末位淘汰制”。近年来，“末位淘汰赛”成了人们崇尚的管理模式。国内一些人比较推崇的美国企业，如 GE、惠普等，都推行了“末位淘汰制”，他们的成功经验对急于与国际接轨，努力效法与学习国外管理经验的中国企业而言，很有吸引力，一些国内知名度很高、业绩良好的公司也纷纷实行起了“末位淘汰制”。一时间，是否实行末位淘汰，仿佛成了一个组织是否先进、有无改革锐气、有无竞争力的重要标志。

所谓末位淘汰，是指组织根据其战略及其具体目标，结合各个具体职位的实际情况，制定科学、合理的绩效考核指标体系，并以此为标准对员工进行考核，根据考核结果对绩效成绩靠后的员工进行淘汰。

随着市场机制的日益完善，规划意识与制度化建设的加强，一些企事业单位机构臃肿、冗员问题日益突出。在此情形下，迫切需要寻求尽快解决问题的良方，“末位淘汰制”就是在这种情况下被推广的。事实上，“末位淘汰制”是一把双刃剑，我们需要冷静地看待这一管理方法，在我国企业管理实践中要灵活运用，才能领取预期的效果。

(2)“末位淘汰制”有哪些积极作用。“末位淘汰制”作为一种竞争激励的手段，在适当的条件和环境下有其积极作用：1）企业在人员过剩的情况下不免会有人浮于事的现象，在这种情况下，精简机构、有效分流，是解决这个问题最有效和最直接的办法。2）在任何部门的工作中，激励必不可少，缺乏激励的单位是效率低下的。而“末位淘汰制”是一种强势管理，旨在给员工一定的压力，激发他们的积极性，通过有力的竞争使整个单位处于一种积极向上的状态，克服了人浮于事的弊端，进而提高了工作效率和部门效率。3）企业对员工的管理大致分为3个阶段：① 人力成本阶段。企业认为员工是成本，缺乏对员工的尊重和信任。企业为了降低成本、多出效益，一味把员工工资压低，这种阶段是最原始的。② 人力资源阶段。企业逐渐认识到员工自觉工作和被动工作所产生的效果是不一样的，开始重视培训，重视提高员工的能力。此阶段的企业制定各种有关员工激励的制度，出台不同的考评办法。③ 人力资本阶段。企业认识到要把员工当做资产，实现资产增值。这时，员工的创新能力是最重要的。

(3) 末位淘汰制的适应范围。1）在原则上，“末位淘汰制”对参与排序的员工规模是有要求的。在一个组织中，实施“末位淘汰制”是假设企业员工的素质和表现符合统计学中的所谓正态分布：大多数人表现中等，表现很好和表现不好的人都是少数。这种分布在统计对象数量巨大的时候是成立的，但对有些部门来说，员工的数量不会很多，员工的表现不太可能符合正态分布，可能大多数表现很好，或者相反。2）“末位淘汰制”对岗位特点是有要求的，不同的岗位要求是不同的。在人员配备、岗位配置、机构配置已经非常合理的企业，当我们淘汰一批人以后，还要从外部人才市场或者企业内部人才市场招聘同等数量的员工。通常，我们很难保证新招进来的人更合适，再加上招聘成本，这种“换血”大多数是得不偿失的。例如，研发部门的员工都要经过公司较长时间培养才能开始为公司作贡献。在公司外这种人才很少，不太可能像一些低技能要求的岗位，如生产线上的操作工那样很容易招聘到，并且不需要太多的培训。因此，“末位淘汰制”更适合一些低技能要求的岗位。3）360°评价不易作为末位淘汰的主要依据。国外的企业往往是将360°评价用于员工培训与技能开发，而一般不是直接与淘汰和薪酬挂钩。而我国的很多企业目前都将360°评级直接作为员工加薪、开放奖金，甚至末位淘汰的依据，再加上很多企业的评价标准不科学，主观性和随意性太强，结果导致绩效考核的结果与实际情况发生较大的偏差，搞得上级不敢管下级，或者是大家之间彼此猜疑，人际关系复杂，工作的有效性很低，不仅绩效管理的激励功能无法体现，甚至连绩效管理系统的管理功能也无法正常实现。4）“末位淘汰制”仅适用于一定阶段的人力资源现状，也就是说，这种方法是某个特殊的员工群体，例如企业创业之初，管理上比较混乱的时期。管理要讲适用而不讲最佳，那些对员工素质要求不高的企业实行“末位淘汰制”未尝不可，这种办法可以激励员工，从而提高工作效率。

(4) 什么样的企业可实行末位淘汰制。“末位淘汰制”有优点也有缺点，所以应该灵活运用。有效推行“末位淘汰制”需要考虑四个方面：1）本企业所处的地位和水平。如果本企业人浮于事、人员过剩，管理没有形成健康有序的机制，那么实施“末位淘汰制”是适合的；而一个实施现代企业管理制度的企业，人员精炼、素质较高、机构简单、具有活力和创造力，硬性的推行“末位淘汰制”，被淘汰的员工有可能比同类其他企业优秀的员工相比还具有一定的竞争性，因此造成的职位空缺无法迅速地从人才市场得到补充，从而造成企业的损失，这种企业就不适合使用“末位淘汰制”。2）设定一套非常科学而合理的考核评价体系。否则，考评的结果就不会科学，考评的标准就会失真，淘汰的人员就会有误，这将直接影响到企业的发展。

如果问任何一个管理者：企业采取“末位淘汰制”到底要淘汰谁？可能大多数管理者都会给出这样一个答案：要淘汰那些不符合公司要求的人。但是，如果再继续追问：公司对员工的要求标准到底是什么呢？很多管理者不一定能够回答得出来。如果管理者不能够对员工的工作提出明确的标准和要求，那么“末位淘汰制”则必然失败，即使勉强执行下去，也会出现案例中所发生的情境：该淘汰的没有淘汰掉，不该淘汰的却被清理出企业。3）通过内部人才市场制度对“末位淘汰制”进行有益的补充。海尔的“三工并存、动态转换”，许继集团的“5/8”淘汰，以及万向集团的“阶梯式用工、动态式管理”和山东潍坊电业局的“分线管理”，都是采用内部劳动力市场的办法来完善“末位淘汰制”。这样做的好处有很多，例如，有利于充分开发现有人力资源的潜力，降低招聘成本；有利于减少末位淘汰的阻力；有利于集中精力处理需要淘汰到公司外的员工的善后工作，减少按照《劳动法》的规定给予的补偿和安抚安置工作等。4）培养“坦率和公开”的企业文化。有的企业以 GE 公司的活力曲线为学习榜样，也把员工划分为 W（20%，超出工作要求）、B（70%，胜任工作）、C（10%，不胜任工作，淘汰的对象）三类，但 GE 公司执行这种政策是有前提的，而且在有些时候也并不完美。

很多看过《杰克·韦尔奇自传》的人对书中杰克·韦尔奇曾经对活力曲线的一段精彩阐述印象深刻：“我们的活力曲线之所以能够发生作用，是因为我们花了 10 年时间在 GE 公司建立起一种绩效文化。在这种文化里，人们可以在任何层次上进行坦率沟通和回馈。坦率和公开是这种文化的基石，我不会在一个并不具备这种文化基础的企业组织里强行使用这种活力曲线。”

3. 在企业内部为员工营造利于竞争的环境

人对于美好的事物都有羡慕之情，这源于对别人拥有而自己没有的东西的向往。羡慕别人的长处，有的人就会鞭策自己，让自己在工作中更加努力，并不断的充实和提升自己，使自己在能力、技术上能达到优秀的标准或超过标准。

例如，日本松下公司每季度都要召开一次各部门经理参加的研讨会，以便了解彼此的经营成果。开会之前，先把所有部门按照完成任务的情况从高到低划分为 A、B、C、D 四级。会上，A 级部门经理首先做报告，然后依次是 B、C、D 级部门经理。这种做法充分利用了人们争强好胜的心理，因为谁也不愿意排在最后。

所以，在一个有活力的企业里，处处都存在着竞争，没有竞争就没有发展。如何有效地运用激励是人力资源管理的一个关键所在，这就要求管理者在平时的工作中不断地为员工营造利于竞争的环境。一般来说，要做到以下几点：

（1）要实施一套科学的绩效评估机制。企业要建立一套科学的绩效评估机制，并能从实际出发评价员工的业绩，而不是根据上司的好恶来评定，要尽可能用量化的客观标准。

（2）要在部门之间和员工之间建立起一套切实可行的沟通体制。沟通是一切成功的基础。部门之间和员工之间积极有效的沟通能化解各种冲突和矛盾，有利于提高士气，团结一心，步调一致，从而有效地达成共同目标。所以，在部门之间和员工之间建立一套切实可行的沟通体制是非常重要的，是有效达成竞争激励不可或缺的因素。

（3）坚决惩处组织中不利于达成有效竞争的人或事。管理者要坚决惩罚那些为谋私利而不惜攻击同事、破坏组织正常秩序的员工，对一些恶意竞争事件要毫不姑息，严惩不贷。

4. 利用危机感实施竞争激励

（1）青蛙法则：时刻保持危机意识。作为企业或组织中的一员，必须能够应对不断变化的社会环境，要时刻保持高度警惕，不满足现状、不安于现状，切不可在浑浑噩噩中度日，更不能躲在暂时的安逸中，要时时保持头脑清醒，有“居安思危”的意识。只有这样，才能引领企业规避各种风险，用危机感激励员工勇于竞争、不断进取，从而保持企业健康永续的发展。“青蛙法则”就充分说明了时刻保持危机意识是何等的重要。

19 世纪末，美国康奈尔大学做过一次著名的实验。这组实验的研究人员做了十分完善、精心的策划和安排。他们捉来一只健硕的青蛙，冷不防把它丢进一个沸腾的开水锅里，这只反应灵敏的青蛙在千钧一发的生死关头，用尽全力，跃出那势必让它葬身的水锅，安然逃生。隔了半个小时，他们使用一个同样大小的铁锅，这一回往锅里放入的是冷水，然后把那只刚刚死里逃生的青蛙放进锅里。青蛙自在的在锅里水中游来游去，实验人员在锅底偷偷地用炭火加热，青蛙毫无察觉，在微温的水中享受“温暖”。慢慢地锅中的水越来越热，青蛙感觉不妙了，等他意识到锅中的水温已经熬受不住，必须奋力跳出才能活命时，已经为时太晚。它欲跃乏力，全身发软，呆呆地躺在水里，坐以待毙，直至被煮死在锅里。

一个企业的兴衰也是在实践着青蛙现象。企业真正的危机并不是突然而来的灾难，而是渐进隐含的危机。许多企业当面临突发的重大威胁时能够众志成城，紧咬牙关，渡过难关，而对于逐渐加剧的危机，却往往视而不见，无动于衷，待到病入膏肓，想尽力应对时，却为时已晚。

（2）制造危机感，消除员工惰性。从根本上说，人都是有惰性的。俗话说：“水不激不跃，人不激不奋。”没有危机感就没有压力，没有压力就没有动力。

逆境逼人，人的进取精神常常是在没有退路的情况下出来的，人的创造能力也常常是在大敌当前的困境中锻炼出来的。市场是无情的，对于企业管理者来说，“危机”不是一种意外，而是一种必然，企业的成长是在不断地战胜危急中实现的。

每个企业都生存在环境中，环境中的诸多因素都会影响乃至干扰企业的正常运营，这些因素共同构成了企业经营过程中的风险因素。在竞争的舞台上，面对着众多的风险，有的企业成功了，有的企业却遭到失败，甚至从此一蹶不振，以破产而告终。

成功固然可喜，失败也未必可悲，关键是要从中吸取经验和教训。正如松下幸之助所说：“不论一个人现在拥有多么伟大的事业，他绝不会不曾遭遇过失败。做事总会遭遇失败，但在每一次的失败中要有所发展，经过无数次的体验后，在期间逐渐成长。最后，在自我心中产生某种伟大的信念，才能完成伟大的事迹。最重要的是当遭遇失败而陷入困境时，要勇敢而坦白的承受失败，并且认清失败的原因。体悟到：‘这是非常难得的经验，最宝贵的教训’。”这说明，危机因素可以转化为企业发展的动力，不能因为惧怕挫折、困难、失败和危机而痛失企业发展的良机。

所以说，管理者不但要有面对危机的意识，更要善于“制造危机感”，消除员工的惰性，要让员工不满足于企业现状，通过有效的竞争激励措施把这种危机感所产生的紧张转化成生产力，从而激发和提高员工的工作热情和主动性。

总之，当今社会充满竞争，企业外部的竞争压力迫使企业必须做好内部竞争，以增强自己的生存能力。企业只有根据自己的具体情况，仔细的规划，将工作分类，职责细分，从作业效率化、工作分配合理化入手，提高工作效率，让员工的工作量饱满，避免人浮于事，才能把员工的潜力最大程度地发挥出来，才能实现最大的效率。我们通常所说的“少数精英”，不是指一般意义上的精英式人物，而是通过培训和锻炼普通员工达到一人多能、一人多用、身兼数职的工作量最大饱满度。贯彻“少数精英”的原则可以给你企业带来极大的活力和竞争能力，使企业利润大幅度增加。

思考题

7-1　人员激励应遵循什么原则？

7-2　如何设计激励过程？

7-3　激励过程中应当处理好哪些关系？

7-4　挫折激励的主要方式？

案例分析：

某公司曾经发生过这样一件事情：

销售部经理每次都不能接受公司内部的意见。某大客户提出了一个要求，研发部和技术部从专业的角度对此进行了研究，认为这个要求不太合理，并且也无法做到，但是销售部经理就是不听他们的劝告，坚持要按照客户的要求去做。

（一）问题

如果你是研发部和技术部的人员，该如何处理这个矛盾？

（二）分析提示

从挫折感角度考虑。

第八章 绩效考评

学习目标：

(1) 了解绩效、绩效考评的含义和绩效管理的含义、作用和功能。

(2) 掌握绩效管理的基本工作程序。

(3) 掌握绩效考评的内容和方法。

(4) 掌握绩效考评数据处理的内容与方法。

引例1：部门经理间相互推卸责任

在一次企业绩效考核会议上，营销部经理说：最近的销售做得不太好，我们有一定的责任，但是主要的责任不在我们，竞争对手纷纷推出新产品，比我们的产品好。所以我们也很不好做，研发部门要认真总结。

研发部经理说：最近推出的新产品少，我们也有困难。给我们的预算太少，没钱怎么开发新产品？

财务部经理说：是削减了你们的预算，但你要知道，公司的成本一直在上升，投在研发部的预算就相应减少了。

采购部经理说：我们的采购成本是上升了10%，你们知道原因吗？是一个生产原材料的矿山爆炸，导致采购价格上升。

这时，三位经理一起说：这样说来，我们大家都没有多少责任了，哈哈……

人力资源经理说：这样说来，我只能去考核矿山了。

从这里可以看出，作为企业员工谁都借口没有责任，客户被晾在了一边，当责任划分清楚了，客户的耐心也丧失殆尽了，产品更销售不出去了。绩效考核的目的是改善绩效，而不是分清责任，当绩效出现问题的时候，着力点应该放在如何改善绩效而不是划清责任上。

引例2：联想：业绩导向下的销售激励与绩效考核管理

多年来，联想的销售以渠道为主，销售人员的职责以渠道管理为主要业务，因此，在联想内部销售人员的考核激励政策与职能人员几乎相同：以团队考核为主，个人绩效目标不明确。而随着联想业务模式的变革以及市场竞争的加剧，这种考核方式对于目标很明确、业绩差异很明显的销售人员已经明显不适合，它不利于公司销售目标的完成和优秀人才的保留。因此，从2004年4月开始，联想集团开始进行业绩导向下的销售激励与绩效考核改革方案。方案共分为如下三个阶段。

(一) 方案设计阶段

以人力资源部、企划部以及各业务单元负责人等几方面人员组成专门的项目小组，小组成员在进行了充分的市场调研以及内部访谈的基础上，开始设计既要符合业界通用做法，又能兼顾联想自身实际情况的考核方案。方案既要简洁清晰，让销售人员易理解、易记忆，还要能够充分及时体现公司各项重点销售战略。

为打通销售各环节，联想将整个价值链中直接参与销售流程的人员都涵盖在销售考核激励范围内，总体上分为销售与销售支持两部分。对于直接销售采取高风险、高回报的方式。在考核上，强调业绩导向，以财务指标考核为主，重点考核营业额、利润，同时留出10%～20%的考核权重给销售管理者制定过程任务和灵活机动；新考核方案的原则是：对高绩效者决不吝啬，坚决拉大绩优者和其他人员的激励差异，top 10%的业绩者可以获得10倍bottom 10%业绩者的奖金。

在激励上，采取多种形式相结合的方式，以目标奖金方式为主，对特殊项目、特殊产品也采取提成，简洁直接。同时还进行内部竞赛，例如，评选Top Sales、Top Team，在总结会上进行表彰和奖励，发放奖杯，给其以很强的荣誉感。这些方法的综合使用，使考核激励效果得到了保障，提升了销售组织的活力。

（二）方案实施与完善阶段

方案形成后，先在部分管理基础好的业务部门进行试点，然后推广到全集团。而各个考核指标、销售目标等都需要经过反复的权衡，不断地进行修正，使得最终的薪酬回报率既能激励销售员的热情，又能保证公司整体薪酬水平的内部公正性。

方案设计完成之后，方案是否顺利实施成为关键，为了让大家更加理解新的方案设计的思路与背景，人力资源部专门组织各地区销售经理就新方案进行培训。同时专门组织各区域人力资源岗位的培训，向他们详细讲解新的方案的内容，要求他们在指定的时间内将新的政策沟通到每个销售人员，确保销售人员清晰地了解个人的销售目标、考核指标，甚至自己能口算出自己的奖金。

（三）方案的稳定和维护运营阶段

方案经过一年的运行和完善，整个销售考核已经形成相对完善和成熟的系统，更多的是将内容框架、流程等固化下来，并把它转化为一件日常运营的事情。现在公司考核管理的整体效率得到大大提升，以往季度销售考核激励方案在当季度的首月15日发布，而目前，由于有了固化的流程，有了固化的内容框架，方案发布时间也由原来的15日提前到5日完成。

经过2004年一年的实施和运行，新方案取得了良好效果，员工认可率达到84%，HR真正成为战略伙伴、业务伙伴，业务Leaders与HR有了共同的语言，他们反映销售考核激励给他们工作上带来了明显支持，而且新方案极大地激发了销售人员的工作积极性，解放了生产力。

联想的绩效管理案例充分说明：科学有效的绩效管理工作必然由一系列完整的流程构成；绩效管理工作做得好，能够极大地调动员工的积极性，激发其潜能，提高其业绩，从而促进企业绩效的提升。

第一节 绩效考评概述

绩效管理是现代人力资源管理的一项重要职能，它不仅有利于员工的能力开发与职业发展，也是企业实现组织战略目标的重要手段与途径。

一、绩效的含义与特征

（一）绩效的含义

绩效是人力资源管理中的重要概念，是绩效管理的基础。它不仅仅是指个人或群体劳动的直接成果和最终效益，还应该包括劳动活动中个体或群体的工作行为和行动表现。因此，可以将绩效定义为：绩效是指一定组织中、一定时期内个体或群体的工作行为和表现，及其直接的劳动成果和最终效益的统一体。

由此可见，我们在工作中评价一个员工的绩效时，不能因某员工的工作业绩和效果突出就将其评为绩效优秀，也不能因某位员工勤勉务实、言听计从、早出晚归而将其评为绩效优秀，而应是将员工的工作态度、行为表现、工作业绩和效果进行综合评定。

（二）绩效的特征

1. 绩效的多因性

多因性是指绩效的优劣不是取决于单一的因素，而是受到主、客观多种因素的影响，即员工的激励、技能、环境与机会，其中前两者是员工自身的主观性影响因素，后两者则是客观性影响因素（见图8-1）。

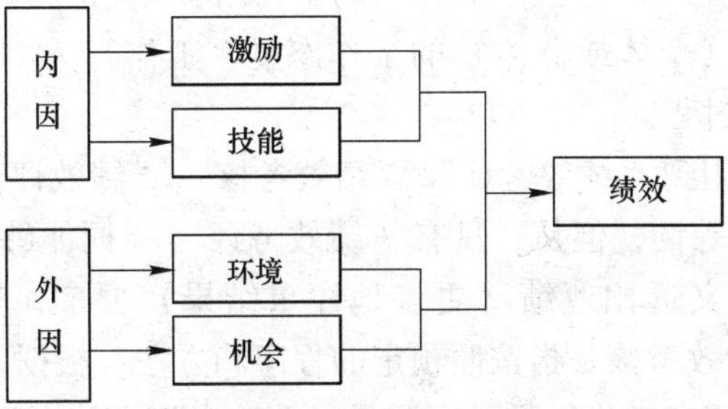

图8-1 工作绩效的影响因素

（1）激励。激励是指调动员工的工作积极性，激励本身又取决于员工的需要层次、个性、感知、学习过程与价值观等个人特点。其中需要层次影响最大，员工在谋生、安全与稳定、友谊与温暖、尊重与荣誉、自为与自主以及实现自身潜能诸层次的需要方面，各有其独特的强度结合，需经企业调查摸底，具体分析，对症下药予以激发。

（2）技能。技能是指员工工作技巧与能力水平，它也取决于个人天赋、智力、经历、教育与培训等个人特点，其中培训不仅能提高其技能，还能使员工对预定计划目标的实现树立自信心，从而加大激励的强度。

（3）环境。环境因素是指企业内部客观条件和外部客观环境。影响员工绩效优劣的内部客观条件，主要有劳动场所与物理条件（如温度、湿度、通风、粉尘、噪声、照明等）、任务的性质、工作设计的质量、工具、设备与原料的供应、上级的领导作风与方式、公司的组织与规章制度、工资福利、培训机会以及企业的文化、宗旨及氛围等，这些微观因素产生的影响是直接的。影响员工绩效的外部环境，主要有政治、经济、文化、习俗、科技、市场竞争强度等，这些宏观因素产生的影响是间接的。

（4）机会。机会是一项偶然而又重要的因素。如某项任务正巧分配给张三，而李四不在或因随机性原因未被指派承担此项任务，此时虽然李四的能力与素质都比张三好，却无从表现。不可否认，现实中不可能做到完全的机会均等，所以，这一因素是完全不可控的。

2. 绩效的多维性

绩效的表现形式是多种多样的，需要从多个维度去分析与考评。例如，一名工人的绩效除了产量指标完成情况外，质量、原材料消耗率、能耗、出勤、甚至团结、服从纪律等方面的表现，都需要综合考虑，逐一评估，尽管各维度可能权重不等，考核侧重点会有所不同。

3. 绩效的动态性

绩效是动态变化的，员工的绩效随着时间推移会发生变化，绩效差的可能改进转好，绩效好的也可能退步变差，因此管理者切不可凭一时印象，以僵化的观点看待员工绩效。

总之，对员工绩效的考察，应该是全面的、发展的、多角度的、权变的，力戒主观、片面和僵化。

二、绩效考评的含义

绩效考评是指考评者按照一定的程序、采用一定的方式方法，根据预先设定的考评指标和标准，对被考评者（个体或群体）的工作态度、工作行为、工作能力和工作结果进行测量、考核和评价的过程。

现实中，我们经常用到"绩效考评"、"绩效考核"、"绩效评价"、"绩效评估"、"业绩考评"、"业绩评估"等词，但是，只有"绩效考评"一词能够准确地表达绩效管理的思想。首先，绩效的含义远比业绩（更多地注重结果）要广；其次，考评的含义包括"考核"和"评价"。绩效考核是指按照预定的程序和方法，根据预定的考评指标和标准，对个体或群体的工作过程和工作结果进行测量，并给出相应的"评分"或"等级"；而绩效评价是指考评者对被考评者的工作过程和工作结果用语言文字进行描述，主要是肯定其成功之处、指出其不足之处。如张三给其下属李四的考核分是"92 分"，考核等级是"优秀"，评价的评语是"工作能力突出，超额完成任务，没有缺勤现象，但是与同事的协作性有待加强"。

三、绩效管理的概念及功能

（一）绩效管理的概念

绩效管理是指为实现组织发展战略和目标，采用科学的方法，通过对员工个人或群体的行为表现、劳动态度和工作业绩，以及综合素质的全面监测、考核、分析和评价，充分调动员工的积极性、主动性和创造性，不断改善员工和组织的行为，提高员工综合素质，挖掘其潜力的活动过程。绩效管理的目标是不断改善组织氛围，优化作业环境，持续激励员工，提高员工素质，提高组织效率。

绩效管理是一个将公司目标与部门目标、个人目标紧密联系在一起的科学的考评方法，从目标、程序导向到意愿、行为、效果导向，从事前策划到过程的监测，从事后考评到绩效改进的动态过程。绩效管理过程的每一次循环都将使企业、组织或员工迈上一个新的台阶，有所提高，有所发展，有所创造，有所前进。

（二）绩效考评与绩效管理的关系

在绩效管理的实践过程中，许多人把绩效管理和绩效考评概念等同看待，实际上，两者既有区别、又存在紧密联系。

绩效考评出现在绩效管理的特定时期，作为绩效管理的重要组成部分，它为绩效管理的反馈和应用提供了前提和依据。而绩效管理是复杂而有序的动态管理过程，它包含着丰富而广泛的内容，例如，确定绩效目标、实施绩效考评、进行绩效反馈和绩效总结等。绩效管理过程涉及范围广，不仅包含组织中所有的员工，而且覆盖所有的活动过程。绩效管理作为人力资源管理的重要组成部分，它与人力资源管理的许多方面，如工作岗位分析、人事调整、培训开发、薪酬制度设计等有着密切的关系。

绩效管理是以绩效考评制度为基础的人力资源管理的子系统，它表现为一个有序的复杂的管理活动过程，它首先要明确组织与员工个人的工作目标，并在达成共识的基础上，采用行之有效的管理方法，不但要保证按期、按质、按量地达到和实现目标，还要考虑提升目标的可能性。绩效管理的活动过程，不仅着眼于员工个体绩效的提高，更加注重员工绩效与组织绩效的有机结合，最终实现企业总体效率和效能的提升。

绩效考评是绩效管理的一个重要组成部分，它们之间的相互关系参见表8-1。

表8-1　绩效管理与绩效考评的关系

项目	绩效考评	绩效管理	比较与说明
范围	环节	系统	绩效管理是一个完整的系统，绩效考评只是这个系统中的一个重要环节
内容	结果	结果与过程	绩效考评是一种阶段性的总结，绩效管理是一个过程，注重过程的管理和结果
思路	判断式	计划式	绩效有前瞻性，有效地规划企业和员工的未来，绩效考评是对过去一个阶段成果的判断
措施	秋后算账	解决问题	绩效考评注重对已经取得的绩效的确定，绩效管理注重通过解决问题来提高未来绩效
关系	对立	双赢	绩效考评判断员工成果高低，使得管理者与员工处于对立的两面，绩效管理则在两者之间建立合作伙伴关系，营造双赢局面
关注点	绩效	素质	绩效考评只重视已经取得的成绩的大小，绩效管理注重个体综合素质的培育与提升

（三）绩效管理的功能

1. 绩效管理对企业的功能

（1）诊断功能。绩效管理作为企业各个职能和业务部门主管的基本职责，不但需要对组织中每个成员的活动进行追踪，及时沟通和分析、反馈绩效管理信息，而且要及时发现组织中存在的共性问题，采用科学的方法进行组织诊断，为组织变革和组织发展提供依据。

（2）监测功能。在组织绩效管理的过程中，各级主管必须对人力、物力和财力等资源的配置及其实际运行情况，进行及时的监督、测定和考量，才能达到有效的组织、协调和控制，从而实现预定的绩效目标。

（3）导向功能。各级主管在组织绩效管理的活动中，应当充分发挥绩效管理的导向功能，通过积极主动的绩效沟通和面谈，采用科学的方法从不同需求出发，激励、诱导下属朝着一个共同目标努力学习、积极工作。

（4）竞争功能。绩效管理总是与企业薪酬奖励、晋升调配、培训开发等制度密切相关的。无论是得奖还是受罚，对员工都会产生某种触动和鞭策，从而在组织中形成相互比赛和竞争的局面。这有助于组织的发展和目标的实现，使企业和员工同时受益获利。

2. 绩效管理对员工的功能

（1）激励功能。绩效管理可以充分肯定员工的工作业绩，能使员工体验到成功的满足感与成就的自豪感，有利于鼓励先进、鞭策落后、带动中间，从而对每个员工的劳动行为进行有效的激励。

（2）规范功能。绩效管理为各项人事管理提供了一个客观而有效的标准和行为规范，按照标准进行奖惩与晋升，企业形成事事按标准办事的风气，使企业的人力资源管理标准化。

（3）发展功能。这一功能主要表现在：一是使组织根据考核结果，制订正确的培训计划，达到提高全体员工素质的目标；二是发现员工特点，将个人与组织的发展目标有效地结合起来。

（4）控制功能。通过绩效管理，不仅可以把员工工作的数量和质量控制在合理的范围内，还可以控制工作进度和协作关系，从而使员工明确自己的工作职责，提高工作的自觉性和纪律性。

（5）沟通功能。考核结果出来以后，管理者将与员工谈话，听取员工的申诉和看法。这样就为上、下级提供了一个良好的沟通机会，使上级与下级之间相互了解，并增进相互间的理解。

绩效管理除具有上述功能之外，其所获得的数据资料还具有其他一些功能。主要包括：为编制人力资源规划、剖析现有人力资源的优劣势、帮助员工制订职业生涯发展规划、调整劳动关系、诊断生产经营管理活动等提供重要的技术支持。

第二节 绩效管理系统

一、绩效管理系统的构成

绩效管理系统包括绩效管理程序系统和绩效管理制度系统。

（一）绩效管理程序系统

绩效管理程序系统由绩效管理程序和具体的绩效考评程序两部分构成。绩效管理程序是从企业宏观角度划分的绩效管理阶段，主要包括：准备阶段、实施阶段、考评阶段、总结和反馈阶段、应用开发阶段。绩效管理的具体考评程序，是对部门或员工进行绩效考评活动的过程。

（二）绩效管理制度系统

绩效管理制度系统也就是绩效管理制度，是企业组织实施绩效管理活动的准则和行为规范，它是以企业规章规则的形式，对绩效管理的目的、意义、性质和特点，以及组织实施绩效管理的程序、步骤、方法、原则和要求等所作的统一规定。

二、绩效管理的程序

（一）绩效管理的准备阶段

1. 明确绩效管理的参与者

从企业的一般情况来看，绩效管理的参与者主要涉及以下五类人员：(1) 考评者：涉及各层级管理人员（主管）、人力资源部专职人员。(2) 被考评者本人：涉及全体员工。(3) 被考评者的同事：涉及全体员工。(4) 被考评者的下级：涉及全体员工。(5) 企业外部人员：客户、供应商等与企业有关的外部人员。

2. 绩效考评方法的选择

在选择确定具体的绩效考评方法时，应当充分考虑三个重要的因素：管理成本，工作实用性，工作适用性。一般来说，在生产企业中，一线人员宜采用以实际产出结果为对象的考评方法，而从事管理性或服务性工作的人员宜采用以行为或品质特征为导向的考评方法；在一些大的公司中，总经理、管理人员或专业人员宜采用以结果为导向的考评方法，而低层次的一般员工通常采用以行为或品质特征为导向的考评方法。

3. 确定绩效考评要素（指标）和标准体系

由于员工绩效的多因性，为了保证绩效考评的工作质量，在考评者和被考评者以及考评方法做出明确的定位之后，需要根据考评方法及具体对象的特点，进行绩效考评指标和标准体系的设计。一般来说，考评的指标应当具有代表性和典型性，考评指标的数量不宜过多，要少而精，考评的标准要具体明确，易于考评者和被考评者理解和掌握。

4. 对绩效管理运行程序的要求

一般来说，在明确了“考评谁？谁负责考评？用何种方法考评？考评的指标和标准是什么？”等一系列问题之后，需要对绩效管理的运行程序、步骤提出具体明确的要求。主要应考虑以下问题：

(1) 考评时间的确定。主要包括考评时间和考评期限的设计两方面。考评时间除取决于绩效考评的目的，还应服从于企业人力资源与其他相关的管理制度。

(2) 工作程序的确定。上级主管与下属之间所形成的考评与被考评的关系，是企业绩效管理活动的基本单元。从企业单位的全局来看，绩效管理需要按一定的时间顺序按部就班地一步一步推进。

（二）绩效管理的实施阶段

实施阶段是在完成企业绩效管理系统设计的基础上，组织全体员工贯彻绩效管理制度的过程。在这个过程中，无论是直接主管还是下级，他们作为绩效的考评者与被考评者，都必须严格地执行绩效管理制度的有关规定，认真实施绩效的考核工作。作为企业绩效管理的领导者和考评者，在实施阶段应当做好三个方面的工作。

1. 收集信息与资料积累

在绩效管理的实施阶段，无论从宏观上看，由企业整体到各个业务、职能部门，还是从微观上看，具体到每个绩效管理的单元，在绩效管理系统运行的过程中会产生大量的新信息，这些信息既可能涉及考评指标和标准体系，也可能涉及某些部门或个人。因此，需要各级主管注意定期或不定期地采集和存储这些相关的信息，以便为本阶段的绩效考评和下一阶段的绩效计划工作提供准确、翔实和可靠的数据资料。

2. 持续的绩效沟通

绩效沟通贯穿于整个绩效管理过程之中，是绩效管理过程中耗时最长、最关键、最能促进工作开展、提高工作绩效的环节。为了解自己工作实施情况和获取上级支持，员工需要与上级保持及时的沟通；为了解员工工作进展情况、是否存在问题、是否需要调整计划以及是否需要提供帮助等方面的信息，主管需要与员工保持顺畅的沟通。所以，在绩效实施的过程中保持持续而顺畅的绩效沟通是十分重要的。

3. 适时的绩效辅导

绩效管理的实施过程，就是主管与员工根据组织内外环境情况、双方达成的绩效计划，通过履行各自的职责，共同实现绩效目标的过程。在这个过程中，虽然员工是每项任务具体实施的主体，但并不是说绩效计划达成以后，主管就可以撒手不管了。一般情况下，主管的经验能力比员工强，视野比员工宽，拥有的资源比员工多，所以，主管在员工实施绩效计划的过程中应该“在其位，尽其责”，搞好员工的辅导工作。

（三）绩效管理的考评阶段

考评阶段是绩效管理的重心，它不仅关系到整体绩效管理系统运行的质量和效果，也将涉及员工的当前和长远的利益，需要人力资源部门和所有参与考评的主管高度重视。考评阶段应该密切关注以下两个重要问题。

1. 提高绩效考评的准确性

正确的绩效考评结果有利于人事决策的科学性，能有效地激励员工、鼓舞士气；不准确的绩效评分，会给企业正常的生产活动带来极为不利的影响。一般来说，导致绩效考评偏差的因素主要有：(1) 考评标准缺乏客观性和准确性。(2) 考评者不能坚持原则，随心所欲，如亲者宽，疏者严。(3) 观察不全面，信息收集不完整。(4) 行政程序不合理，不完善。(5) 政治性考虑。(6) 信息不对称，资料数据不准确以及其他因素的影响等。

2. 保证绩效考评的公正性

在确保绩效考评准确性的同时，还应当重视考评的公正公平性，带有偏见，缺乏公正公平性的考评，可能在员工中滋生不良的思想情绪，不但影响组织和各级主管人员的管理活动，还会对以后绩效管理的活动产生严重干扰。

（四）绩效管理的总结与反馈阶段

1. 绩效管理总结

在这个阶段中，各个管理单元的主管与下级（考评人和被考评人）之间需要完成绩效考评的总结工作，同时做好下一个循环期的绩效管理的准备工作。绩效管理总结一般围绕以下几项重点内容展开：（1）为企业提供薪酬福利方面的参考信息。（2）为员工的晋升、平调、降职等人事计划的制订提供依据。（3）对企业员工士气和工作氛围进行评估，完善组织文化建设。（4）对部门及员工的业绩做出评估，提出改进的方针和措施。（5）不断挖掘企业员工的潜力，探索实现员工与企业共同发展的途径和方法。（6）分析员工总体素质状况，进行培训需求分析，提出员工技能开发的改进措施和计划。

2. 绩效管理反馈

作为一名主管，在绩效反馈中需要重点关注三个方面的问题：一是要牢牢把握绩效反馈的目的，即通过反馈有效地提升员工的专业素质和工作技能，进而提高工作业绩；二是要分析绩效反馈的对象，设计好绩效反馈面谈的内容，力争让面谈内容与面谈对象的绩效情况、个性情况、生活情况、心理情况保持和谐；三是注意选择科学的反馈方式，争取让员工愉快、合作地接受面谈内容，振奋精神，达成更高目标的绩效计划。

（五）谈话要围绕主题进行

进行面谈时，应当根据面谈的目的确定重点、控制进程，防止过于纠缠细节或者偏离主题。

（1）要以事实和数据来证明。谈话不应过于抽象，更不应动辄上升到原则高度。要摆事实、列数据，用客观事实说明问题；多谈具体的任务和行为，不谈大而不当的原则。

（2）对事不对人。考评者不能因为绩效的结果而对员工产生偏见；不要轻易指责员工的个人素质；尽量不要用其他员工与之作对比，而应当对个体事件进行分析，就事论事。

（3）保持双向交流。考评者不能只是自已谈，要注意让员工发表意见，要鼓励员工将自己的看法充分表达出来，以消除双方可能因为信息不完全而产生的误解和偏见。

（4）进行原因分析。面谈不能仅满足于指出问题，应当找出问题产生的原因和症结所在，找出处理问题和解决问题的办法，特别是从机制上找出防范问题再度发生的办法。否则，解决了一个问题，不久又可能出现同样的问题。

（六）绩效管理的应用开发阶段

应用开发阶段是绩效管理的终点，又是一个新的绩效管理工作循环的起点。在这个阶段，一是要将考评结果科学地应用于薪酬福利、岗位调整、培训开发、职业规划等方面，以达到奖勤罚懒的目的；另外，还应从以下几个方面人手，进一步推动企业绩效管理活动的顺利开展。

1. 考评者绩效管理能力的开发

人力资源部门应定期地组织专题培训或研讨会议，组织考评者围绕绩效管理中遇到的各种问题进行培训和讨论，寻求解决问题的办法和对策。采取有效的措施和方法，不断增强各级主管的绩效管理意识和管理技能,对促进企业和员工绩效的提高具有十分重要的意义。

2. 被考评者职业技能的开发

考评者运用绩效管理的工具对下属的工作活动和所取得的绩效进行考评，其目的就在于激励员工不断增长自己的才干，在促进企业生产经营增长和发展的同时，使员工获得同步的提高和发展。

3. 绩效管理系统的开发

企业绩效管理体系是保证考评者和被考评者正常活动的前提和条件。应用开发阶段是将系统改进的计划变为现实，对该体系做出必要的修改调整，进行深层开发的过程，使其在企业的经营管理活动中释放出更大的能量。

4. 企业组织绩效的开发

在绩效管理应用阶段，无论是对考评者、被考评者的开发，还是对绩效管理系统的深层开发，其最终目的是一致的，就是要推进企业组织效率和经济效益的全面提高和全面发展。因此，在这个阶段上各个部门主管应当根据本期绩效考评的结果和绩效改进计划，从本部门全局出发，针对现存的各种问题，分清主次，按照重要性程度逐一解决。

三、绩效考评的程序

在企业绩效管理的全部活动中，绩效考评作为绩效管理的一个重要的中心环节，一般是从基层员工开始，进而对中层人员考评，形成自下而上的过程。

（一）基层考评

以基层为起点,由基层部门的领导对其直属下级进行考评。考评的内容包括:员工个人的工作行为,例如,员工是否按规定的工艺和操作规程进行工作,各级主管在计划、组织、协调、监督和指导下属的过程中是如何具体实施的;员工个人的工作效果,例如,产品产量、废品率、原材料消耗率、出勤率、工时利用率、能源消耗率等;以及影响员工行为的个人特征、心理品质和能力素质,例如,价值观、信念、态度、知识、技能、期望与需要等。

（二）中层考评

在基层考评的基础上，对各个中层部门进行考评。其考评范围和内容，不仅包括对各个中层部门主管的个人行为与工作业绩的考评，也包括对该部门总体的工作绩效，如对员工劳动生产率、产品合格率、成本收益率等主要生产经济技术指标的考评。

（三）高层考评

完成基层、中层各级的考评之后，由企业的上级机构或董事会对企业高层领导进行绩效考评，其内容主要是经营效果方面的硬指标的完成情况，如总产值、总收益、市场占有率、成本利润率等。

四、绩效管理制度

（一）绩效管理制度的基本内容

绩效管理制度作为企业人力资源管理制度的重要组成部分，一般应由总则、主文和附则等章节组成。在起草和编写企业员工绩效管理制度时，至少应当包括以下10个方面的基本内容：

（1）概括说明建立绩效管理制度的原因、绩效管理的地位和作用，即在企业单位中加强绩效管理的重要性和必要性。

（2）对绩效管理的组织机构设置、职责范围、业务分工，以及各级参与绩效管理活动人员的责任、权限、义务和要求做出具体的规定。

（3）明确规定绩效管理的目标、程序和步骤，以及具体实施过程中应当遵守的基本原则和具体要求。

（4）对各类人员绩效考评的方法、设计依据、基本原理、考评指标和标准体系做出简要确切的解释和说明。

（5）详细规定绩效考评的类别、层次和考评期限（何时提出计划，何时确定计划，何时开始实施，何时具体考评，何时面谈反馈，何时上报结果等）。

（6）对绩效管理中所使用的报表格式、考评量表、统计口径、填写方法、评述撰写和上报期限，以及对考评结果偏误的控制和剔除提出具体要求。

（7）对绩效考评结果的应用原则和要求，以及与之配套的薪酬奖励、人事调整、晋升培训等规章制度的贯彻实施和相关政策的兑现办法做出明确规定。

（8）对各个职能和业务部门年度绩效管理总结、表彰活动和要求做出原则规定。

（9）对绩效考评中员工申诉的权利、具体程序和管理办法做出明确详细的规定。

（10）对绩效管理制度的解释、实施和修改等其他有关问题做出必要的说明。

（二）起草绩效管理制度的基本要求

绩效管理制度作为绩效管理活动的指导性文件，在拟定起草时，一定要从企业现实生产技术组织条件和管理工作的水平出发,不能脱离实际;一定注重它的科学性、系统性、严密性和可行性。如果措辞不当,过于原则化,缺乏适用性,就会使制度条文流于形式,在实际管理中难以发挥作用,以至于各有关责任人相互扯皮推诿,考评工作无法落实,造成绩效管理“推而不动,停滞不前”。具体来说,制定起草企业绩效管理制度应体现以下要求：

（1）全面性与完整性。这是绩效管理的多维性带来的要求，绩效管理虽不能包罗万象，但必须包括影响工作绩效的各种因素，只有这样才能避免片面性。

（2）相关性与有效性。这是对绩效管理制度在内容上的要求，例如，个人生活习惯、癖好之类琐碎内容就不宜包括在绩效管理的内容之中。一定要切实保障绩效管理的效度，使绩效管理名副其实。

（3）明确性与具体性。这是对绩效管理标准的要求，如果考评标准含混不清、抽象深奥，则无法使用。

（4）可操作性与精确性。这是上一项要求的自然延伸，考评标准必须便于操作，即可直接测量；考评指标应尽可能量化；绩效管理标准应是“有形的”、可度量的，尽量转化为具体行为或活动，例如，“政治思想好”或“工作热情高”，这两条标准便不能满足上述要求。应当规定什么样的行为表现才能是“政治思想好”或“工作热情高”，若后者变为“工作认真，不闲聊，不使设备停机或空转”，就满足了具体性与可操作性的要求。但应注意的是，可操作性的变量虽然与待测的较抽象概念有一定程度的重叠，但未必与之完全重合，所以应再确认一些与此概念有一定重叠的其他变量，才能较全面地描述和量度这一较抽象的概念。例如：上述一条再加上一条“能主动承担其他人回避或持消极态度的较为困难的工作任务，因工作需要时，能主动加班加点，不计报酬”的标准，就比上一条更准确地衡量出“工作热情高”这一较抽象的指标。

(5) 原则一致性与可靠性。这是对绩效管理标准在适用程度上的要求，考评标准应适合相同类型的所有员工，即一视同仁，不能区别对待或经常变动，致使考评结果的横向与纵向可比性降低或丧失，绩效管理就失去了必要的可信度。

(6) 公正性与客观性。这是对绩效管理执行实施过程的要求，绩效管理指标的贯彻执行必须保证绩效管理的科学性、合理性和公平性，剔除个人偏好等感情因素。

(7) 民主性与透明度。绩效管理要达到使被考评者心服口服、诚心接受，并非易事。事实上，民主性常常是实现客观公正的必要条件。这是指在制定标准时要听取员工的意见，在条件允许时，应吸收各类员工推选的代表参与绩效管理制度的制定过程，在执行绩效管理时要切实保障被考评者申诉与解释的权利。透明度既要求绩效管理的程序向员工公开，还要求绩效管理结果应向被考评者进行必要和及时的反馈。

第三节　绩 效 考 评

一、绩效考评的特点

绩效考评从微观上体现了绩效管理的目标和要求，并为企业绩效管理的开展提供了丰富的内容。从绩效考评的以下特点，可对绩效管理的全部活动有更深入的认识。

(1) 绩效考评不是孤立的事件。它与企业的发展战略、组织架构、人力资源管理、经营管理息息相关。

(2) 绩效考评具有指向性。它的出发点和终点就是企业的整体绩效，是为了使企业更好地生存和发展。

(3) 绩效考评具有层次性和针对性。不同岗位、部门和行业对绩效进行考评的标准、方式和内容是不同的。

(4) 绩效考评具有时限性。它要求在一段时间以内，对考评做出明确的结论。考评既可以按月度、季度、年度定期进行，也可以不定期进行。

(5) 绩效考评是一个过程，不是简单的行为，它是由诸多步骤共同组合而成的行为集合。

实际管理过程中，对员工的绩效考评工作可以是正式的，也可以是非正式的。现代企业里，正式绩效考评是必不可少的，非正式的绩效考评也很重要。

二、绩效考评的内容

业绩是员工的最终劳动成果，业绩的好坏取决于员工的劳动能力和劳动态度，其关系如图 8-2 所示。所以，绩效考评包括业绩、能力和态度考评等内容。

(一) 业绩考评

业绩考评是对员工承担岗位工作的成果所进行的评定和估价。人们普遍认为，业绩具

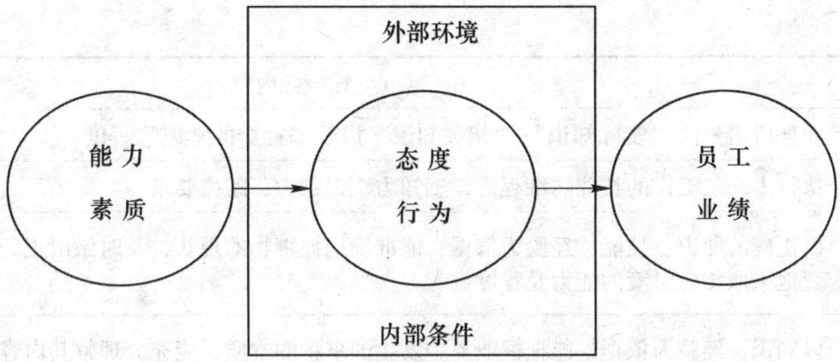

图 8-2　员工绩效的形成要素图

有客观可比性，依靠业绩对员工进行评价才有可能是公平或公正的。但是，事实上，一个人对企业贡献的大小，不单纯取决于所承担任务完成的状况，所以绩效考评不能单纯地考评业绩，还必须对工作业绩以外的内容进行考评，即对企业员工的综合素质（如能力、行为、态度等）作出正确评价，否则难以实现绩效管理的目标。业绩考评的主要项目与重点见表 8-2。

表 8-2　业绩考评项目与重点

考核项目	重 点 考 察 内 容
任务完成度	是否以公司的战略方针为准则，依照计划目标将业务完成，使其成果的质与量均达到要求的标准
工作质量	无论业务处理的过程或成果是否正确，都达到了标准的要求，可以信赖
工作数量	规定期间内的任务处理量或数额是否达到标准或计划内要求的水平
工作时间	工作的速度或时效的把握情况如何
工作成本	工作任务完成所指出的费用

（二）能力考评

能力与业绩有显著的差异,业绩是外在的,是可以把握的,而能力是“内在”的,难以衡量和比较。这是事实,也是能力考评的难点。但是,能力也是“客观存在”的现象,可以感知和察觉,可以通过一系列手段去把握能力的存在,以及在不同员工之间的差异。

在企业绩效管理中，与一般的能力测量不同，员工能力考评是考评员工在岗位工作过程中显示和发挥出来的能力，例如，他在工作中判断理解指令时，是否正确、迅速；协调上、下级关系时，是否得体、有效；依据员工在工作中的行为和表现，参照标准或要求，评价他的能力发挥得如何，评判其能力是大还是小，是强还是弱等。总之，能力考评是根据工作说明书规定的岗位要求，对应于员工所担任的工作，对其能力素质所做出的评定过程参见表 8-3。

表 8-3　能力考评的项目和重点

考评项目	重 点 观 察 内 容
经验阅历	生活、生产、社会的经验阅历如何？知识与经验丰富的程度，思想认识水平高深的程度，对外界事物分析、判断、理解的能力如何？目光是否短浅或远大？

续表 8-3

考评项目	重 点 观 察 内 容
知识	业务所需要的“实际知识”、“相关知识”以及“社会的常识”程度
技能熟练程度	执行本岗位工作的技能熟练程度，感知力、识别力、耐力要求
判断能力	以正确的知识、技能、经验为依据，能准确把握事物的现状，及时做出正确的结论，以及随机应变地采取相应对策的能力及程度
理解能力	以知识、经验为依据，能把握业务中发生的事物的本质，能充分理解其内容，以致对将来可能发生的变化，从容应对的能力及程度
研究能力	为了执行工作业务，是否经常组织有关的调查研究，并将研究成果运用在业务上
创新能力	经常保持不断探索的心态、灵活运用业务上的知识经验并能改善业务，对业务的发展有自己独到见解和创意的能力及程度
改善能力	能面对目前的有关问题，研究改善、提升效率或创造新的业务处理方式，以及采用任何手段、方法等的思考能力及程度
企划能力	能对企业发生的事件进行综合分析，并在理论上找到依据，使其系统化，为实现工作目标提出具体对策和计划的能力及程度
计划能力	为了达到目标，能从理论与实际的结合方式进行密切的分析，提出有创造性的方案或能否结合工作环境和条件提出计划
领导能力	为了提高下属的知识、技能水平，能否做出指导或启发，能否与下属沟通，相互信赖，同心协力地一起工作，从而指导下级，统帅全局，提高效率
协调能力	为了达成目标，能否与企业员工围绕生产经营管理中出现的各种问题进行圆满的沟通、协调

（三）态度考评

工作态度是工作能力向工作业绩转换的“中介”。对于不同职位的员工来说，业绩考评项目会因岗位职责和目标任务的不同而不同，能力考评项目也会因岗位要求不同而不同。但是，不管职位差异，不论能力大小，态度考评的重点都是员工工作的认真度、责任度、工作的努力程度，是否有热情，是否忠于职守，是否服从命令等，见表 8-4。

表 8-4　态度考评的项目和重点

考评项目	重 点 观 察 内 容
积极性	是否经常主动地完成各种业务工作，不用指示或命令也能自主自发地努力工作，不断改善工作方法
热忱	是否在执行业务之际，以高度的热忱面对挑战，认真而努力地工作，表现出不达目的决不罢休的态度
责任感	是否能自觉地尽职尽责工作，在执行公务时，无论遇到何种困难都能不屈不挠、永不放弃。对自己或下属的工作或行为，应自始至终表现出负责的态度
纪律性	是否遵守有关规定、管理、标准或上司的指示，忠于职守、表里一致，有秩序地进行工作
独立性	是否在职权范围之内，能进行自我管理，不依赖上级或同事，能在准确判断之下，自主自立自信地处理业务
协调性	是否能以普通一员协调好上下级、同级以及与外界的关系，并能创造和谐的工作环境，圆满完成上级指派的工作

三、绩效考评的常见类型

（一）按考评时间划分

按绩效考评的时间划分，可以定期与不定期考评。定期考评又可以分为日常考评、月度考评、季度考评、年度考评（半年、一年、两年和三年等），期限的长短一般由组织性质、岗位性质、组织理念、考评目的等因素确定；不定期考评主要是某些专项性考评，如选拔性考评、开发性考评等。

（二）按考评性质划分

按照考评性质划分，可以划分为定性和定量两大类。定性考评是由评估人在充分观察和征询意见的基础上，对员工绩效所做的较为笼统的评价。其优点是简单易行，缺点是主观性较强，容易受心理因素的影响。定量考评是指按照标准化、系统化的指标体系来进行考评。其优点是比较客观、随意性较小，缺点是由于“工作”包含众多方面，难于把所有方面都给予量化，因而影响了定量考评的使用范围。

（三）按考评主体划分

按照考评主体，绩效考评可以划分为上级考评（直接领导者对自己下属员工的考评）、专业机构人员考评（人力资源部门对员工进行考评）、下级考评（员工对自己的直接上级进行的考评）、自裁考评（被考评人自己对照有关的标准对自己的工作做出评价）、同事考评（被考评的员工们相互评价）、外部评价（由组织外部的有关人员或工作对象所做的评价）、专门小组考评（由各方面结合组成小组来实施考评）等。

四、绩效考评的常用方法

据不完全统计，自20世纪30年代以来，国外各个管理学派已经提出20余种适合于企业不同类别岗位人员的考评方法，这些方法各具特色，具有不同的特点和适用范围。在这里主要介绍以下5种方法：

（一）等差图表法

等差图表法在西方被称为图解式评定量表。等差图表法在绩效考评的实际运用中要注意两个因素：考评项目，即要从哪些方面对员工的绩效进行考评；评定等级，即对每个考评项目分成几个等级。在确定这两者后，考评者按照评定表的要求对被考评者给予评分（见表8-5）。

等差图表法的优点是考评内容全面，评定的等级可以多档设计，实用而且开发成本小；等差图表法的缺点是受主观因素影响较大，因为每个考评者给予被考评者的分值都是个人的主观看法；没有考虑加权，被考评的因素对于考评的总结果具有同样的重要性；很难指导员工行为，因为员工通过图表只看到自己在各项考评中的得分，并不知道应该如何做才能得高分；对于员工考评结果的面谈反馈提供信息方面也有不尽如人意之处。

等差图表法比较适用于考评工人、职员等基层的、工作行为和结果都比较容易被了解的员工。

表 8-5 等差图表法考核举例

姓　名		职　务	
考核项目	评级记位	得分	
工作质量	5 太粗糙 10 不精确 15 基本精确 20 很精确 25 最精确		
工作数量	5 完成任务极差 10 完成任务较差 15 完成任务 20 较好完成 25 超额完成		
工作知识	5 缺乏 10 不足 15 一般 20 较好 25 很好		
工作协调	5 差 10 较差 15 一般 20 较好 25 很好		

（二）要素评定法

要素评定法也称为功能测评法。要素评定法是在等差图表法的基础上形成的，考虑了加权因素，将不同项目赋予不同的重要性，并使重要性的程度通过各自的分值范围体现出来，有条理地分清了各考评因素之间的关系（见表 8-6）。在实际操作时，一般由本人、上级、下级、同级各填一表，再给各表赋予相应的权重，计算综合得分。

表 8-6 要素评定法示例

因　素	1 级	2 级	3 级	4 级	5 级
技能：					
（1）知识	14	28	42	56	70
（2）经验	12	24	36	48	60
（3）创造力	14	28	42	56	70
绩效：					
（1）数量	20	40	60	80	100
（2）质量	20	40	60	80	100
（3）特殊贡献	10	20	30	40	50
态度：					
（1）责任感	10	20	30	40	50
（2）协作态度	10	20	30	40	50

要素评定法的优点是考评的内容比较全面；做到了定性评估和定量评估相结合；体现了多角度、立体化的评估原则；用计算机处理测评结果，手段也比较先进。

要素评定法的缺点是繁琐复杂；评估标准的说明由于是定性语言，高度概括，因此仍难掌握，故在实践中易出现打分中间化倾向；与等差图表法相比费时费力。

（三）关键事件法

关键事件法也称为重要事件法。关键事件是指员工在完成工作任务过程中导致不同结果的有效或无效的工作事由。关键事件法利用一些从一线管理者或员工那里收集到的工作表现的特别事例进行考评。关键事件法对事不对人，以事实说话，考评者不仅要注重对员工行为本身的评价，还要考虑员工当时行为的情境。因此，这种方法强调的是代表最好或最差表现的关键事例所代表的活动。关键事件法一般有年度报告法、关键事件清单法和行为定位评级法。

关键事件法的优点是为考评者提供了客观的事实依据；考评的内容不是员工的短期表现，而是一年内的整体表现；以事实为根据，保存了动态的关键事件记录，可以全面了解下属是如何消除不良绩效，如何改进和提高绩效的。

关键事件法的缺点是关键事件的记录和观察费时、费力；只能做定性分析，不能做定量分析；很难区分员工工作行为的重要性程度；很难用该方法对不同的员工进行比较。

（四）360°考评法

360°考评法是一个可以用于员工全面考评和绩效评价的综合性方法。360°考评法就是被考评者的主管、同事、下属、被考评者本人以及客户，从各方面用多种评价技术一起对被考评者进行综合考评的方法。

360°考评法的优点是多方位考评，可以避免一方考评的主观武断；可增强绩效考评的信度和效度。

360°考评法的缺点是比较复杂，考评起来费时、费力；容易出现“相互帮忙”或有意报复的不良现象。

（五）成对比较法

成对比较法亦称为配对比较法、两两比较法等。其基本程序是：首先，根据某种考评要素如工作质量，将所有参加考评的人员逐一比较，按照从最好到最差的顺序对被考评者进行排序；然后再根据下一个考评要素进行两两比较，得出本要素被考评者的排列次序；以此类推，经过汇总整理，最后求出被考评者所有考评要素的平均排序数值，得到最终考评的排序结果（见表8-7）。

表8-7　成对比较法：工作质量要素考评表

	A	B	C	D	E	F	总分
A	0	+	+	+	+	+	5
B	–	0	+	+	–	+	3
C	–	–	0	–	–	+	1

续表 8-7

	A	B	C	D	E	F	总分
D	−	−	+	0	−	+	2
E	−	+	+	+	0	+	4
F	−	−	−	−	−	0	0
排序	1	3	5	4	3	6	

注：纵列员工与横列员工对比，优者划“+”，差者划“−”。

成对比较法的优点是准确度比较高，在涉及的人员数目不多的情况下宜采用本方法。

成对比较法的缺点是难以得出绝对评价，只能给出相对的位置，有时还会造成循环，如果员工的数目过多，不但费时、费力，其考评质量也将受到制约和影响。

第四节　绩效考评数据的统计分析

一、绩效考评数据的处理

绩效考评数据的处理就是对所采集到的绩效考评数据进行整理、汇总、分类、统计、保存的过程。它可以采用两种形式，即手工处理和计算机处理。绩效考评数据的处理一般包括以下 6 项工作。

（一）表格的设计与发放

无论怎样处理采集到的考评数据，都需要预先设计绩效考评使用的各种表格。各个企业所采用的考评表格没有统一的形式，繁简不一，有些表格简单列出各项考评因素和几个空格由主管圈选，有些则需由主管和下属共同设计商定。表格的形式并无严格要求，只要达到考评目的，简洁适用就可以。表格的设计应尽可能一目了然，表格中的文字也应准确清晰，像“可靠性”、“责任感”、“优良”等词都不够明确，容易使主管与下属产生误解。

所有的考评表格都应该包括考评要素和考评指标体系以及考评应达到的标准。具有这些条件的考评表才能把对员工的期望表达清楚，使主管与下属对工作及问题的认识趋于一致。设计完成后，应按照考评的对象，根据实际需要印制一定数量的考评表格，再发给有关人员。

表 8-8 ~ 表 8-10 是几种常见的绩效考核表。

（二）收集考评数据记录

实施绩效考评应该收集各种有关的数据资料，以便对员工作出正确而全面的评价，如果未能做到这一点，就只能凭模糊的记忆来评判。因此，人力资源部门设计印制的各种对部门和员工绩效进行考评的相关表格，应明确规定填报考评表格的时间。人力资源部在发出表格后，如果在规定的时间内仍未能收齐考评数据记录，则应与部门负责人联系，以确保考评工作的顺利进行。考评工作的延误可能是由于部门负责人工作非常繁忙，没有时间交考评表，也有可能还有其他原因。因此，在考评期限前，应及时了解考评的进度情况，与各负责考评的有关人员进行沟通，要求其按时完成本阶段的考评工作。

表8-8　常见的绩效考评表

姓名		员工编号		单位		职称	
报到日期		就任现职日期		上次考核日期		本次考核日期	

（一）目标与工作计划执行之检讨（至少列6~10项）				自我评价					主管考核					备注（占40%）
序号	目标与工作计划	预计达成日	实际完成日	1	2	3	4	5	1	2	3	4	5	
				小计：　分					小计：　分					
（二）整体工作表现（占60%）				小计：　分					小计：　分					小计：分
专业能力	（1）专业知识与能力													
	（2）工作品质与品管意识													
	（3）沟通协调能力与技巧													
	（4）问题分析解决与应变能力													
	（5）具备成本概念与管控能力													
工作效能	（1）能及时完成交付任务的能力													
	（2）工作计划能力与执行力													
	（3）工作效率与品质													
工作态度	（1）服从主管领导、工作态度积极与配合度													
	（2）勇于提出工作改善建议案并顺利达成													
工作特质	（1）负责任与自我要求严谨、具良好品德													
	（2）具有该职务之人格特质与发展潜力													
创新潜力	（1）个人配合团队能力与组织协调力佳													
	（2）工作具创意构思、创新力强													
客户服务	（1）对内部或外部客户服务的任务													
	（2）提供内部或外部客户积极合作与及时态度													

整体绩效	100~90	89.9~80	79.9~70	69.9~60	59.9以下	绩效分数		绩效等级		总分合计：
	特优（A+）	优（A）	好（B）	尚可（C）	差（D）					

表8-9　员工绩效考评表

部门：　　　　　　　　　　　　　　姓名：　　　　　　　　　　　　　　职务：

参与测评者（圈定一项）：本部门员工和其他部门员工代表、本部门领导（含副职）和主管相应业务公司副总

序号	测评项目	测评要点		权重	得分（从中选定一个）	
1	团队协作性	需与其他员工合作的工作，能否采取积极的协作态度和拿出实际的行动；协作的工作出现分歧时，能否采取积极解决问题的态度提出建议而不是刁难和指责；其他同事需要支持时，能否及时做出安排		10%	20　16　12　08　04	
2	工作作风	能否做到遵守公司各项规章制度，有无不实的理由请假和迟到；工作是否不必领导指示监督，也能正确、迅速地执行工作；对工作中的失误是否逃避责任与辩解；对领导是否有敷衍现象		10%	10　08　06　04　02	
3	知识技能	是否具备所担当职务的相关知识和执行职务工作所必需的专业知识；是否能将专业知识充分运用到复杂而困难问题的处理上；遇到问题时，是否有措手不及的现象；是否能够时常提出新构想，对于提高职务的执行作出努力		20%	20　16　12　08　04	
4	理解能力	是否正确了解本身的职务内容和上司的工作指令；是否能正确地掌握自身职务所具有的角色；对平时不太熟悉的工作是否也能根据经验或稍加努力即予以圆满地完成；是否作出过草率、错误的判断或措施		10%	20　16　12　08　04	
5	工作业绩	确定的关键工作任务和岗位职责是否在指定的时间内完成与履行，以及完成与履行的质量情况是否优秀；没有完成与履行，是否由于个人主观不努力造成或是否由于客观原因造成		50%	50　40　30　20　10	
任职建议（圈定一项）	留任；免职；提升；降职；交流	薪资调整建议（圈定一项）	提薪并奖励；不变；扣薪并降薪	对本人述职报告真实性评价（圈定一项）	真实；基本真实；不真实	总分

表8-10　秘书人员绩效考评表

员工的姓名：　　　　　　　　　　员工的职位：　　　　　　　　　　所属的部门：

考核等级说明：

A. 卓越：工作绩效非常突出，能创造性地解决问题，受到公司内部一致的认同。

B. 优秀：工作一向高质量，大多数方面超出绩效标准。

C. 良好：工作认真，达到工作的绩效标准，称职，可信赖。

D. 需改进：在绩效的某一方面存在不足，还需要改进。

F. 不足：工作的绩效不足，总的来说无法接受，必须立即进行改进

工作绩效	绩效标准	自我评价	同事评价	主管评价	评估等级
录入、打印各种文件（文字资料）(25%)	（1）一个月内由于错误而被退回的文件数不超过5次； （2）一个月内没有在承诺的期限之内完成文件次数不超过5次； （3）文件没有文字和语法上的错误，优秀绩效的表现：主动提高文件的信息，主动纠正文章的语病、文字错误，采用节省耗材的作法				等级： 评语：

续表 8-10

工作绩效	绩 效 标 准	自我评价	同事评价	主管评价	评估等级
起草通知或日常的信件（30%）	主管人员认为对草稿稍做修改就可以发送。优秀绩效的表现：起草文件时仅需要极少的指导，一些日常的信件无需主管干预就可以正确处理				等级： 评语：
为出差人员安排旅程(15%)	（1）安排符合出差者的要求； （2）按时准确预订旅店、车辆； （3）费用报表及时、准确完成				等级： 评语：
负责安排会议（20%）	（1）在会议开始前能准备好会议所需的设备和材料； （2）会议进程顺利，较少在会议出现错误				等级： 评语：
接待方面的工作(10%)	（1）待人热情，招呼周到，安排妥当； （2）让客人有宾至如归之感				等级： 评语：

最后考核等级：

员工签名：

主管签名：

日期：

（三）考评数据的统计

收齐各种考评表之后，应根据绩效考评的要求，将员工考评结果进行分类整理，要确保数据检验的正确性。在对数据进行统评之前进行以下的检验：

（1）识别信息检验，如岗位名称与员工姓名是否正确，与实际相符；员工名单是否有遗漏等。

（2）考评程序与方法合理性的检验。

（3）考评数据的信度检验。

（4）考评数据的效度检验。

（四）数据的计算机处理

如果数据少、简单，可用手工处理；数据多、复杂，则用计算机进行处理，即把各种考评数据存储在计算机中，根据需要调用。按考评数据的情况，利用计算机选择或设计统计软件表格，用于存储有关资料和数据。考评数据的统计至少包括以下项目：员工编号、部门、人数、考评类别、考评分数、考评项目等。重要的是给文档起一个文件名以易识别。可以用扫描仪把原始数据输入到计算机归类系统中，使用扫描仪可以解决用大量时间输入和校对资料的问题。为确保考评资料的保密性，应设立密码。当考评数据资料存储在磁盘上时，制作备份是非常重要的。

考评数据的计算机处理中一项很重要的工作是将企业员工的绩效信息分类汇总（见表 8-11）。

表 8-11 员工考核结果分类汇总表部门

（单位）： 日期： 年 月 日

对象：部门经理/主管（ ）；室主任（ ）；一般管理人员（ ）；班组长（ ）；工人（ ）

序号	姓名	岗位名称	任职时间	考核结果			总分名次
				态度	能力	业绩	

注：本表分别以部室、班组为单位，按具体考核对象分类进行统计汇总。

（五）考评数据的保存

考评数据的保存应该满足考评工作的要求，根据需要能迅速检索，及时调用，这对考评工作的有效运作是至关重要的。因此，在处理考评数据时，应当建立检索目录，并定期进行归类整理。按类归档、存档的考评数据更易查找使用。

（六）文档的保管

考评数据和资料必须保存一定时间，以满足企业人力资源管理的需要。至于时间的长短，可根据各个单位的需求有所不同。每个单位应有保留数据的规定，统计的信息必须保留到统计汇总取得了正确的结果。每年要对所存储的考评数据和资料进行一次全面的检查，识别出哪些是要保留的资料，哪些是没有保留价值应当清理的资料。员工的考评数据和资料，必须注意保密。有些企业还有供各个部门公共使用的人事档案库，集中保管考评数据资料，有些企业采用各部门保管考评数据资料的方式，而有些企业同时采用上述两种保管考评资料的方式。

二、绩效考评数据的分析方法

（一）顺序法

顺序法是将考评分数按照其高低顺序进行排列，根据员工考评得到的分值所处的位置，说明员工在考评中的排序。顺序法可依据总分进行排序，也可依照要素得分或指标得分进行排序。

（二）能级分析法

能级分析法是指用一定的临界点将考评得分划分为若干等级，并对此进行评价的方法。能级的划分可以是总分，也可以是结构分或要素分，它同顺序法的主要区别是后者只将分数排队，例如：100 分、91 分、81 分，以此类推；能级分析法是将分数划区分类，例如：0～59 分为差，60～69 分为一般，70～79 分为中，80～89 分为良，90 分及以上为优。

（三）对比分析法

对比分析法是将两个以上的考评结果进行对比分析，比较其绩效情况，对比时可以用数据的总分比较，也可以采用要素或结构得分进行比较。

（四）综合分析法

综合分析法是指运用考评数据对员工进行全面、细致、综合的评价，这种评价只根据考评标准进行分析，不与别人的考评结果进行对比。

（五）常模分析法

常模分析法是将某个员工的考评结果与某个固定的岗位模式要求进行分析比较，看与这个模式相符的程度，从而对其绩效进行评价。

思考题

8-1　什么是绩效管理？如何认识绩效管理与绩效考评的关系？
8-2　绩效管理有哪些功能？
8-3　在绩效管理的准备和考评阶段要做好哪些工作？
8-4　在绩效反馈过程中要注意什么问题？
8-5　绩效考评的特点和内容各是什么？
8-6　绩效考评有哪些类型？
8-7　关键事件法和360°考评法各有什么优缺点？
8-8　绩效考评数据的处理应该包括哪些工作？

案例分析：

用好公平、公正的尺子

浙江省绍兴市烟草专卖局（分公司）实施的员工动态管理，可以形象地概括为：一架梯子、一把尺子。所谓“一架梯子”，就是通过制定制度，建立一个升降通道，使优秀的员工能够一档一档地升上去，表现差的员工一档一档地降下来；所谓“一把尺子”，就是建立一套完整、科学、合理的考核体系，对员工进行公开、公平、公正的考核，客观准确地“测量”出员工的工作业绩和能力。

在实施员工动态管理过程中，绍兴市烟草专卖局（分公司）严把考核关，大力实施“阳光考核”，用好公平公正这把“尺子”。

（一）公布标准

套档结束后，绍兴市烟草专卖局（分公司）和各县级局（公司）对所有员工进行年度绩效考核。考核前，各单位都把考核细则、考核程序在内部网上公布，使员工对考核标准早了解、早知道。各单位还组织执考人员对考核内容及标准进行解释，解答员工的疑问，统一对考核标准的理解。

员工动态管理考核的操作程序为：公布各岗位考核标准——年初公布各岗位本年度升退档名额——实施绩效考核——公示员工考核结果——年终根据成绩和名额确定各岗位拟升退档人员名单——对拟升退档人员进行公示——发文公布升档、退档决定——调整升退档员工待遇。

绍兴市局（分公司）局长（经理）介绍说："我们规定，升档人数原则上不高于总人数的10%。退档人数具体为：机关综合岗位和网所负责人岗位为升档人数的1/2，客户经理为升档人数的2/3，其他岗位与升档人数相等。"

（二）细分考核

"对员工的考核分岗位进行。"人劳处处长告诉记者，"我们把所有员工岗位分为网所负责人、客户经理、电访员、送货员、物流中心内勤、专卖稽查员、专卖片区责任人、机关综合岗位共八类。根据每一类岗位制订一套考核细则，对员工考核成绩的比较和排序在同类岗位人员中进行。"

所有员工的考核都分为工作业绩和素质能力两部分。对员工工作业绩的考核主要包括本职工作各项指标完成情况，对素质能力的考核包括学历、专业技术职务任职资格、在各种重大比赛中的获奖情况等。通过分值设置，使工作业绩分在员工考核成绩中占主导，素质能力分起一定的作用，以引导员工把主要精力放在做好本职工作上。

（三）阳光考核

绍兴市烟草专卖局（分公司）在对员工的考核中坚持公开、公平、公正的原则，所有考核结果都张榜或网上公布，使考核全过程都置于职工的监督之下。

为了确保考核公正，绍兴市烟草专卖局（分公司）建立了考核监督程序，对员工动态管理的所有考核结果都要公示7天。员工如对自己或他人的考核结果有异议，可在公示期内向执考部门提出，执考部门将按规定进行复核。员工如对复核后的考核结果或考核的公正性有异议，可在复核后7天内向员工动态管理督查组反映。

督查组由市局（分公司）监察处与工会有关人员组成，负责处理职工对考核问题的投诉。人劳处和纪检部门则承担着对督查的再监督职能。

2004年，共有6人对考核结果提出异议。执考部门经复核，对其中两起差错进行了纠正。员工对复核后的结果和考核公正性没有再提出异议，市局（分公司）系统各单位的督查组都没有收到员工的投诉。2004年员工考核结束后，有两名正式员工由2档降到3档。当单位有关领导找他们谈话时，他们很平静地表示："分数摆在那里，我心服口服，没什么可说的，只有靠努力工作使自己再升上去。"

（四）结果兑现

根据员工动态管理制度规定，年度考核结束后，要按程序兑现考核结果，确定员工升退档。做好这项工作，事关员工动态管理制度能否真正取信于员工。绍兴市烟草专卖局（分公司）重点抓了以下两件事：

首先，他们严格依据《员工动态管理制度》的规定兑现考核结果。凡《员工动态管理制度》、考核细则及绍兴市考核领导小组解释中有明确规定的，按规定执行；没有明确规定的问题，根据《员工动态管理制度》总的原则，结合实际进行处理。

其次，在考核结果兑现过程中加强思想政治工作。分公司要求，在兑现考核结果时，各单位都要密切注意员工的思想动向，及时做好员工的思想政治工作。特别是对退档的员工，必须逐一进行谈话。对档次较高的退档员工，各单任领导干部要与他们及时进行沟通，做好引导工作，确保整个考核兑现工作平稳完成。

问题：

结合你所学过的绩效管理程序，请思考：本案例中绍兴市烟草专卖局（分公司）的绩效考评工作是否流程完整？另外，绍兴市烟草专卖局在绩效管理中有哪些成功的做法是值得学习的？

第九章　薪 酬 管 理

学习目标：

（1）使学生理解和掌握与薪酬管理有关的基本概念与基本知识。

（2）明确薪酬管理的重要性，掌握薪酬管理的基本原则，为薪酬管理的学习打下基础。

引例1：工资单引发的风波

某公司的一名员工无意间看到了公司员工的工资单，看过后无比震撼。这份工资单中不仅包括自己在内的几十名主管级别的员工排名情况，还包括基本工资、工资增幅以及奖金等信息。最让她不平的是：一些平日无所事事的员工，一年的收入竟然远高于多数可以胜任的同事。另外，新来的员工月薪要高于她们有经验的老员工。

看到这些她就开始质疑，为什么自己加班加点的工作，却没有其他能力不如自己的人拿的薪水多。她越想越生气，就找上司谈加薪的事情，但谈话并不如她愿，最后这位女员工选择了离职。出于气愤，离职前她把这份工资单拍成了照片，通过邮箱把工资单照片发给了公司高层及其他所有的相关的员工。看到邮件后，很多员工都找上司谈话，要求加薪，公司的高管即愤怒又无奈。由于迟迟看不到公司有所调整，消极情绪、怠工现象就出现了。如果你是人力资源部主管，有什么好的管理建议使其他人继续留在公司？

引例2：没有要过“五一”节的开心

人力资源经理孙霞一点都没有马上要过“五一”长假的开心。事情缘于总经理授意她取消“五一”节的公司员工出游计划。公司成立3年来，效益一直不错。“五一”和“十一”长假公司都会安排员工的旅游计划。但去年年底以来，由于公司销售业绩下滑，老板大幅缩减了奖金和红包，结果员工怨声载道。特别是“五一”节将临，由于迟迟看不到公司有所安排，消极情绪、怠工现象时有发生。孙霞对此感到非常无奈，她既无法说服老板继续掏钱维持员工的旅游福利，又对员工的怨气束手无策。

请从公司薪酬结构及其他相关知识点出发，解释这个现象的成因，并给出相应的管理建议。

第一节　员工薪酬概述

一、薪酬及薪酬管理的内涵

（一）薪酬

1. 什么是薪酬

薪酬是指员工向其所在单位提供所需要的劳动而获得的各种形式的补偿，是单位支付给员工的劳动报酬。薪酬包括经济性薪酬和非经济性薪酬两大类。经济性薪酬分为直接经济性薪酬和间接经济性薪酬。直接经济性薪酬是单位按照一定的标准以货币形式向员工支付的薪酬。直接薪酬如工资、奖金、股票期权和利润分享等；间接经济性薪酬不直接以货币形式发放给员工，但通常可以给员工带来生活上的便利、减少员工额外开支或者免除员工后顾之忧。间接薪酬如保险、带薪休假和住房补贴等各种福利。非经济性薪酬是指无法用货币等手段来衡量，但会给员工带来心理愉悦效用的一些因素。非经济性薪酬如赞扬与认可、地位与身份等。

2. 薪酬的分类

（1）货币性薪酬。包括直接货币薪酬、间接货币薪酬和其他的货币薪酬。其中，直接薪酬包括工资、福利、奖金、奖品、津贴等；间接薪酬包括养老保险、医疗保险、失业保险、工伤及遗嘱保险、住房公积金、餐饮等；其他货币性薪酬包括有薪假期、休假日、病事假等。

（2）非货币性薪酬。包括工作、社会和其他方面。其中，工作方面包括工作成就、工作有挑战感、责任感等的优越感觉；社会方面包括社会地位、个人成长、实现个人价值等；其他方面包括友谊关怀、舒适的工作环境、弹性工作时间等。

（二）薪酬管理

薪酬管理是在组织发展战略指导下，对员工薪酬支付原则、薪酬策略、薪酬水平、薪酬结构、薪酬构成进行确定、分配和调整的动态管理过程。薪酬管理要为实现薪酬管理目标服务，薪酬管理目标是基于人力资源战略设立的，而人力资源战略服从于企业发展战略。

薪酬管理包括薪酬体系设计、薪酬日常管理两个方面。薪酬体系设计主要是薪酬水平设计、薪酬结构设计和薪酬构成设计；薪酬日常管理是由薪酬预算、薪酬支付、薪酬调整组成的循环，这个循环可以称之为薪酬成本管理循环。薪酬设计是薪酬管理最基础的工作，如果薪酬水平、薪酬结构、薪酬构成等方面有问题，企业薪酬管理不可能取得预定目标。薪酬预算、薪酬支付、薪酬调整工作是薪酬管理的重点工作，应切实加强薪酬日常管理工作，以便实现薪酬管理的目标。薪酬体系建立起来后，应密切关注薪酬日常管理中存在的问题，及时调整公司薪酬策略，调整薪酬水平、薪酬结构以及薪酬构成以实现效率、公平、合法的薪酬目标，从而保证公司发展战略的实现。

二、薪酬管理的原则

（一）合法性原则

合法性原则指企业薪酬制度必须符合法律法规的要求，这是薪酬制度的底线。在薪酬管理方面，我国有许多相关的法律条文，它应作为企业在制定薪酬制度时的依据。如《中华人民共和国劳动法》、《中华人民共和国劳动合同法》等法律，以及《最低工资管理规定》、《企业职工患病或因工负伤医疗期规定》、《企业职工工伤保险试行办法》等，企业薪酬制度的制定必须以相关法律为准绳，否则会带来相关的法律问题。

（二）公平性原则

社会主义的劳动性质，以及社会主义社会还存在着旧式分工和劳动判别，劳动仍是人们谋生的手段等客观因素决定了按劳分配是社会主义经济规律是薪酬分配的基本原则。因此，组织薪酬的首要原则就是按劳付酬。

（三）经济性原则

生产决定分配，不仅表现在生产方式决定分配方式，还表现在生产的数量也决定分配的数量，能分配的只是生产成界。因此，薪酬的增长不能超出生产力发展所许可的范围之内，一定要和工农业生产增长的速度相适应，即不能过高也不能过低。薪酬增长超过了生产的发展，不仅会导致通货膨胀，而且最终影响国民经济的正常发展，人民生活水平降。即使薪酬增长未超过生产发展，但如果增长幅度过大、频度过快，也同样会带来不良影响。薪酬增长也不能过低过慢。低薪酬不能补偿劳动消耗，极大地压抑广大员工的生产积极性，结果生产上不去，生活水平下降，更加挫伤员工积极性，生产更受影响，恶性循环。

（四）物质激励与精神激励相结合的原则

薪酬分配强调的是物质鼓励，分配的基本原则只能是按劳分配。但是薪酬管理工作却不能停留在物质鼓励上。薪酬管理不仅是合理地进行分配，更重要的是它的工作对象是人的劳动。应该做好人的工作。而人是有思想的，有着各种各样的需要，满足这些需要，才能激发起巨大的劳动热情。所以，劳动薪酬职能科室不仅要搞好薪酬分配，也应配合其他有关科室做好精神鼓励工作。

（五）战略导向原则

战略导向原则强调企业在制定薪酬时必须以企业战略为基础，制定的薪酬政策和制度必须体现企业发展的战略要求。企业的薪酬制度不仅是一种制度更是一种机制，合理的薪酬制度驱动和鞭策那些有利于企业发展战略的因素的成长和提高，同时使那些不利于企业发展战略因素得到有效的遏制、消退和淘汰。因此企业设计薪酬时，必须从企业发展的战略角度进行分析。

三、薪酬管理的作用

薪酬制度是企业人事管理中重要的一环，合理的薪酬制度对企业的发展是有益的。然而薪酬只是手段，并不是企业的最终目的，我们需要做的是通过建立一套符合企业个案的薪酬制度，使达到最佳的激励效果，使员工积极性充分发挥，进而获得最大的企业利润，这也才是发挥薪酬制度作用的意义所在。

从企业管理的角度看，薪酬管理重要性和基本职能主要体现为分配、调节和激励3个方面，因此，薪酬管理的作用也就体现为如下方面：

（1）决定着人力资源的合理配置与使用。（2）人力资源的合理配置与使用在社会经济发展中具有特别重大的意义。薪酬作为实现人力资源合理配置的基本手段，在人力资源开发与管理中起着十分重要的作用。薪酬管理也就是要运用薪酬这个人力资源中最重要的经济参数，来引导人力资源向合理的方向运动，从而实现组织目标的最大化。(3) 直接决定着劳动效率。薪酬制度是对人的管理，对人的管理实质上是让别人去做管理者想做的事，而要被管理者去做管理者想做的事，除非建立一种机制，使被管理者的行为符合管理者的要求，这样管理才能成功。现代的薪酬管理3种机制的综合运用：1）物质机制。它通过按劳付酬来刺激劳动者具备更多、更精的劳动技巧，来提高劳动效率，获得更多的劳动报酬和更好的工作岗位。2）精神机制。它通过个人贡献奖励来肯定劳动者在劳动中的自我实现，从而体现人本主义观念，并使劳动者明白，只有好的敬业精神，才能实现个人的价值。3）团队机制。它通过劳动者个人业绩与组织目标的关系，来鼓励劳动者参与组织的利润分享，并从组织受益的角度酬谢劳动者所作的努力，使劳动者增强团队意识和合作精神。实践证明，薪酬管理的意义在于能极大地调动劳动者的积极性、创造性，反之，则会挫伤劳动者的积极性和创造性。(4) 直接关系到社会的稳定。在我国现阶段，薪酬是劳动者个人消费资料的主要来源，从经济学角度看，薪酬一经向劳动者付出即退出生产领域，进入消费领域。作为消费性的薪酬，保障了劳动者的生活需要，实现了劳动者劳动力的再生产。因此，在薪酬制度的意义中，如果薪酬标准确定的过低，劳动者的基本生活就会受到影响，劳动力的耗费就不能得到完全的补偿。如果薪酬标准确定过高，又会对产品成本构成较大影响，特别是当薪酬的增长普遍超过劳动生产率的增长时，还会导致成本推动型的通货膨胀。这种通货膨胀一旦出现，首先从国内来说，一方面会给人民生活直接产生严重影响；另一方面，通货膨胀造成的一时虚假过度需求，还会促发“泡沫经济”，加剧经济结构的非合理化。薪酬调整比例时，要对总体薪酬水平做出准确的预算。在制定和实施薪酬体系过程中，及时的沟通、必要的宣传或培训是保证薪酬改革成功的因素之一。从本质意义上讲，劳动报酬是对人力资源成本与员工需求之间进行权衡的结果。

第二节　工作岗位评价

岗位评价是一种系统地测定每一岗位在单位内部工资结构中所占位置的技术。它以岗位任务在整个工作中的相对重要程度的评估结果为标准，以某具体岗位在正常情况下对工人的要求进行的系统分析和对照为依据，而不考虑个人的工作能力或在工作中的表现。岗位评价的核心是划分岗位等级，其目标是按照内部一致性的原则，建立合理的工资等级结构，实现组织内部的分配公平。

一、岗位评价

(一) 岗位评价的含义

岗位评价也称为职务评价或者工作评价，是指采用一定的方法对企业中各种岗位的价值做出评定和薪酬分配的依据；是在岗位分析的基础上，对企业所设岗位的难易程度，责任大小、工作强度、所需资格条件等相对价值的多少进行评价。岗位评价的实质是将工作岗位的劳动价值、劳动者的贡献与工资报酬有机结合起来，通过对岗位劳动价值的量化比较，确定企业工资等级结构的过程。

岗位评价是评定工作的价值，制订工作的等级，以确定工资收入的计算标准。因此，岗位评价使工作分析的逻辑结果。工作分析主要包括工作描述和工作规范两个方面的内容，而岗位评价是在前面两个环节的基础上进行的，其根本目的是提供薪酬结构调整的标准程序。

（二）岗位评价的特点

（1）岗位评价以企业劳动者的生产岗位为评价对象。岗位评价的中心是“事”不是“人”。岗位评价虽然也会涉及员工，但它是以岗位为对象，即以岗位所担负的工作任务为对象进行的客观评比和估计。作为岗位评价的对象——岗位，较具体的劳动者具有一定的稳定性，同时，它能与企业的专业分工、劳动组织和劳动定员定额相统一，能促进企业合理的制定劳动定员和劳动定额，从而改善企业管理。由于岗位的工作是由劳动者承担者的，虽然岗位评价是以“事”为中心，但它在研究中，又离不开对劳动者的总体考察和分析。

（2）岗位评价是对企业各类具体劳动的抽象化、定量化过程。在岗位评价过程中，根据事先规定的比较系统的全面反映岗位现象本质的岗位评价指标体系，对岗位的主要影响因素逐一进行测定、评比和估价，由此得出各个岗位的量值。这样，各个岗位之间也就有了对比的基础，最后按评定结果，对岗位划分出不同的等级。

（3）岗位评价需要运用多种技术和方法。岗位评价主要运用劳动组织、劳动心理、劳动卫生、环境监测、数理统计知识和计算机技术，适用排列法、分类法、评分法、因素比较法等4种基本方法，才能对多个评价因素进行准确的评定或测定，最终做出科学评价。

（三）岗位评价的原则

岗位评价是一项技术性强、涉及面广、工作量大的活动。也就是说，这项活动仅需要大量的人力、物力和财力，而且还要触及许多学科的专业技术知识，牵涉到很多的部门和单位。为了保证各项实施工作的顺利开展，提高岗位评价的科学性、合理性和可靠性，在组织实施中应该注意遵守以下原则：（1）系统原则。所谓系统，就是有相互作用和相互依赖的若干及有区别又相互依存的要素构成的具有特定功能的有机整体。其中各个要素也可以构成子系统，而子系统本身又从属于一个更大的系统。系统的基本特征：整体性、目的性、相关性、环境适应性。（2）实用性原则。岗位评价还必须从目前企业生产和管理的实际出发，选择能促进企业生产和管理工作发展的因素评级因素。尤其要选择目前企业劳动管理基础工作需要的评价因素，使评价结果能直接应用于企业劳动管理实践中，特别是企业劳动组织、工资、福利、劳动保护等基础管理工作，以提高岗位评价的应用价值。（3）标准化原则。标准化是现代科学管理的重要手段，是现代企业劳动人事管理的基础，也是国家的一项重要技术经济政策。标准化的作用在于能统一技术要求，保证工作质量，提高工作效率和减少劳动成本。显然，为了保证评价工作的规范化和评价结果的可比性，提高评价工作的科学性和工作效率，岗位评价也必须采用标准化。岗位评级的标准化就是衡量劳动者所耗费的劳动的大小的依据，以及岗位评价的技术方法——特定的程序或形式做出统一规定，在规定范围内，作为评价工作中共同遵守的准则和依据。岗位评价的标准化具体表现在评价指标的统一性、各评价指标的统一评价标准、评价技术方法的统一规定和数据处理的统一程序等方面。（4）能级对应原则。在管理系统中，各种管理功能是不相同的。根据管理的功能把管理系统分成级别，把相应的管理内容和管理者分配到相应的级别中去，各占其位，各显其能，这就是管理的能级对应原则。一个岗位能级的大小，是由它在组织中的工作性质、繁简难易、责任大小、任务轻重等因素所决定的。功能大的岗位，能级就高，反之就低。各种岗位有不同的能级，人也有各种不同的才能。现代科学化管理必须使具有相应才能的人得以处于相应的能级岗位，这就称做人尽其才，各尽所能。一般来说，一个组织或单位中，管理能级层次必须具有稳定的组织形态。稳定的管理结构应是正三角形。对于任何一个完整的管理系统而言，管理三角形一般可分为四个层次：决策层、管理层、执行层和操作层。这四个层次不仅使命不同，而且标志着四大能级差异。同时，不同能级对应有不同的权力，物质利益和精神荣誉，而且这种对应是一种动态的能级对应。只有这样，才能获得最佳的管理效率和效益。（5）优化原则。所谓优化，就是按照规定的目的，在一定的约束条件下，寻求最佳方案。上至国家、民族，下至企业、个人都要讲究最优化发展。企业在现有的社会环境中生存，都会有自己的发展条件，只要充分利用各自的条件发展自己，每个工作岗位，每个人都会得到应有的最优化发展，整个企业也将会得到最佳的发展。因此，优化的原则不但要体现在岗位评价各项工作环节上，还要反映在岗位评价的具体方法和步骤上，甚至落实到每个人身上。

二、几种常用的职位评价方法

职位评价是指在工作分析的基础上，依据工作分析所收集的资料信息，对职位的“相对价值”进行分等排序的过程。职位评价的方法一般有4种：排列法、分等法、评分法、因素比较法或这些方法的综合。前两种被学者称为非量化分析方法或非分析方法，后两种归为量化分析方法和分析方法。

（一）排列法

（1）排列法的含义：排列法（Job Ranking）是指通过将组织内所有的职位按责任轻重、复杂程度等因素，由高到低排列出来进行评价的方法。各职位的薪酬水平按照排列次序来决定。排列法的前提：选择训练有素的评估人员。

（2）排列的程序：1）确定标杆职位。这是排列法程序中的关键。一般选取职位总数的10%～15%作为标杆职位。2）排列其余的职位。3）职位分级。往往是从管理的角度出发，将职位分为若干个小组，不同的小组确定出不同的工资等级。每个等级内再制订出由低到高的工资序列。

（3）排列法的优点。操作简单、省时。

（4）排列法的缺点。缺乏测量尺度，无法提供等级之间的差别的客观依据并分的依赖分析人员素质及对职位的熟悉程度。

因此，排列法只适合于规模较小的组织，对拥有成百上千个职位的大规模组织就很难奏效。

（二）分等法

（1）分等法的含义。分等法(Job Grading)是将职位分成若干等级,然后在每一个等级内选出一至两个关键职位,并附上工作说明和规范。接着评估每一个职位,逐一与各级的关键职位进行比较,相似的编为同一等级,最后排列出个等级的高低,亦称为分类法。

（2）分等法的具体程序。1）按职位内容进行分类。2）确定等级数量级等级定义：①依据组织规模、工作性质、人力资源管理策略确定出来的等级数量。②确定用来评价职位重要程度的因素。③明确等级定义。即对所分得等级进行概念性的明确描述。3）评价和分等。这是分等法的最后阶段，即分析人员根据工作分析对每个职位的内容说明，与等级定义相比较，得出每一个职位的评价结果，将职位归入相应的等级。

（3）分等法的优缺点 。比排列法更准确、客观,相对简单,故所需的费用相对较少。但是分等法程序中的等级定义是一项高难度的工作,对职位内容变化较大的经济实体来说,使用时就会遇到诸多困难。分等法比较适于职位内容变化不大的组织特别流行于公共部门。

（三）评分法

（1）评分法的含义。评分法（Point System）是一种量化的评价方法。首先依据工作内容特点确定出所有职位共同的评价因素，然后度量出每项因素对于被评价职位的重要程度和价值，并以分数的形式记录下来，以便计算总值和相互比较。每一职位的总分数就是该职位的价值指标，以此作为核定薪酬的标准。

（2）评分法的程序。1）职位群的确定。第一步需要将相似的职位分成职位群，然后评价委员会再为每一职位群分别拟定评分计划。2）评价因素的选择和界定。选择出影响职位评价的主要因素；在评价因素确定之后，就需要给这些因素一个明确的界定。3）因素分等。把每一个评价因素再分成等级，以便操作。通常因素的等级不超6个，以能区别职位为原则，过多则评价工作繁琐，过少则不能清楚区分职位。权衡因素之间的相对价值。一般采用百分比的方法。4）确定每个因素等级的分数。评价因素的价值权数明确之后，就需要确定每个因素等级的分数，也就是给等级打分。①要确定分数的总值，总值的大小要考虑到方便与否，最好用大数字，可以正好是整数 500 或 5000，以避免出现小数点，并能更好的表现等级之间的差别。②根据评价因素的权数即百分比，换算出该因素的分数。例如，假定总值为 500 分，因决策因素的权数为 51%，得出该因素的分数为 500 × 51% =255 分。③根据因素的总分值，评出该因素各个等级的分数。可以按算术级数、几何级数或不规则级数中的任何一种规则。运用算术级数，容易被职员接受，等级间差别不大，适合于体力劳动占主要成分的职位。而几何级数的等级差别较大，适合于脑力劳动占主要成分的职位。5）编写职位评价手册。主要是说明职位评价的程序，阐述评价因素，诠释要素及要素等级分数，并要求分发到职位评价所涉及的所有人员。6）实施评价。

（3）评分法的优点。评分法是一种应用广泛的职位评价法，其优点在于：1）通过清楚明确的因素界定来进行系统比较，减少了主观决定的成分，评价结果更加客观，易被员工接受。2）评分法具有广泛的适应性，适合于任何职位。

（4）评分法的缺点。评分法费时、费力，而且定义和权衡要素的技术要求很高，因此，对规模较小的组织来讲，评分法不一定是最佳的选择方案。

（四）因素比较法

1. 因素比较法的含义

因素比较法（Factor Comparison）是在排列法的基础上改良而成的一种量化评价方法。是以多个因素为参照系，依次以每个因素为基础来进行多次比较而形成的职位评价结果，然后将评价结果数值化，得出每一职位的总分。

2. 因素比较法常用的因素

因素比较法常用的因素有：智力条件、生理条件、技能条件、职责、工作环境等5种。

3. 具体评价程序

（1）选择标杆职位。标杆职位必须能被所确定的因素清楚的描述和分析；标杆职位本身要能代表不同等级，并充分地显示出每个因素的不同重要程度。在实际中，所选择的标杆职位数量一般为15～30个。

（2）按因素排列标杆职位。首先由评价委员会中的成员各自单独做出，然后再集中统一意见，得出标杆的最后排列。

（3）给各因素分配薪资待遇。标杆职位排列完成以后，就需要将标杆职位的工资率按比例分配给各因素。

（4）比较上面两次排列的结果，删掉不理想的标杆职位。

（5）排列其他职位。在所有标杆职位排列确定之后，组织内的其他职位就可以通过与标杆职位相比较确定出自己的位置和工资水平。

在最后进行职位排列时，因素比较法还常使用工作比较尺度表，也就是将职位评价因素分为0～100个不同的等级度，然后确定每个职位各个因素得分总和，并换算为工资。

4. 因素比较法优点

其大部分职位的排列是通过同标杆职位项比较得出的，是一种准确、系统的量化方法。赋予了各因素货币值，工资结构可以在评价中自然形成，减少了工作量。

5. 因素比较法的缺点

程序复杂性，五个因素不一定对组织中所有的工作都适应。

第三节　员工薪酬管理

一、薪酬调查

（一）薪酬调查的内涵

1. 薪酬调查

就是通过一系列标准、规范和专业的方法，对市场上各职位进行分类、汇总和统计分析，形成能够客观反映市场薪酬现状的调查报告，为企业提供薪酬设计方面的决策依据及参考。薪酬调查是薪酬设计中的重要组成部分，重点解决的是薪酬的对外竞争力和对内公平性问题，薪酬调查报告能够帮助企业达到个性化和有针对性地设计薪酬的目的。

2. 薪酬调查的范围

某知名咨询专家认为，低薪或无专长的普遍工种岗位，薪酬调查以企业所在地为调查地区，因为这一类的劳动力流动区域一般局限在当地，这样的调查费用也比较节省。

至于企业所需的高新技术人才和行政、管理岗位的复合型人才，由于这些人的学历一般较高，流动性比较大，所以最好进行全国性的工资调查，以利于留住这些人才。

介于两者之间的中级技术人员和管理人员，可结合当地薪酬调查水平和全国薪酬调查水平综合确定。

3. 薪酬调查的内容

薪酬调查的主要内容：(1) 了解企业所在同行业的工资水平是薪酬调查的一项重要内容。(2) 还要了解本地区的工资水平，不同地区因为生活费用水平、生产发展水平不同，工资水平可能差别较大。(3) 调查工资结构。(4) 帮助查找企业内部工资不合理的岗位。(5) 了解工资动态与发展趋势。

(二) 薪酬调查的步骤

1. 建立薪酬架构

要想建立薪酬架构，应按照以下步骤进行：

(1) 要确定薪酬战略。在确定薪酬战略时，一般需要对以下问题进行思考：谁与我公司进行人才竞争？公司整体或特定岗位的薪酬水平应处于市场的什么水平上？公司整体或特定岗位的薪酬各组成部分的比例应分别是多少？

(2) 职位匹配。在参考市场信息的时候，需要确定基准岗位与企业内部岗位的对应关系。这时需要进行职位匹配的工作。

(3) 对比分析。在确定薪酬战略和职位匹配之后，可以将公司实际薪酬水平与市场水平进行比较，从而发现与期望达到的市场水平的差距。

(4) 市场定位。10%分位至90%分位分别代表了市场薪酬水平由低到高的排列情况，也代表了客户企业在选定这些分位点时使自身的薪酬水平在市场上所具有的竞争力由低到高的排列情况。在用本报告的信息来调整公司内部薪酬结构时，客户企业需要根据公司人力资源战略确定公司希望加以比对的市场薪酬水平。

(5) 架构设计与薪酬调整。我们建议客户企业将每个职位等级的薪酬水平设计为一段区间。这种设计方式的优点是可以为客户企业利用薪酬工具进行人才的吸引、保留和激励，以及控制薪酬成本提供更大的灵活度。

2. 确定特定岗位的薪酬水平

在招聘员工、进行薪资调整或设计薪酬架构时，客户企业可能需要了解特定岗位的市场薪酬水平。此时可以参考本报告的“各职位薪酬福利分析”来获取相关信息。在本报告中，我们列示了每个基准岗位的薪酬福利信息，详细说明了该岗位不同市场水平下的薪酬水平、这为客户企业制定特定岗位的薪酬水平、建立对内公平、对外有竞争的薪酬体系提供了充足的市场信息。

3. 设计福利及劳动政策

员工福利和劳动政策是薪酬的重要组成部分，对员工的吸引、保留和激励起着十分重要的作用。在报告的“行业福利情况分析”部分中，将可以获得丰富行业市场福利信息。相信这些信息能够帮助客户企业制定出科学、合理的福利和劳动政策，使这些政策在人力资源管理中发挥更为积极有效的作用。

薪酬调查报告是一份通过市场的调查分析得出的关于市场各个行业各个地区的薪酬福利水平，以及详细的数据。企业可以以此制定企业的薪酬福利。

4. 编辑本段薪酬调查前期准备

薪酬调查开始之前必须收集以下几类信息：(1) 岗位薪酬的高、中、低位值。(2) 目前的薪酬率。(3) 岗位上的人员数量（有助于计算平均值）。(4) 雇员在该岗位的平均服务时限。(5) 奖金的可行性与数额。

5. 编辑本段如何选择薪酬调查报告

(1) 对个人或免费用户而言，如果不要求报告数据的精度，可以选择调查网站、招聘网站的报告，因为这些报告的数据来源是网友或网上求职者，提交的数据大致能代表他们当前的工资数额或者是期望薪水，尽管缺乏严谨性，但是作为免费资源还是可以参照的。

(2) 对企业用户而言，建议选择专业调研机构或咨询公司的数据报告，因为职位评估这一专业环节是不可避免的，如果希望参照的是企业实际付出人工成本的客观数据，还是需要这些咨询公司协助从其他企业中直接获取数据。

6. 编辑本段定制的薪酬调查

对一些特殊的岗位，特别是管理层以上的职位，只有通过定制的调查方式来收集准确的数据。

7. 定制优势

定制的调查有以下 3 个方面的优势：一是与所需要了解的职位最为匹配；二是可收集到最新的数据；三是可以指定你需要收集的准确的信息。

二、薪酬体系设计的基本步骤

(一) 薪酬调查

薪酬调查是薪酬设计中的重要组成部分。它解决的是薪酬的对外竞争力和对内公平问题，是整个薪酬设计的基础，只有实事求是的薪酬调查，才能使薪酬设计做到有的放矢，解决企业的薪酬激励的根本问题，做到薪酬个性化和有针对性的设计。知名猎头公司建议通常薪酬调查需要考虑以下 3 个方面：

(1) 企业薪酬现状调查。通过科学的问卷设计，从薪酬水平的 3 个公正（内部公平、外部公平、自我公平）的角度了解造成现有薪酬体系中的主要问题以及造成问题的原因。

(2) 进行薪酬水平调查。主要收集行业和地区的薪资增长状况、不同薪酬结构对比、不同职位和不同级别的职位薪酬数据、奖金和福利状况、长期激励措施以及未来薪酬走势分析等信息。

(3) 薪酬影响因素调查。综合考虑薪酬的外部影响因素，例如，国家的宏观经济、通货膨胀、行业特点和行业竞争、人才供应状况和企业的内部影响因素，盈利能力和支付能力、人员的素质要求及企业发展阶段、人才稀缺度、招聘难度等。

(二) 确定薪酬原则和策略

薪酬原则和策略的确定是薪酬设计后续环节的前提。在充分了解企业目前薪酬管理的现状的基础上，确定薪酬分配的依据和原则，以此为基础确定企业的有关分配政策与策略，例如，不同层次、不同系列人员收入差距的标准，薪酬的构成和各部分的比例等。

（三）职位分析

职位分析是薪酬设计的基础性工作。基本步骤包括：（1）结合企业经营目标，在业务分析和人员分析的基础上，明确部门职能和职位关系。（2）进行岗位职责调查分析。（3）由岗位员工、员工上级和人力资源管理部门共同完成职位说明书的编写。

（四）岗位评价

岗位评价重在解决薪酬对企业内部的公平性问题。通过比较企业内部各个职位的相对重要性，得出职位等级序列。岗位评价以岗位说明书为依据，方法有许多种，企业可以根据自身的具体情况和特点，采用不同的方法来进行。

（五）薪酬类别的确定

根据企业的实际情况和未来发展战略的要求，对不同类型的人员应当采取不同的薪酬类别，例如：企业高层管理者可以采用与年度经营业绩相关的年薪制，管理序列人员和技术序列人员可以采用岗位技能工资制，营销序列人员可以采用提成工资制，企业急需的人员可以采用特聘工资制等等。

（六）薪酬结构设计

薪酬的构成因素反映了企业关注内容，因此采取不同的策略、关注不同的方面就会形成不同的薪酬构成。企业在考虑薪酬的构成时，往往综合考虑以下几个方面的因素：（1）职位在企业中的层级。（2）岗位在企业中的职系。（3）岗位员工的技能和资历。（4）岗位的绩效，分别对应薪酬结构中的不同部分。

总之，薪酬体系设计必须根据企业的实际情况，并紧密结合企业的战略和文化，系统全面科学的考虑各项因素，并及时根据实际情况进行修正和调整，才能充分发挥薪酬的激励和引导作用，为企业的生存和发展起到重要的制度保障作用。职位分析：结合公司经营目标，公司管理层要在业务分析和人员分析的基础上，明确部门职能和职位关系，人力资源部和各部门主管合作编写职位说明书。

三、薪酬体系的组成

许多员工都把薪酬看作是他们所获得的能够实际带回家的货币的数量。但是，在设计薪酬体系时，把薪酬看作是“总体薪酬”的概念是十分必要的。总体薪酬不仅包括基础工资，还包括各种附加的报酬（例如夜班工资）、生活成本加薪、晋升加薪等）、绩效工资/奖金和额外的福利。即：

基础工资 + 津贴 + 绩效工资 + 额外福利 = 总体薪酬

（一）基础工资

薪酬体系的基础是基础工资，它体现了工作对于组织的价值，并与外部市场上这一工作的价值相一致。因为这两种价值有时会相互冲突，所以，薪酬体系设计者常常要在内部公平性和外部公平性之间做出艰难的抉择。从事相同工作的不同员工常常会因为其知识、技能、能力、资历和业绩的不同，在基础工资上往往会存在着差异。因此，新员工所获得的基础工资比从事相同工作的经验丰富的老员工要低。工资范围的建立就是为了向从事同一工作或同一组工作的不同员工提供基础工资的上限和下限。工资范围体现了一个工作或者一组工作对于组织的最大价值和最小价值。

(二) 津贴

津贴是在基础工资之外的工资差别，它反映了与绩效无关的因素。例如，夜班工资给予那些在车间里进行夜班工作的员工，与他们之间的绩效差异无关。生活成本加薪反映了组织期望通过调整员工工资来防止通货膨胀对工资的购买力造成的冲击。因此，这一部分工资给予所有员工而不反映工作或员工绩效的差异。

(三) 绩效工资

绩效工资是对基础工资的增加部分，以反映不同员工或不同群体之间的绩效水平的差异。它与任何一种奖金计划之间的差异在于，奖金计划不会变成基础工资的一部分而造成基础工资的持续增加。

(四) 额外的福利

额外的福利（也称为间接福利）是对工资的附加部分，但常常并不反映在员工所获得的直接薪酬之中。但员工在对总体薪酬的公平性进行评价时，福利常常被估价过低。一些公司努力地使其员工认识到他们所获得的总体薪酬（既包括直接薪酬，也包括间接薪酬）的真实价值，其原因就在这里。

四、企业的工资制度

(一) 工资制度的内涵

1. 定义

工资制度是指与工资决定和工资分配相关的一系列原则、标准和方法。它包括工资原则、工资水平、工资形式、工资等级、工资标准、工资发放等内容。

2. 类型

工资制度可以从不同的角度进行分类：

(1) 根据其特征不同，可分为工资等级制度、工资升级制度、工资定级制度。

(2) 根据其地位不同，可分为基本工资制度、辅助工资制度。

(3) 根据其对象不同，可分为机关单位工资制度、事业单位工资制度、企业单位工资制度等。

(4) 根据其特点不同，可分为绩效工资制度、能力工资制度、资历工资制度、岗位工资制度和结构工资制度。

(二) 工资制度设计的程序

工资制度设计的程序：(1) 组织付酬原则与政策的制定。(2) 工作分析。(3) 工作

评价。（4）工资结构设计。（5）工资状况调查及数据收集。（6）工资分级与定薪。（7）工资制度的执行控制与调整

（三）工资制度设计的方法

1. 工作评价的方法

工作评价是工资制度设计的关键步骤。工作评价的结果，将产生表明各项工作的劳动价值或重要性的顺序、等级、分数或象征性的货币值。常见的工作评价方法有 5 种，即经验排序法、因素综合分类法、因素比较法、因素评分法和市场定位法。

2. 工资结构线的确定方法

经过工作评价后，我们为组织内部各项工作确定了一个表示其劳动价值或重要性大小的工作评价值。这个工作评价值可以是顺序、等级，也可以是分数或象征性的货币值。接下来的工作是，要为这些工作评价值确定一个对应的工资值。也就是说，要把这些工作评价值转换为实际的工资值。在理论上表现为，决定工资结构线的形状，包括斜率、截距等。

3. 工资分级方法

工资分级的典型办法是，把那些通过工作评价而获得相近的劳动价值或重要性的工作，归并到同一等级，形成一个工资等级系列。尽管这些工作的劳动价值或重要性并不绝对相等，但因差别不大，因此对它们加以归并组合，可以大大简化操作，便于管理。等级划分的区间宽窄及等级数多少的确定，取决于工资结构线的斜率、工作总数的多少，以及企业的薪酬政策和晋升政策等因素。总的原则是，等级的数目不能少到相对价值相差甚大的工作都处于同一等级而无区别，也不能多到价值稍有不同便处于不同等级而需作区别的程度。这是因为级数太少，难以晋升，不利士气，而级数太多则晋升过多，刺激不强，不利于管理。现实中，企业的工资等级系列一般在 10 ~ 15 级之间。

（四）我国工资制度的内容

我国现行的工资制度一般包括下列内容：

（1）工资等级制度。指根据工作的复杂程度、繁重程度、风险程度、精确程度等因素，将各类工作进行等级划分并规定相应工资标准的一种工资制度，是其他工资制度的基础，也称为基本工资制度。其主要特点是从劳动质量方面来反映劳动差别。

（2）工资调整制度。工资调整制度是工资等级制度的补充。其主要内容有考核升级、自动增加工资、考核定级、提高工资标准等，使工资制度在变动中趋向平衡和合理。

（3）工资支付制度。指计算支付职工工资的有关原则、标准和具体立法的一种制度。主要包括支付原则、各类人员的工资待遇和特殊情况下的工资处理的等内容。

（4）工资基金管理制度。工资基金指用人单位从其经营或者利润中提取的用于职工工资的那部分基金。通常所说的工资基金管理指国家规定一系列的工资基金审批程序和监督措施，地方单位工资基金的使用进行监督、审计等行政管理活动。我国现阶段企业执行的基本工资制度主要有等级工资制、岗位工资制、结构工资制、岗位技能工资制等。

我国工资制度是国家依据按劳分配原则所制定的劳动报酬制度，体现个人消费品的分配关系和分配原则。

我国以等级工资制为基础，采取计件工资、计时工资和工资加奖励、津贴等工资形式。工资制度要随着生产设备、工艺过程、劳动组织、劳动条件的变化适时进行调整和改革。

五、薪酬体系设计的发展趋势

科学进步日新月异，知识经济飞速发展，薪酬体系设计一方面要在基本原则指导下保持相对稳定，另一方面又要根据环境变化适时调整，与时俱进。与传统的薪酬体系相比较，21 世纪的薪酬体系设计呈现出新的发展趋势，熟悉和把握这些新趋势对于及时调整薪酬体系设计，提高企业绩效至关重要。

（一）全面薪酬制度

薪酬既不是单一的工资，也不是纯粹的货币形式的报酬，它还包括精神方面的激励，例如，优越的工作条件、良好的工作氛围培训机会，晋升机会等，这些方面也应该很好地融入到薪酬体系中去，内在薪酬和外在薪酬应该完美结合，偏重任何一方都是行不通的。物质和精神并重，这就是目前提倡的全面薪酬制度。

（二）薪酬与绩效紧密的结合

薪酬只有与业绩紧密结合才能够充分调动员工的积极性，提高雇员的绩效。普遍提高工资，但不考虑个人绩效，这将导致绩效的降低。从薪酬结构上看，绩效工资的出现丰富了薪酬的内涵，过去的那种单一的薪酬越来越少，取而代之的是与个人绩效和团队绩效紧密挂钩的灵活的薪酬体系。

（三）宽带型薪酬结构

薪酬的等级减少，而各种职位等级的薪酬之间可以交叉，是薪酬结构设计的一种流行趋势。目前在一些西方企业中将薪酬等级线延长，将薪酬类别减少。宽带的薪酬结构可以说是为配合组织扁平化而量身定做的，它打破了传统薪酬结构所维护的等级制度，有利于企业引导员工将注意力从职位晋升或薪酬等级的晋升转移到个人发展和能力的提高方面，给予了绩效优秀者比较大的薪酬上升空间。

（四）重视薪酬与团队的关系

以团队为基础开展项目，强调团队内协作的工作方式正越来越流行。与之相适应，应该针对团队设计专门的激励方案和薪酬计划，其激励效果比简单的单人激励效果好，团队奖励计划尤其适合人数较少，强调协作的组织。

（五）薪酬的细化

薪酬的细化首先是薪酬构成的细化，过去计划经济时代的那种单一的、僵死的薪酬结构已经不适应现代企业的需要，取而代之的是多元化、多层次、灵活的新的薪酬构成。其次是专门人员薪酬设计专门化，例如：营销人员在公司里作用巨大，专业人员的排他性比较强，临时工身份较特殊，在设计这些人员的薪酬时，不应采取和其他部门人员相同的薪酬体系。此外，在一些指标的制度过程中，也应当细化，尽量避免“一刀切”的做法。

（六）薪酬制度的透明化

对于雇员是否应知道同事的报酬状况这个问题一直存在比较大的争议，它有两种基本相反的观点。“反对薪酬公开发放”的观点认为，在实际生活中，薪酬水平事实上通常是不平等的。而“赞成工资公开发放”的人则认为这有助于提高激励效果。他们认为：不了解彼此报酬水平的工人就不可能正确的熟悉努力程度同报酬之间的关系，也不可能知道他们的报酬是否合理，而且，实行保密薪酬制的企业经常出现这样的现象：强烈的好奇心理使得员工通过各种渠道打听同事的工资额，使得刚制定的保密薪酬很快就成透明的了，即使制定严格的保密制度也很难防止这种现象。既然保密薪酬起不到保密作用，不如直接使用透明薪酬，实行薪酬透明化。从最近的资料来看，支持透明化的呼声也越来越高。

第四节　员工福利管理

一、员工福利概述

（一）员工福利的含义

员工福利是薪酬体系的重要组成部分，是企业或其他组织以福利的形式提供给员工的报酬。福利是对员工生活的照顾，是组织为员工提供的除工资与奖金之外的一切物质待遇，是劳动的间接回报。

（二）员工福利的特点

员工福利有4个主要特点：

（1）补偿性。员工福利是对劳动者为企业提供劳动的一种物质性补偿，也是员工工资收入的一种补充形式。

（2）均等性。企业内履行了劳动义务的员工，都可以平均地享受企业的各种福利。

（3）集体性。企业兴办各种集体福利事业，员工集体消费或共同使用共同物品等是员工福利的主体形式，也是员工福利的一个重要特征。

（4）多样性。员工福利的给付形式多种多样，包括现金、实物、带薪休假以及各种服务，而且可以采用多种组合方式，要比其他形式的报酬更为复杂，更加难以计算和衡量，最常用的方式是实物给付形式，并且具有延期支付的特点，这与基本薪酬差异较大。

二、福利项目

一般来说，员工福利由法定福利和非法定福利两部分组成。法定福利是国家通过立法强制实施的对员工福利的保护政策。主要包括：社会保险、住房保障和法定假期制度。非法定福利是指企业为满足职工的生活和工作的需要，自主建立的、在工资收入和法定福利之外，向雇员本人及其家属提供的一系列福利项目。包括货币津贴、实物和服务等形式。

（一）法定福利

1. 养老保险

养老保险制度是国家和社会根据一定的法律和法规，为解决劳动者在达到国家规定的解除劳动义务的劳动年龄界限，或因年老丧失劳动能力退出劳动岗位后的基本生活而建立的一种社会保险制度。养老保险具有强制性、互济性、储备性、社会性等特点。目前世界上实行养老保险制度的国家可分为3种类型，即投保资助型（也称为传统型）养老保险、强制储蓄型养老保险（也称为公积金模式）和国家统筹型养老保险。

2. 失业保险

失业保险我国过去称为待业保险，是指劳动者因失业而暂时中断生活来源的情况下，在法定期间从国家和社会获得物质帮助的一种社会保险制度。失业保险制度的类型包括国家强制性失业保险、非强制性失业保险、失业补助制度、综合性失业保险制度等。

3. 医疗保险

医疗保险是指国家立法规定并强制实施的、在人们生病或受伤后由国家或社会给予一定的物质帮助，即提供医疗服务或经济补偿的一种社会保险制度。医疗保险具有与劳动者的关系最为密切、和其他人身保险相互交织、存在独特的第三方付费制、享受待遇与缴费水平不是正相关等特点。

4. 工伤保险

工伤保险又称为职业伤害保险或伤害赔偿保险，是指依法为在生产工作中遭受事故伤害和患职业性疾病的劳动者及其亲属提供医疗救治、生活保障、经济补偿、医疗和职业康复等物质帮助的一种社会保险制度。我国现行的《工伤保险条例》从2004年1月1日开始执行。工伤保险制度有3条实施原则，即无过失补偿原则；风险分担、互助互济原则；个人不缴费的原则。

5. 生育保险

生育保险是指妇女劳动者因怀孕、分娩而暂时中断劳动时，获得生活保障和物质帮助的一种社会保险制度。实行生育保险制度，对于保证生育女职工和婴儿的身体健康、促进优生优育、实行生育保险是对妇女生育价值的认可、真正实现男女平等具有十分重大的意义。

6. 住房公积金

住房公积金的含义是指国家机关、国有企业、城镇集体企业、外商投资企业、城镇私营企业及其他城镇企业、事业单位、民办非企业单位、社会团体及其在职职工缴存的长期住房储金。住房公积金是国家推行的一项住房保障制度，它实质上是劳动报酬的一部分，是归属职工个人所有的、专项用于解决职工住房问题的保障性资金。

7. 法定假期

法定假日包括公休假日、法定休假日、带薪休年假。

（1）公休假日是指职工工作满一个周以后的休息时间。国家实行劳动者每日工作时间不超过8小时，平均每周工作时间不超过44小时的工作制度，用人单位应当保证劳动者每周至少休息一日。

（2）法定休假日：元旦、春节、清明节、国际劳动节、端午节、中秋节、国庆节以及法律法规的其他休假节日。

（3）带薪年休假：

1）机关、团体、企业、事业单位、民办非企业单位、有雇工的个体工商户等单位的职工连续工作1年以上的，享受带薪年休假（以下简称年休假）。单位应当保证职工享受年休假。职工在年休假期间享受与正常工作期间相同的工资收入。

2）职工累计工作已满1年不满10年的，年休假5天；已满10年不满20年的，年休假10天；已满20年的，年休假15天。国家法定休假日、休息日不计入年休假的假期。

3）单位确因工作需要不能安排职工年休假的，经职工本人同意，可以不安排职工年休假。对职工应休未休的年休假天数，单位应当按照该职工日工资收入的300%支付年休假工资报酬。

4）工会组织依法维护职工的年休假权利。

（二）非法定福利

1. 货币福利

（1）工资。有竞争力的工资、基于绩效的加薪、奖金以及特殊的股票奖励计划等。

（2）奖金。员工每年将根据业绩领取年终奖。

（3）绩效加薪。根据员工的年度绩效评价结果决定其是否得到加薪。

（4）股票奖励。员工将获得实际的股票份额。与股权不同，股票奖励能够提供任意股票价格的长期价值。该方法除了给予员工一份相当具有竞争力的薪水外，还保证其在未来时间内可持续获得长远收益。股票奖励的分配可以根据员工的聘用期或年度绩效自由决定。

2. 实物福利

（1）全体员工可以享受的福利，例如，工作餐、节日礼物、奖励礼品等。

（2）给特殊群体福享用的实物福利，这些特殊群体往往是对企业做出特殊贡献的技术专家、管理专家等企业核心人员。特殊群体的福利包括住房、汽车等项目。

3. 服务福利

为员工提供体检、医疗费用报销等保健福利。受益人还包括员工异性配偶或同性家庭伙伴以及子女。

（1）体检。公司每年安排员工到专业体检机构进行全面体检并提供健康咨询。

（2）其他健康保险：1）在员工的综合福利规划中还包括：员工人身保险和员工医疗保险福利。2）员工人身保险：人身保险为员工提供全球24小时人寿或意外伤害保障。3）员工医疗保险：员工可以报销医疗费用，受益人包括员工本人和家属。

（3）健身俱乐部。公司为员工提供健身俱乐部付费会员资格，健身俱乐部涉及游泳、瑜伽、滑雪、足球、羽毛球等多种项目。

三、福利管理

企业如何为员工所做好福利已成为企业发展的重要因素。现今的企业福利规划已从过去家长式给予的角色转化（被动）为激励（主动）的角色，因此应该从以下几个方面来努力做好员工福利。

（一）减轻员工税赋的负担

每年公司员工的调薪幅度总是众所瞩目的焦点，原因出于员工一年来对公司的贡献，就看这一次的薪资调幅是否符合其期望，决定留任或是另寻高就。然而，加薪是否真的会增加员工的年度净所得？从另一个角度来看，加薪代表的是所得的增加（亦即开源），然而加薪难免会有预算上的限制，而且员工可能因为加薪之故造成年度所得税率向上调整，反而增加赋税的负担，企业若是可以从员工赋税的减少来着手规划员工福利（亦即节流），也就是所谓的薪资福利化此举不但有双重加薪的效果，而且可以充分切入员工所需。

（二）增加企业招募的优势

一般求职者在决定是否加入另一家企业时，其考虑的因素多半是公司的知名度、工作本身是否有挑战性与薪资福利等。一般而言，企业的知名度往往能够吸引优秀的成员，进而创造优厚的利润，方能回馈社会，提高企业的知名度；工作的挑战性与薪资福利都可以以将其纳入员工福利规划。由此看，求职者在找寻工作时，不见得都是向钱看，因此只要企业妥善做好福利规划，不仅可以避免外部恶性“挖墙脚”，而且可以将人事预算作最有效率的运用。

（三）加强核心员工的留任意愿

在企业逐渐将不具核心竞争的业务转型为外包之际，组织内部人员的精简是可以被预期的，此时存在于组织内部的核心人员便是未来企业创造价值的精英分子，增强企业的核心竞争力，进而创造更高的附加价值。根据80－20定律，组织内部资源应该分配给20%创造企业80%利润的成员。因此，所要着重的则是组织内部核心人员的福利给予（包括财务性与非财务性），建立一套符合企业特性的福利规划不仅可以适度的提升员工的士气，也可以留住核心员工为公司共同打拼。

（四）避免年资负债

每到岁末年初，企业主最伤脑筋的就是加薪的问题，这的确是两难的问题。加薪的幅度过大将会对于企业的营运成本造成沉重的负担，倘若加薪的幅度过小，恐将造成人员的“移民潮”。的确，“加薪”决不仅仅只是账面上每月薪资的增加而已，其他如保健投保薪资的向上调整、退休金金额的增加（配合未来个人退休账户的实行，此部分的金额势必大幅增加雇主的负担）、员工领退休金与加班费的计算基础均增加。因此，企业必须处理好给员工加薪与企业发展的问题。

（五）未来员工福利规划之方向

一般而言，企业的福利规划有实物给付与金钱给付两大类，实物给付如进修教育、年度聚餐与员工旅游等；金钱给付如医疗补助、购屋贷款、就学贷款等。然而福利规划除了要有酬偿的效果之外，另外对于是否切合个别员工需求则是福利规划所需进一步考量的因素。在这样的情形之下，具有选择性、个人化的“自选式的员工福利”就应运而生了。“自选式的员工福利”顾名思义就是考量员工的职务、绩效表现以及贡献度所决定其福利金额，而该金额数量乃是以点数的方式呈现出来，企业每年决定一定点数给特定员工，让员工得以在其所能使用的点数内规划其福利自助餐。

企业在设计自选式福利菜单时可以参考员工的意见，使员工可以由自己的意愿规划其福利项目，增加员工对公司认同。再者公司亦可与员工充分沟通，将其薪资作福利化的设计，不仅可以在个人税赋上获得减免，并可使公司的年资负债可以大幅减少。

思考题

9-1　薪酬管理的内涵是什么？

9-2　薪酬管理有什么作用？

9-3　什么是薪酬调查？如何进行薪酬调查？

9-4　如何进行岗位评价？岗位评价在薪酬管理中有什么意义？

9-5　什么是员工福利？它包括哪些内容？

案例分析：

问卷调查发现的激励机制存在的问题

某系统集成公司已有6年历史，共有市场、开发、工程、财务、行政等8个部门，3个外地分支机构；100多名员工，其中40%为技术人员；5个股东，总经理是大股东，占50%以上，股东都在公司工作；公司骨干成员十几位，平均在公司工作2年以上。根据发展需要，准备引进机构投资。经过几年的发展，某公司度过了艰难的创业期，走向较为平稳的发展阶段。公司目前面临的问题是，在新老创业者之间，存在利益上的冲突，公司技术和管理骨干对薪资福利状况感到不满，甚至有些员工因此而离职，员工的稳定性在下降，某公司急需改变目前的状况，于是邀请理实公司进行薪酬福利体系的设计。

为此对理实项目通过问卷调查、访谈等形式对其现状做了分析，发现某公司目前的激励机制存在如下问题：

（1）薪酬体系不明朗，年资工资体系、职能工资体系、职位工资体系混乱交叉使用。

（2）工资总体结构不合理，固定薪酬比例太大，没有激励作用。

（3）薪酬福利统计口径不科学，只计算静态工资，结果导致人工成本高，却吸引不来人才。

（4）高层经理收入与业绩挂钩不紧密，激励和约束作用小。

（5）股东权益和薪酬分配混在一起，不利于职业化发展。

（6）短期福利保障手段单一，员工没有归属感。

（一）问题

对此现状你将怎么处理现有的问题？

（二）分析提示

理实项目团队在规范职位说明书的基础上，通过二次职位评估，重新确定了职等结构，并综合考虑某公司薪资理念、内部等级或宽带结构、每个等级和职位的员工数、实际薪酬数据、预计薪酬增长率、市场薪酬数据、固定薪酬及浮动薪酬等因素，以市场化回归后数据作为基础，整个等级序列应符合系统集成行业市场薪资水平及变化趋势。同时确保某公司整体薪资状况在市场上符合既定定位，保证薪资水平的对外竞争性，并估算某公司的实际承受能力，基本能够达到公司正常年度人力资本预计开支程度。并针对公司骨干成员进行递延现金的中长期激励设计。通过编制薪酬管理手册提供了包括总则、设计原则、薪酬管理系统的设计流程、固定薪酬设计及分析、新设月薪体系说明、月薪体系调整、业绩奖金体系的建立、业务提成的处理、薪酬维护及沟通等内容。

第十章 劳动关系管理

学习目标：

(1) 使学生理解和掌握劳动有关的基本概念与基本知识。

(2) 掌握劳动合同的订立、变更、续签和终止的条件和程序。

(3) 掌握劳动安全卫生管理制度及如何建立和谐劳动关系。

引例1：小刘拿到节日加班后的气愤

小刘这几天在为公司的不合理做法而气愤。原因是元旦长假期间，公司要求每天由每个部门派一名员工到公司值班，元旦这天正好排到小刘值班。小刘孤身一人在外，也无所谓节假中，就同意到公司值班。值班也没什么大事，就是看门、接电话之类的。发工资后小刘到银行取一月份工资，发现工资比正常拿到的只多了100元。等拿到工资单后，工资单上“加班工资”一栏上为空，在“值班津贴”上填了100元。他觉得很不理解，根据法律规定，法定节日加班应支付3倍工资，为什么公司只给了100元？为此与公司发生争议。

小刘认为，元旦是国家的法定节假日，根据法律规定，法定节日加班应该支付3倍工资，可是公司只付了100元，侵犯了他的合法权益，要求补发工资。公司认为，小刘在元旦那天，只是到公司“看门”、接听电话，属于值班而非加班，因此公司无需支付3倍的加班工资。用相关劳动法规来分析该公司的做法是否合理。

引例2：用相关劳动法规分析签订的劳动合同

小刘同A公司签订了一份为期两年的劳动合同，合同约定试用期为一年，同时约定在公司工作期间，每周正常工作时间不超过40个小时，但是要求小刘每个月加班必须达到50个小时以上，加班的工作薪酬按照如下方式计算：正常工作日延长工作时间、公休日加班、节假日加班，分别按照正常工资标准的1.5、2、3倍计算。

用相关劳动法规来分析该份劳动合同。

第一节 劳动关系

一、劳动关系定义和特征

（一）定义

从广义上讲，生活在城市和农村的任何劳动者与任何性质的用人单位之间，因从事劳动而结成的社会关系都属于劳动关系的范畴。从狭义上讲，现实经济生活中的劳动关系是指依照国家劳动法律法规规范的劳动法律关系，即双方当事人是被一定的劳动法律规范所规定和确认的权利和义务联系在一起的，其权利和义务的实现，是由国家强制力来保障的。劳动法律关系的一方（劳动者）必须加入某一个用人单位，成为该单位的一员，并参加单位的生产劳动，遵守单位内部的劳动规则；而另一方（用人单位）则必须按照劳动者的劳动数量或质量给付其报酬，提供工作条件，并不断改进劳动者的物质文化生活。

（二）特征

劳动关系是指劳动力所有者（劳动者）与劳动力使用者（用人单位）之间，为实现劳动过程而发生的一方有偿提供劳动力，由另一方用于同其生产资料相结合的社会关系。我们认为，从理论上说，劳动关系的具体特征可概括为以下几方面：

（1）劳动关系。从法律意义上讲，是指用人单位招用劳动者为其成员，劳动者在用人单位的管理下提供有报酬的劳动而产生的权利义务关系。劳动是一种劳动力与生产资料的结合关系。因为从劳动关系的主体上说，当事人一方固定为劳动力所有者和支出者，称为劳动者；另一方固定为生产资料所有者和劳动力使用者，称为用人单位（或雇主）。劳动关系的本质是强调劳动者将其所有的劳动力与用人单位的生产资料相结合。这种结合关系从用人单位的角度观察就是对劳动力的使用，将劳动者提供的劳动力作为一种生产要素纳入其生产过程。在劳动关系中，劳动力始终作为一种生产要素而存在，而非产品。这是劳动关系区别于劳务关系的本质特征，后者劳动者所有的劳动力往往是作为一种劳务产品而输出，体现的是一种买卖关系或者加工承揽关系等。

（2）劳动关系是具有显著从属性的劳动组织关系。劳动关系一旦形成，劳动关系的一方——劳动者，要成为另一方——所在用人单位的成员。所以，虽然双方的劳动关系是建立在平等自愿、协商一致的基础上，但劳动关系建立后，双方在职责上则具有了从属关系。用人单位作为劳动力使用者，要安排劳动者在组织内和生产资料结合；而劳动者则要通过运用自身的劳动能力，完成用人单位交给的各项生产任务，并遵守单位内部的规章制度。这种从属性的劳动组织关系具有很强的隶属性质，即成为一种隶属主体间的指挥和服从为特征的管理关系。而劳务关系的当事人双方则是无组织从属性。

（3）劳动关系是人身关系。由于劳动力的存在和支出与劳动者人身不可须臾分离，劳动者向用人单位提供劳动力，实际上就是劳动者将其人身在一定限度内交给用人单位，因而劳动关系就其本质意义上说是一种人身关系。但是，由于劳动者是以让渡劳动力使用权来换取生活资料，用人单位要向劳动者支付工资等物质待遇。就此意义而言，劳动关系同时又是一种以劳动力交易为内容的财产关系。

二、劳动关系和雇佣关系的区别

广义上的雇佣关系包含“劳动关系”，对二者的区别，台湾著名学者史尚宽先生认为主要有两个方面：一是劳动契约的受雇人与雇佣人间存在“特殊的从属关系”，受雇人的劳动须“在于高度服从雇方之情形下行之”；二是劳动者系提供其职业上之劳动力。

（一）主体方面的不同

用工主体的要求不同。雇佣关系中的用工主体范围相当广泛，可以是自然人、法人或其他组织。

劳动关系中的用工主体按照《中华人民共和国劳动法》第二条的规定，主要指中华人民共和国境内的企业、个体经济组织，同时包括与劳动者建立劳动合同关系的国家机关、事业组织、社会团体。同时依照《工伤保险条例》第二条和第六十三条的规定，非法用工单位和劳动者发生的劳动关系也按照劳动关系处理。因此，如果用工主体仅因为违反法律规定没有办理获得合法主体资格的手续，但已经具备了“用人单位”的其他形式要件，也可以将其认定为劳动中的“用人单位”，只是该“用人单位”是非法的（至于其自身的违法问题，应当由工商部门予以纠正）。

（二）主体地位不同

雇佣关系中主体地位是平等的，它们之间是一种“劳务”与“报酬”之间的交换，受雇人可以不遵守雇佣方的内部规定（当然也不享受雇佣方的福利待遇），受雇人还可以同时选择给两家以上的雇佣方提供劳务。

劳动关系主体双方具有行政上的隶属关系。劳动者是用人单位的内部成员，应当遵守其内部的规章制度，服从单位的领导与安排（当然也享受单位的社保、医保等福利待遇）。在一般情况下，用人单位只允许劳动者在其一家单位上班。

因此，用人单位制定的规章制度和奖励惩罚措施可以约束其内部员工，但未经受雇人同意却不得约束受雇人。受雇人只需要按照雇佣契约完成工作任务，无需接受雇佣人的其他无理指示。雇佣关系强调成果之给付，而劳动关系则强调劳动者与生产资料相结合的劳动过程。

（三）权利义务及国家对其的干预程度不同

雇佣关系是一种司法上的关系，强调当事人双方的意思自治，只要当事人双方的约定不违反法律的强行性规定，不违反公序良俗，国家就不予干预，其权利义务的调整主要参照《民法通则》等民事法律规范。

而对于劳动关系则有大量的劳动法规予以规制，例如，劳动法对工作时间、最低工资、休息制度、工伤保险等。调整其权利义务法律是介乎公私法之间的混合法——西方法学界称为“社会法”。

（四）处理机制不同

雇佣关系中发生的纠纷应当按照民事争议处理，而劳动争议的解决则应该按照劳动法的相关规定。

按照现行的劳动法律规范，发生劳动争议必须先进行劳动仲裁，如果不服仲裁才能向法院起诉。而雇佣关系中发生纠纷，可以直接向人民法院起诉，不需要经过仲裁程序。

三、劳动关系与劳务关系的区别

（一）规范劳动关系与在法律依据的主要区别

劳动关系由《中华人民共和国劳动法》规范和调整，而且建立劳动关系必须签订书面劳动合同。劳务关系由《中华人民共和国民法通则》和《中华人民共和国合同法》进行规范和调整，建立和存在劳务关系的当事人之间是否签订书面劳务合同，由当事人双方协商确定。

（二）劳动关系主体与劳务关系主体的区别

劳动关系中的一方应是符合法定条件的用人单位，另一方只能是自然人，而且必须是符合劳动年龄条件，且具有与履行劳动合同义务相适应的能力的自然人；劳务关系的主体类型较多，例如，可以是两个用人单位，也可以是两个自然人。法律法规对劳务关系主体的要求，不如对劳动关系主体要求的那么严格。

（三）当事人之间在隶属关系方面的区别

处于劳动关系中的用人单位与当事人之间存在着隶属关系是劳动关系的主要特征。隶属关系的含义是指劳动者成为用人单位中的一员，即当事人成为该用人单位的职工或员工（以下统称为职工）。因为用人单位的职工与用人单位之间存在劳动关系这是不争的事实。而劳务关系中，不存在一方当事人是另一方当事人的职工这种隶属关系。例如，某一居民雇用一名按小时计酬的家政服务员，家政服务员不可能是该户居民家的职工，与该居民也不可能存在劳动关系。

（四）当事人之间在承担义务方面的区别

劳动关系中的用人单位必须按照法律法规和地方规章等为职工承担社会保险义务，且用人单位承担其职工的社会保险义务是法律的确定性规范；而劳务关系中的一方当事人不存在必须承担另一方当事人社会保险的义务。例如，居民不必为其雇用的家政服务员承担缴纳社会保险的义务。

（五）用人单位对当事人在管理方面的区别

用人单位具有对劳动者违章违纪进行处理的管理权。例如，对职工严重违反用人单位劳动纪律和规章制度、严重失职、营私舞弊等行为进行处理，有权依据其依法制定的规章制度解除当事人的劳动合同，或者对当事人给予警告、记过、降职等处分；劳务关系中的一方对另一方的处理虽然也有不再使用的权利，或者要求当事人承担一定的经济责任，但不含当事人一方取消当事人另一方本单位职工“身份”这一形式，即不包括对其解除劳动合同或给予其他纪律处分形式。

在支付报酬方面的区别。劳动关系中的用人单位对劳动者具有行使工资、奖金等方面的分配权利。分配关系通常包括表现为劳动报酬范畴的工资和奖金，以及由此派生的社会保险关系等。用人单位向劳动者支付的工资应遵循按劳分配、同工同酬的原则，必须遵守当地有关最低工资标准的规定；而在劳务关系中的一方当事人向另一方支付的报酬完全由双方协商确定，当事人得到的是根据权利。

四、关于确立劳动关系有关事项的通知

劳动和社会保障部门为规范用人单位用工行为，保护劳动者合法权益，促进社会稳

定，现就用人单位与劳动者确立劳动关系的有关事项做如下规定：

(1) 用人单位招用劳动者未订立书面劳动合同，但同时具备下列情形的，劳动关系成立：

1）用人单位和劳动者符合法律、法规规定的主体资格。

2）用人单位依法制定的各项劳动规章制度适用于劳动者，劳动者受用人单位的劳动管理，从事用人单位安排的有报酬的劳动。

3）劳动者提供的劳动是用人单位业务的组成部分。

(2) 用人单位未与劳动者签订劳动合同，认定双方存在劳动关系时可参照下列凭证：

1）工资支付凭证或记录（职工工资发放花名册）、缴纳各项社会保险费的记录。

2）用人单位向劳动者发放的“工作证”、“服务证”等能够证明身份的证件。

3）劳动者填写的用人单位招工招聘“登记表”、“报名表”等招用记录。

4）考勤记录。

5）其他劳动者的证言等。

其中，1）、3）、4）项的有关凭证由用人单位负举证责任。

(3) 用人单位招用劳动者符合第一条规定情形的，用人单位应当与劳动者补签劳动合同，劳动合同期限由双方协商确定。协商不一致的，任何一方均可提出终止劳动关系，但对符合签订无固定期限劳动合同条件的劳动者，如果劳动者提出订立无固定期限劳动合同，用人单位应当订立。

用人单位提出终止劳动关系的，应当按照劳动者在本单位工作年限每满一年支付一个月工资的经济补偿金。

(4) 建筑施工、矿山企业等用人单位将工程（业务）或经营权发包给不具备用工主体资格的组织或自然人，对该组织或自然人招用的劳动者，由具备用工主体资格的发包方承担用工主体责任。

(5) 劳动者与用人单位就是否存在劳动关系引发争议的，可以向有管辖权的劳动争议仲裁委员会申请仲裁。

第二节　劳动合同管理

一、劳动合同管理概述

劳动合同是劳动者与用工单位之间确立劳动关系，明确双方权利和义务的协议。劳动合同按合同的内容分为劳动合同制范围以内的劳动合同和劳动合同制范围以外的劳动合同；按合同的形式分为要式劳动合同和非要式劳动合同；根据劳动合同的期限的差异，可把劳动合同分为有固定期限的劳合同、无固定期限的劳动合同、以完成一定工作为期限的劳动合同。

（一）有固定期限的劳动合同

它是指订立劳动合同时约定了一定的期限、期限届满，劳动法律关系即行终止。这种合同适用范围广，应变能力强，可以根据生产需要和工作岗位的不同要求来确定合同期限。

（二）无固定期限的劳动合同

这种合同一般适用于从事技术性较强、需要持续进行工作的岗位。订立这种合同的职工一般可以长期在一个单位或部门从事生产（工作），但无固定期限的劳动合同不等于一成不变，如果出现符合法律、法规或者双方约定的条件，也可变更、解除或终止劳动合同。

（三）以完成一定工作为期限的劳动合同

它是指劳动合同当事人双方把完成某项工作的时间约定为合同终止而达成的协议。它与固定期限劳动合同的区别是约定合同终止条件，而不是约定确定的期限。

二、劳动合同的内容

劳动合同的内容由《中华人民共和国劳动法合同法》（以下简称劳动合同法）规定。劳动合同条款分别为法定条款和约定条款。

（一）法定条款

据《劳动合同法》第十七条规定，劳动合同应当具备以下条款：（1）用人单位的名称、住所和法定代表人或者主要负责人。（2）劳动者的姓名、住址和居民身份证或者其他有效身份证件号码。（3）劳动合同期限。（4）工作内容和工作地点。（5）工作时间和休息休假。（6）劳动报酬。（7）社会保险。（8）劳动保护、劳动条件和职业危害防护。（9）法律、法规规定应当纳入劳动合同的其他事项。

（二）约定条款

对于某些事项，法律不做强制性的规定，有当事人根据自己的意愿选择是否在合同中约定，这些条款称为约定条款。根据《劳动合同法》第十七条规定："劳动合同除前款规定的必备条款外，用人单位与劳动者可以约定试用期、培训、保守秘密、补充保险和福利待遇等其他事项。"

三、劳动合同的订立

（一）劳动合同订立的原则

1. 合法原则

合法原则即劳动合同必须依法订立，不得违反法律、行政法规的规定。合法原则的具体要求如下：

（1）劳动合同的主体合法，即劳动合同的当事人必须具备合法资格，劳动者应是年满16周岁，身体健康，具有劳动权利能力和劳动行为能力的公民，可以是中国人、外国人、无国籍人。用人单位应是依法成立或核准登记的企业、个体经济组织、国家机关、事业组织、社会团体，具有用人的权利能力和行为能力。

（2）劳动合同的内容，即劳动合同的内容是对劳动合同双方当事人劳动权利义务的具体规定，其内容必须符合国家法律、行政法规的规定，包括国家的劳动法律、法规，也包括国家的其他法律、行政法规。劳动合同的内容具体表现为劳动合同的条款。

(3) 劳动合同订立的程序和形式合法。劳动合同订立的程序必须符合法律规定，未经双方协商一致、强迫订立的劳动合同无效。劳动合同的形式依规定应当采用书面形式订立。

2. 平等自愿、协商一致的原则

平等是指在订立劳动合同过程中，双方当事人的法律地位平等，不存在命令与服从的关系；自愿是指劳动合同的订立及其合同内容的达成，完全出于当事人自己的意志，是其真实意思的表示，任何一方不得将自己的意志强加于对方，也不允许第三者非法干预；协商一致是指经过双方当事人充分协商，达成一致意见，签订劳动合同。

(二) 劳动合同订立的程序

按照《劳动合同法》的规定，"用人单位自用工之日起即与劳动者建立劳动关系。用人单位应当建立职工名册备查。""建立劳动关系，应当订立书面劳动合同。已建立劳动关系，未同时订立书面劳动合同的，应当自用工之日起一个月内订立书面劳动合同。用人单位与劳动者在用工前订立劳动合同的，劳动关系自用工之日起建立。"根据《劳动合同法》及有关法律的规定，订立劳动合同的主要程序如下：(1) 自愿报名，提供证明文件。(2) 全面考核，择优录取。(3) 被录用者提交报名文件和其他证明文件。(4) 用人单位向被录用者介绍拟定劳动合同的内容和要求。(5) 双方协商一致，签订劳动合同。(6) 工会对录用职工提供必要的监督。(7) 办理法定程序。

(三) 劳动合同的变更与续订

1. 劳动合同的变更

(1) 劳动合同的变更的含义。一般来讲，劳动合同订立后，双方当事人必须认真履行，任何一方不可擅自变更劳动合同。但是在履行合同的过程中，由于企业的生产经营状况发生变化，或者职工劳动、生活发生变化，也可以变更劳动合同。劳动合同的变更是指劳动合同依法订立后，在合同尚未履行或者尚未履行完毕之前，经用人单位和劳动者双方当事人协商同意，对劳动合同内容作部分修改、补充或者删减的法律行为。劳动合同的变更是原劳动合同的派生，是双方已存在的劳动权利义务关系的发展。劳动合同变更应当采取书面形式记载的变更内容，注明变更的日期，由双方当事人签字盖章后生效。

(2) 劳动合同变更的条件。1) 双方当事人可以依据有关法律法规的规定，经协商一致，就劳动合同的部分条款进行修改、补充或者删减，通过对双方权利义务关系重新进行调整和规定，使劳动合同适应变化发展了的新情况，从而保证劳动合同的继续履行，但不得违反法律法规定的规定。2) 劳动合同内容发生了重大变化，致使原劳动合同无法履行变更劳动合同。所谓"客观情况"指发生不可抗力或致使劳动合同全部或部分条款无法履行的其他情况，如企业迁移、被兼并。3) 订立劳动合同所依据的法律、行政法规发生重大变化，致使原来订立的劳动合同无法全面履行，为了劳动合同的法律效力需要变更劳动合同的相关内容。

2. 劳动合同的续订

劳动合同的续订，是指当事人双方经协商达成协议，使原签订的期限届满的劳动合同延长有限期限的法律行为。续订劳动合同应该按下列程序进行：

(1) 劳动合同期限届满或其他的法定、约定终止条件出现，任何一方要求续订劳动合同，应提前30日向对方发出《续订劳动合同通知书》，并及时与对方协商，依法续订劳动合同。

(2) 续订劳动合同，如劳动合同的主要条款已有较大改变，双方重新协商签订新的劳动合同；如原劳动合同的条款变动不大，双方可以签订延续《劳动合同协议书》并明确劳动合同延续期限及其他需重新确定的合同条款。

(3) 续订劳动合同后，用人单位应将双方重新签订的劳动合同或《延续劳动合同协议书》一式两份，送有管辖权劳动鉴定机构进行见证，并到社会保险经办机构办理社会保险延续手续。

另外，《劳动法》规定的“用人单位和劳动者可以订立无固定期限的劳动合同”。

有下列情形之一的，劳动者提出或者同意续订劳动合同的，除劳动者提出订立固定期限劳动合同外，应续订无固定期限劳动合同。

1) 劳动者在公司连续工作满10年的。

2) 自建立劳动关系起已连续两次订立固定期限劳动合同的。

(四) 劳动合同的解除与终止

1. 劳动合同的解除

A 劳动合同的解除的含义

劳动合同的解除含义是指当事人双方提前终止劳动合同的法律效力，解除双方的权利义务关系。劳动合同的变更是指当事人双方对依法成立、尚未履行的劳动合同条款所作的修改或增减。

B 劳动合同解除的种类

(1) 双方协商解除劳动合同。用人单位与劳动者协商一致，可以解除劳动合同。协商解除劳动合同没有规定实体、程序上的限定条件，只要双方达成一致，内容、形式、程序不违反法律禁止性、强制性规定即可。

若是用人单位提出解除动议的，用人单位应向劳动者支付解除劳动合同的经济补偿金。

(2) 劳动者单方解除劳动合同。即具备法律规定的条件时，劳动者享有单方解除权，无须双方协商达成一致意见，也无须征得用人单位的同意。具体又可以分为预告解除和即时解除：

1) 预告解除，即劳动者履行预告程序后单方解除劳动合同，有两种情形：一种是劳动者提前30日以书面形式通知用人单位，可以解除劳动合同，另一种是劳动者在试用期内提前3日通知用人单位，可以解除劳动合同。

2) 即时解除，即劳动合同法第38条规定的情形。对于第一款规定的几种情形劳动者可以单方解除合同。

但用人单位以暴力、威胁或者非法限制人身自由的手段强迫劳动者劳动的，或者用人单位违章指挥、强令冒险作业危及劳动者人身安全的,劳动者可以立即解除劳动合同,不需事先告知用人单位。这种属于即时解除中可以立即解除且不用事先告知用人单位的情形。

对于劳动者可即时解除劳动合同的上述情形，劳动者无须支付违约金，而用人单位应当支付经济补偿。

(3) 用人单位单方解除劳动合同。即具备法律规定的条件时，用人单位享有单方解除权，无须双方协商达成一致意见。主要包括过错性辞退、非过错性辞退、经济性裁员三种情形。

2. 劳动合同终止

(1) 劳动合同终止是指企业劳动合同法律效力的终止，也就是双方当事人之间劳动关系的终结，彼此之间原有的权利和义务关系不复存在。

(2) 终止劳动合同的条件：

1) 合同期限已满。定期的劳动合同在合同约定的期限届满后，除非双方是依法续订或依法延期，否则合同即行终止。

2) 合同目的已经实现。以完成一定的工作为期的劳动合同在其约定工作完成以后，或其他类型的劳动合同在其约定的条款全部履行完毕以后，合同因目的实现而自然终止。

3) 合同约定的终止条件出现。企业劳动合同或集体合同对企业劳动合同约定的终止条件出现以后，企业劳动合同就此终止。

4) 当事人死亡。劳动者一方死亡，合同即行终止；雇主一方死亡，合同可以终止，也可以因继承人的继承或转让第三方而使合同继续存在，这要依实际情况而定。

5) 劳动者退休。劳动者因达到退休年龄或丧失劳动能力而办离退休手续后，合同即行终止。

6) 企业不复存在。企业因依法宣告破产、解散、关闭或兼并后，原有企业不复存在，其合同也告终止。

3. 劳动合同解除和终止的经济补偿

(1) 有下列情形之一的，用人单位应当向劳动者支付经济补偿：

1) 劳动者依照本法第三十八条规定解除劳动合同的。

2) 用人单位依照本法第三十六条规定向劳动者提出解除劳动合同并与劳动者协商一致解除劳动合同的。

3) 用人单位依照本法第四十条规定解除劳动合同的。

4) 用人单位依照本法第四十一条第一款规定解除劳动合同的。

5) 除用人单位维持或者提高劳动合同约定条件续订劳动合同，劳动者不同意续订的情形外，依照本法第四十四条第一项规定终止固定期限劳动合同的。

6) 依照本法第四十四条第四项、第五项规定终止劳动合同的。

7) 法律、行政法规规定的其他情形。

(2) 经济补偿金规定：经济补偿按劳动者在本单位工作的年限，每满一年支付一个月工资的标准向劳动者支付。六个月以上不满一年的，按一年计算；不满六个月的，向劳动者支付半个月工资的经济补偿。

劳动者月工资高于用人单位所在直辖市、设区的市级人民政府公布的本地区上年度职工月平均工资三倍的，向其支付经济补偿的标准按职工月平均工资三倍的数额支付，向其支付经济补偿的年限最高不超过 12 年。本条所称月工资是指劳动者在劳动合同解除或者终止前 12 个月的平均工资。

（五）集体合同

1. 集体合同的含义

集体合同又称为劳动协约、团体协约、集体协约或联合工作合同，是企业与工会签订的以劳动条件为中心内容的书面集体协议。集体合同与劳动合同不同，它不规定劳动者个人的劳动条件，而规定劳动者的集体劳动条件，一般适用于企业行政（或企业主）和全体工人、职员，也有的适用于企业行政（或企业主）和参加签订集体合同的工会成员。

2. 订立程序

（1）制定集体合同草案。集体合同应由工会代表职工与企业签订,没有建立工会的企业,由职工推举的代表与企业签订。一般情况下,各个企业应当成立集体合同起草委员会或者起草小组,主持起草集体合同。起草委员会或者起草小组由企业行政和工会各派代表若干人,推行工会和企业行政代表各一人为主席或组长和副主席或副组长。起草委员会或者起草小组应当深入进行调查研究,广泛征求各方面的意见和要求,提出集体合同的初步草案。

（2）审议。将集体合同草案文本提交职工大会或职工代表大会审议。职工大会或职工代表大会审议时，由企业经营者和工会主席分别就协议草案的产生过程、依据及涉及的主要内容作说明，然后由职工大会或职工代表大会对协议草案文本进行讨论，作出审议决定。劳动和社会保障部于 2004 年颁布的《集体合同规定》第三十六条规定：经双方协商代表协商一致的集体合同草案或专项集体合同草案应当提交职工代表大会或者全体职工讨论。职工代表大会或者全体职工讨论集体合同草案或专项集体合同草案，应当有 2/3 以上职工代表或者职工出席，且须经全体职工代表半数以上或者全体职工半数以上同意，集体合同草案或专项集体合同草案方获通过。

（3）签字。集体合同草案经职工大会或职工代表大会审议通过后，由双方首席代表签字或盖章。

（4）登记备案。集体合同签订后，应将集体合同的文本及其各部分附件一式三份提请县级以上劳动行政主管部门登记备案。劳动行政部门有审查集体合同内容是否合法的责任，如果发现集体合同中的项目与条款有违法、失实等情况，可不予登记或暂缓登记，发回企业对集体合同进行修正。如果劳动行政部门在收到集体合同文本之日起 15 日内，没有提出意见．集体合同即发生法律效力，企业行政、工会组织和职工个人均应切实履行。

（5）公布。集体合同一经生效，企业应及时向全体职工公布。

第三节　劳动安全卫生管理

一、劳动安全卫生管理制度

（一）定义

劳动安全卫生管理制度是指为了保障劳动者在劳动过程中的安全和健康，在组织劳动和科学管理方面的各项规章制度。

（二）内容

我国劳动安全卫生管理制度的主要内容有：(1) 安全生产责任制。(2) 安全技术措施计划制度。(3) 安全生产教育、考核制度。(4) 安全生产检查制度。(5) 劳动保护检查制度。(6) 伤亡事故报告制度。

二、安全教育

（一）生产岗位职工安全教育

(1) 企业新职工上岗前必须进行厂级、车间级、班组级三级安全教育。三级安全教育时间不得少于40学时。

(2) 厂级安全教育由企业主管厂长负责，企业安全卫生管理部门会同有关部门组织实施。厂级安全教育应包括：劳动安全卫生法律、法规，通用安全技术、劳动卫生和安全文化的基本知识、本企业劳动安全卫生规章制度及状况、劳动纪律和有关事故案例等项内容。

(3) 车间级安全教育由车间负责人组织实施。车间级安全教育应包括：本车间劳动安全卫生状况和规章制度、主要危险危害因素及安全事项、预防工伤事故和职业病的主要措施、典型事故案例及事故应急处理措施等项内容。

(4) 班组级安全教育由班组长组织实施。班组级安全教育应包括：遵章守纪、岗位安全操作规程、岗位间工作衔接配合的安全卫生事项、典型事故案例、劳动防护用品(用具)的性能及正确使用方法等项内容。

(5) 企业新职工应按规定通过三级安全教育并经考核合格后方可上岗。

(6) 从事特种作业的人员，必须经过专门的安全知识与安全操作技能培训，并经过考核，取得特种作业资格，方可上岗工作。具体办法按国家有关规定执行。

(7) 企业职工调整工作岗位或离岗一年以上重新上岗时，必须进行相应的车间级或班组级安全教育。企业在实施新工艺、新技术或使用新设备、新材料时，必须对有关人员进行相应的有针对性的安全教育。

（二）管理人员安全教育

(1) 企业法定代表人和厂长、经理必须经过安全教育并经考核合格后方能任职。安全教育时间不得少于40学时。本条规定的安全教育的教材由劳动行政部门指定或认可。安全教育应包括：国家有关劳动安全卫生的方针、政策、法律、法规及有关规章制度，工伤保险法律、法规，安全生产管理职责、企业劳动安全卫生管理知识及安全文化、有关事故案例及事故应急处理措施等项内容。

(2) 企业安全卫生管理人员必须经过安全教育并经考核合格后方能任职。安全教育时间不得少于120学时。本条规定的安全教育由地市级以上劳动行政部门认可的单位或组织进行。安全教育应包括：国家有关劳动安全卫生的方针、政策、法律、法规和劳动安全卫生标准。企业安全生产管理、安全技术、劳动卫生知识、安全文化，工伤保险法律、法规，职工伤亡事故和职业病统计报告及调查处理程序、有关事故案例及事故应急处理措施等项内容。安全教育考核合格者，由劳动行政部门发给任职资格证。

(3) 企业其他管理负责人（包括职能部门负责人、车间负责人）、专业工程技术人员的安全教育由企业安全卫生管理部门组织实施。安全教育时间不得少于24学时。本条规定的安全教育应包括：劳动安全卫生法律、法规及本部门、本岗位安全卫生职责，安全技术、劳动卫生和安全文化的知识、有关事故案例及事故应急处理措施等项内容。

(4) 班组长和安全员的安全教育由企业安全卫生管理部门组织实施。安全教育时间不得少于24学时。本条规定的安全教育应包括：劳动安全卫生法律、法规，安全技术、劳动卫生和安全文化的知识、技能及本企业、本班组和一些岗位的危险危害因素、安全注意事项、本岗位安全生产职责、典型事故案例及事故抢救与应急处理措施等项内容。

三、法律责任

凡未按本规定进行安全教育的，由劳动行政部门责令改正，并可按有关规定给予行政处罚；凡未按本规定进行安全教育而造成职工伤亡事故或严重职业危害的，由劳动行政部门按有关规定从重处罚。

企业无理阻挠劳动行政部门及其劳动安全卫生监察人员行使监督检查权的，由劳动行政部门按有关规定处罚。

第四节　和谐劳动关系的构建

一、和谐劳动关系的含义

和谐劳动关系是指劳动过程中的主体与客体之间的和谐关系，包括人与人、人与物（自然环境劳动条件等）的关系。

二、和谐的劳动关系的基本特征

(一) 和谐劳动关系应当是合同型的

《劳动法》规定，“建立劳动关系应当订立劳动合同”。劳动合同一经双方当事人签订，即确立了劳动者与用人单位之间的劳动法律关系，他们之间的有关劳动权利义务通过书面形式确定下来，使之固定化、具体化，以此规范和约束劳动关系双方当事人的行为，并且通过劳动合同的履行，实现双方各自的权利。任何一方违约侵害另一方权益的，都要承担经济或法律责任。建立和谐劳动关系，必须全面实行劳动合同制度，加强劳动合同管理，不断提高劳动关系双方当事人的合同意识，依法签订并严格履行劳动合同，充分发挥劳动合同在调整劳动关系中的积极作用。

(二) 和谐劳动关系应当是法制型的

市场经济是法制经济，法律是调整劳动关系的基本手段，是规范人们行为的规则。在市场经济条件下，劳动关系在构成、运行、处理等方面应当实现法制化，法律原则、法律方式应当成为调整劳动关系的主要模式。我国已经颁布了一系列劳动法律法规，劳动法律体系基本形成，以《劳动法》为龙头建立了调整劳动关系各个方面的法律规范，在劳动关系运行的各个环节，基本上做到了有法可依，这是建立和谐劳动关系的基本依据和保障。

（三）和谐劳动关系应当是民主型的

民主化的劳动关系主要包括：

1. 劳动关系三方协商机制

各级人民政府劳动行政部门应当会同同级工会和企业方面代表建立劳动关系三方协商机制，共同研究解决劳动关系方面的重大问题，共同参与劳动法律、法规、政策的制定与实施。

2. 平等协商和集体合同制度

平等协商集体合同制度是市场经济国家调整劳动关系的最基本法律制度，也是工会从整体上维护职工合法权益的基本手段，对涉及职工劳动权益问题，例如，工资、工时、劳动保护、社会保险、生活福利等，由工会代表职工与用人单位进行平等协商，签订集体合同，用以规范劳动关系双方的行为，体现了劳动关系的共同决定权，改变了劳动关系事务的处理由用人单位一方独占的局面，从而提升劳动者在劳动关系中的地位和权利。

3. 职工民主管理制度

职工民主管理是职工依法直接或间接参与管理所在单位内部事务，其在协调劳动关系中的作用，主要表现为职工意志对用人单位意志的影响和制约，用人单位意志对职工意志的吸收和体现，从而使劳动关系建立在民主的基础上。我国民主管理的基本形式是职工代表大会，应当加强职代会制度建设，依法落实职代会职权，使职代会成为调整劳动关系的重要机制。

4. 和谐劳动关系应当是救助型的

劳动关系双方由于价值取向的差异和看问题角度的不同，产生一些矛盾难以避免，关键是看有没有一套解决矛盾和化解冲突的有效机制。我们既要正视矛盾，又要努力地去解决矛盾。劳动争议就是劳动关系矛盾的表现，劳动争议的一个重要特点，就是其影响范围比较大，看似简单的劳动争议，如果处理不好，就可能引发群体性事件，影响社会稳定。

三、和谐劳动关系建立的基础

（一）劳动合同是基石

劳动合同是雇主和雇员之间建立劳动关系、明确各自权利和义务、约定个性劳动条件的合同。这种合同的法律意义和属性有三点，即建立劳动关系的法律事实具有唯一性、约定劳动关系双方权利义务的契约具有补充性、规定个体化劳动条件的证明具有个性。由此可见，劳动合同是协调就业关系的基础，是劳动资源合理配置的重要手段，是维护和谐劳动关系的纽带，书面签订劳动合同、明确双方的权利义务并积极作为，可抑制劳动纠纷的发生。

（二）提高劳动者素质是关键

我国是农业大国，在现实中，80%的农村劳动者需要外出求职，这就要求当地政府从劳务输出地抓起，杜绝盲目打工者，把农民工（劳务输出）源头管理列入议事日程，建立档案，对输出的农民工的工作地点、工种、有记载。进行输出前的培训，学习基本法律常识，提高懂法、守法意识。对技能的培训，要有针对性，要有一技之长，有计划的劳务输出，做到人尽其才。在劳务输入地，加强上岗前的培训，尤其是劳动安全保护，操作技术的规范性，提高劳动技能，减少劳动事故的发生。

（三）加大监督力度是保障

1. 加强法律监督

《劳动合同法》为完善劳动合同制度、明确劳动合同当事人的权利义务、保护劳动者合法权益提供了法律保障。只有严格监督其实施，发现问题，及时采取相应的措施，把劳动纠纷、劳动争议解决在萌芽状态。做到有法可依，执法必严，监督检查到位，对违法者决不手软，才能为构建和谐劳动关系扫清障碍。

2. 加强工会监督

督促中小型企业和民营企业建立工会组织，是民主监督的重要举措，加强民营企业的工会组织的建设，是党联系职工群众的桥梁和纽带，让工会充分发挥它的职能和作用，成为劳资双方信赖的桥梁，发现问题及时沟通，才能创造一个和谐劳动关系的氛围。另外，每个公民和劳动者都应提高法律意识，掌握劳动法律这一维权武器来维护自身的合法权益，以促进劳动关系的和谐。

3. 发展和谐劳动关系是协调劳动关系矛盾的迫切需要

四、我国劳动关系的现状

我国劳动关系存在不少影响社会和谐的矛盾和问题需要亟待研究解决，影响建立和谐劳动关系的问题有以下几种。

（一）协调机制不够完善

尽管企业普遍实施了劳动合同制度，但由于诚信缺失、道德失范，劳动合同格式化现象严重，一些劳动合同不是在职工平等自愿协商一致的情况下履行；国有企业集体协商签订劳动合同在一定程度上流于形式，在非国有企业和农村进城务工人员推行集体协商和集体合同制度难度较大，很不利于完善工资正常增长机制、建立农民增收减负长效机制、完善劳动关系协调机制、发展和谐劳动关系以及解决人民群众最关心、最直接、最现实的利益问题，也是增强社会创造力、走共同富裕道路、推动经济社会建设协调发展的障碍。

（二）法律法规不够健全

当前工资支付立法层次低，对扩大就业、健全最低工资制度、加强企业工资分配调控和指导、发挥工资指导线、劳动力市场价位、行业人工成本信息对工资水平的引导作用、完善工资正常增长机制、逐步提高保障标准等措施，操作性不强；对拖欠工资违法行为处罚力度不够，非全日制用工、劳务派遣等在立法方面还基本上是空白等，在一定程度上影响了《劳动法》的全面贯彻实施，制约了加强和改善政府驾驭行政能力的领导、团结一切可以团结的力量、齐心协力促进社会和谐稳定发展。

(三) 实施合同不够规范

国有改制企业改制后签订劳动合同短期化现象突出，并且由于转制过程中缺少制约和监督机制，企业拖欠职工工资、养老保险金、医疗保险金、集资款等现象时有发生，甚至有的转制企业还强迫职工以低价买断工龄等。而中小企业则体现为劳动合同签订率不高，有的企业签订劳动合同存在用工歧视、“霸王条款”，尤其是女工和未成年工的权益得不到应有的保护。甚至很多企业经营者以就业的压力强迫职工长时间、高强度地劳动，还随意克扣和拖欠工人工资，工作环境恶劣，设施简陋，工伤事故严重，欠缴或拒缴社会保险，随意辞退和解雇工人，甚至体罚工人、侮辱人格和尊严。

五、建立和谐劳动关系

当前我国劳动关系总体是协调稳定的，职工利益得到了较好的实现。但由于我国正处在经济体制转轨和社会转型时期，经济关系、劳动关系日益市场化、多样化和复杂化，一些职工的劳动就业、收入分配、社会保障等权益受到侵犯的现象屡有发生。只有妥善处理劳动关系出现的新情况、新问题，通过协商协调方式解决劳动争议，发展和谐劳动关系，才能巩固职工队伍与社会政治的稳定。

发展和谐劳动关系是一项庞大的社会系统工程，必须坚持以人为本、科学发展、改革开放、民主法制的原则，从政策完善、法律规范、体制变革和观念变化上下功夫，抓住机遇，认真对待，科学决策。

(一) 从认识上高度重视劳动关系问题

党的十六届三中全会提出树立科学发展观，党的十六届四中全会提出把提高构建社会主义和谐社会能力作为党执政能力的重要组成部分，并把和谐社会建设放到同经济建设、政治建设、文化建设并列的突出位置，充分说明党在发展理念上，对于人的问题、对于劳动者的问题、对于劳动关系与和谐社会问题的高度重视与理论自觉。一般来讲，体制改革、结构调整与社会转型时期，往往是利益关系调整导致劳动关系矛盾与社会问题的多发期。只有高度重视并妥善处理好劳动关系问题，整合社会各方面的力量，才能为社会和谐奠定坚实的基础。

(二) 要转变职能，进一步提高发展和谐劳动关系的能力

发展和谐劳动关系是党委、政府义不容辞的责任。各级党委、政府要认真学习领会，全面贯彻党的十七大精神，进一步转变观念，增强服务意识和能力，加强部门的协调配合，及时研究发展和谐劳动关系新情况、新问题，统筹做好发展和谐劳动关系各项工作，使政府从矛盾的旋涡中超脱出来，建立起顺畅、高效的发展和谐劳动关系调整机制，将工作重心转移到加快发展经济，增加新的就业岗位，不断满足人民日益增长的物质文化需要，促进统筹城乡、区域发展，形成以政府为主导、市场为纽带、企业为主体、项目为载体互利互惠机制。同时要深化改革，消除劳动领域存在的体制性障碍，破除身份、行业等非公平因素对就业的影响，加强对劳动就业的指导和管理，真正建立起统一、公开、平等、竞争、有序的劳动力市场机制。要加强对国有资产的监管力度，对国企改制必须完善

政策、强化监督，在保证改制进程的同时，防止国有资产流失，维护职工利益，防止造成劳动关系矛盾和职工群体性事件的发生。

（三）加强和完善法制建设

建设和谐劳动关系，必须走法治之路。近年来，我国《劳动合同法》、《就业促进法》、《劳动争议调解仲裁法》相继出台，《社会保险法》、《企业工资条例》等正在制订中，这为建设和谐劳动关系提供了很好的法治条件。但是，针对《劳动法》和《劳动合同法》贯彻实施过程中所存在的一些问题，还需加强执法和监督力度，加强劳动监察和劳动争议处理的制度建设，履行好执法责任，加强劳动执法检查，严格执法、公正执法，保证劳动法律法规的落实，保障企业和劳动者双方的合法权益；在劳动纠纷中，要当好“裁判员”，公正、平等、合法地处理劳动争议案件。

（四）引导企业履行社会责任

形成和谐劳动关系是企业责任的最好体现。企业管理者应认识到，企业和员工是“共生、共赢和共长”的关系。企业对员工负责，员工才会对企业负责。因此，企业应该通过各种激励手段来调动和发挥员工的积极性和创造性，保护员工的就业稳定，给予其合理的薪酬和福利，为其提供增长才干的机会，帮助和促进员工实现个人发展。

（五）提高劳动者自身素质

劳动者应当树立利益共同体观念，企业的利益就是自己的利益，强化责任感，与企业共荣辱。同时要加强自身学习，多参加培训，学习新技术、掌握新技能，提高职业素养，恪守职业道德，爱岗敬业、诚实守信，干一行爱一行。劳动者还要学法、懂法、守法，依法维权，善于、敢于用法律的手段保护自身利益。

思考题

10-1 什么是劳动合同？按照期限划分，它有哪些类型？

10-2 简述劳动合同订立的原则和程序。

10-3 如何变更和续订劳动合同？

10-4 哪些情况可以解除劳动合同？对于提前终止劳动合同如何进行补偿？

10-5 什么是集体合同？如何订立集体劳动合同？

10-6 企业如何做到保障职工的劳动安全和卫生？

10-7 如何建立和谐的劳动关系？

案例分析：

张某与企业是否存在劳动关系

1995 年张某到某单位工作。由于单位效益不好，张某被安排待岗，单位为张某缴纳各项社会保险。2000 年张某又被一家合资企业聘用，并签订劳动合同。该合资企业每月发给张某 3500 元的工资，包括加班费。由于工作繁重，张某在该合资企业工作基本没有休过周六、周日和法定节假日。2009 年 5 月，合资企业与张某解除了劳动合同，拒绝按《劳动法》支付加班费，理由是张某与其他单位存在劳动关系，所以与该企业之间没有劳动关系。

（一）问题

张某与该企业是否存在劳动关系？

（二）分析提示

本案涉及双重劳动关系，应从《劳动合同法》相关内容分析。

参 考 文 献

[1] 刘希珍，王梅. 人力资源开发与管理［M］. 北京：中国劳动社会保障出版社，2007.
[2] 赵恒平. 人力资源开发与管理［M］. 武汉：武汉理工大学出版社，2008.
[3] 张德. 人力资源开发与管理［M］. 北京：清华大学出版社，2007.
[4] 胡八一. 这样激励最有效：员工激励十大方法［M］. 北京：北京大学出版社，2011.
[5] 杨东. 员工激励［M］. 北京：中国轻工业出版社，2009.
[6] 王志. 赢在激励［M］. 北京：中国经济出版社，2005.
[7] 黄维德，董临萍. 人力资源管理［M］. 北京：高等教育出版社，2015.
[8] 中国就业培训技术指导中心. 企业人力资源管理师（三级）［M］. 北京：中国劳动社会保障出版社，2007.
[9] 朱勇国. 人力资源管理案例教程［M］. 北京：首都经济贸易大学出版社，2006.
[10] 赵署明. 人力资源开发与管理［M］. 北京：北京师范大学出版社，2007.